Harald Mahrer (Hg.)

ÖSTERREICH 2050

GEGRÜNDET
1999

Harald Mahrer (Hg.)

ÖSTERREICH 2050

Czernin Verlag, Wien

Gedruckt mit Unterstützung des Bundeskanzleramtes/Sektion für Kunstangelegenheiten.

.KUNST

Bibliografische Information Der Deutschen Bibliothek
Mahrer, Harald (Hg.): Österreich 2050 / Harald Mahrer
Wien: Czernin Verlag 2005
ISBN: 3-7076-0059-9

Umschlaggestaltung: Ulrich Schueler
Satz und Layout: Elisabeth Natz
Druck: Dimograf
ISBN: 3-7076-0059-9

Inhalt

Vorwort

Ein strahlender Sommertag im August 2002 an einem Kärntner See. Unter den Ästen einer ehrwürdigen Eiche sitze ich mit einer Gruppe junger Leute und diskutiere über den Zustand unseres Landes, über die Politiker und die Menschen. Irgendwie wirft das Jahr 2005 seine Schatten voraus und regt zum Bilanzieren an: 60 Jahre Frieden, 50 Jahre Staatsvertrag, 10 Jahre Mitgliedschaft in der Europäische Union.

Plötzlich sprechen wir über die Frage, wie Österreich wohl mit diesem markanten Jubiläumsjahr umgehen wird. Wird es ein Jahr der Rückschau oder der Vorschau? Alle stimmen überein: Die Politik wird das Jahr 2005 zur Selbstdarstellung nutzen. Eine historische Nabelschau steht vor der Tür. Eine Reise in die Vergangenheit. Visionäres erwartet sich niemand. Das wäre eine Überraschung. Sie meinen, dass die heutige Politikergeneration keine Ideen mehr zu bieten hat. Auf die großen Herausforderungen, die uns in den kommenden Jahrzehnten erwarten, ist Österreich ihrer Meinung nach nicht vorbereitet. Die Jahre vor uns sind Jahre der Ungewissheit für die Jugend. Sie glauben daher, dass der Blick in die Zukunft viel spannender wäre. Wieder in Wien lässt mich der Gedanke an das Jahr 2005 nicht mehr los. Der Wunsch, herauszufinden, welche Überlegungen Österreichs Jugend über die Zukunft anstellt, verfolgt mich über Wochen und am Ende beginnt eine Idee konkret Gestalt anzunehmen. Ich will versuchen, ein Bild des Österreichs der Zukunft nach den Vorstellungen der österreichischen Bevölkerung zu zeichnen, die im Jahr 2050 die älteste Generation darstellen wird – die Generation, die heute das junge Österreich ist. Zwischen November 2002 und September 2004 befrage ich mit der Unterstützung einer Vielzahl von Kollegen mehr als 5.000 junge Österreicherinnen und Österreicher zwischen 15 und 35 Jahren in Einzelgesprächen und gebe weiteren 1.700 in Fokusgruppen die Möglichkeit, ihre Meinungen und Ideen zu präsentieren. Im Winter 2004 halten wir schließlich eine Gegenüberstellung der jetzigen Österreich-Wahrnehmung der Jungend und ihrer Wunschvorstellungen für die Zukunft in unseren Händen.

In *Kapitel 1 „Österreich 2050 – Visionen und Werte für Österreichs Zukunft"* präsentiere ich Ihnen die zentralen Aussagen und Eindrücke, die ich während der vergangenen zwei Jahre bei meinen zahllosen Begegnungen mit dem *Jungen Österreich* sammeln konnte.

Dieses *Junge Österreich* wird durch eine neue Generation repräsentiert, deren politisch denkende Köpfe nicht verwalten, sondern gestalten wollen. Ich habe eine Reihe engagierter Vordenker eingeladen, sich mit den wichtigen Anliegen, Sorgen und Zukunftsängsten der jungen Österreicherinnen und Österreicher zu beschäftigen. Sie haben ihre Ideen für die Zukunft Österreichs bis zum Jahr 2050 in den nachfolgenden Beiträgen festgehalten und damit einen bewussten Kontrapunkt zum vergangenheitsorientierten Feierzeremoniell des offiziellen Österreichs im Jahr 2005 gesetzt.

Theresa Philippi beschäftigt sich in *Kapitel 2 „Lebensphasen-Modelle statt Rollenbilder: Vom Beamen durch den öffentlichen und privaten Raum"* mit einer der bedeutendsten Fragen, auf die Österreichs Jugend eine Antwort sucht: Die Vereinbarkeit von Familie und Beruf. Mit einem Rückblick aus dem Jahr 2050 auf das Entstehen von Lebensphasen-Modelle skizziert uns Theresa ihre Idee für eine zunehmend flexiblere Arbeitswelt. Ihr Modell ermöglicht ein deutlich erleichtertes Management von Partnerschaft, Kindererziehung und beruflicher Entwicklung.

Felix Dibelka widmet sich im Anschluss in *Kapitel 3 „Arbeitszeitmodelle – eine Erfolgsgeschichte"* dem Problem der Arbeitszeitflexibilisierung. Aus der Perspektive des Jahres 2050 präsentiert uns Felix ein Arbeitszeitmodell der Zukunft. Sein Konzept gewährleistet sowohl Flexibilität für die Wirtschaft wie auch soziale Ausgewogenheit. Mit einer Rückschau in das Jahr 2005 spannt er den Bogen zu den gegenwärtigen Herausforderungen und Reformnotwendigkeiten die zur Entwicklung seiner Vision geführt haben.

In *Kapitel 4 „Das österreichische Schulsystem 2050: Ein Rückblick"* begeben wir uns mit *Paul Hysek* auf eine Reise in die Vergangenheit. Paul richtet im Jahr 2050 einen Brief an einen interessierten Freund. In seinen Zeilen beschreibt er anhand konkreter Eckpfeiler die umfangreichen Veränderungen, die in der ersten Hälfte des 21. Jahrhunderts notwendig geworden waren, um das österreichische Bildungssystem zukunftsweisend zu reformieren.

In *Kapitel 5 „Zukunft mit Herkunft: Zuwanderung und Demographie – Entwicklungen bis 2050 – Niedergang oder neue Blüte?"* beschäftigt sich *Matthias Koch* mit der Frage der strukturellen Bevölkerungsentwicklung. In diesem Zusammenhang zeigt er die zentralen Problembereiche Überalterung und Zuwanderung auf. Matthias setzt die Globalisierung der Wirtschaft in einen historischen Kontext und diskutiert für uns seine Vision eines sorgfältigen Umbaus der Gesellschaft. Diesen Umbau sieht er als größte Chance, um den Herausforderungen der Globalisierung erfolgreich zu begegnen.

Thomas Goiser fasziniert die Idee von einer neuen Qualität des gemeinsamen Lebens und Arbeitens im zusammenwachsenden Europa. In *Kapitel 6 „Vom Grenzlandsyndrom zur mitteleuropäischen Öffentlichkeit: Wege in den Lebens- und Politikraum Mitteleuropa"* sinniert Thomas mit uns über die Bedeutung einer gemeinsamen Identität für die Menschen im mitteleuropäischen Lebensraum. In einem geschichtlichen Rückblick aus dem Jahr 2050 verdeutlicht er seine Vision von der Entstehung dieser Identität.

Neue Formen der Kunst- und Kulturförderung sind für *Anja Hasenlechner* Impulsgeber und Garant für mehr geistige Flexibilität, Reformfreude und Zukunftsorientierung in Österreich. In *Kapitel 7 „Es war Zeit, Position zu beziehen! Kunst- und Kulturförderliches Umdenken"* beschreibt uns Anja die Notwendigkeit, die staatlichen sowie die unternehmerischen Kunst- und Kulturförderungen anders als bisher zu beleben. Ziel dieser Neuausrichtung ist es, sich mit gesellschaftlichen Veränderungen wirksamer auseinandersetzen zu können.

In *Kapitel 8 „Frischzellenkur nach Lissabon! Österreichs Wirtschaft im Jahre 2050"* beschäftigt sich *Patrick Voller* mit der wirtschaftlichen Wettbewerbsfähigkeit Österreichs. Patrick postuliert sieben Arbeitsfelder, denen sich aktive Wirtschaftspolitik widmen sollten, um bedrohliche wirtschaftliche Entwicklung für Österreich und Europa bis zum Jahr 2050 abzuwenden.

Gottfried Haber führt uns in *Kapitel 9 „Die Zukunft des Staatshaushaltes: Ein neues leistungsorientiertes Steuer- und Abgabensystem"* in die vieldiskutierte Welt des österreichischen Steuersystems. Gottfried beschreibt seine Ideen für ein modernes, leistungsfähiges und leistungsorientiertes Steuer- und Abgabensystem. Er sieht sein System als Voraussetzung, um einen funktionierenden Staatshaushalt und die nachhaltige Sicherung des Wirtschaftsstandortes Österreich zu ermöglichen.

Veit Dengler legt offen, warum Österreichs zukünftige innere und äußere Sicherheit nur in Zusammenarbeit mit den anderen Mitgliedsländern der Europäischen Union gewährleistet werden kann. In *Kapitel 10 „Die Zukunft der Sicherheit – der europäische Sicherheitsverbund"* nimmt Veit für uns die größten Bedrohungsfelder für unsere Sicherheit unter die Lupe. Im Anschluss zeigt er auf, was zu tun wäre, um Österreichs vitale Interessen in Zukunft wirksam zu schützen.

Wir wollen mit diesem Buch auch einen Teil eines Versprechens einlösen. Ein Versprechen, das wir vielen jungen Österreicherinnen und Österreichern im Rahmen unserer zahllosen Gespräche gegeben haben. Das Versprechen, ihren Ideen, Vorstellungen, Ängsten, Hoffnungen und Wünschen Gehör zu verschaffen und eine inhaltliche und tabulose öffentliche Diskussion um unser aller Zukunft anzuregen. Dem kommen wir gerne nach und setzen einen ersten Schritt.

Harald Mahrer

Österreich 2050 – Visionen und Werte für Österreichs Zukunft

Harald Mahrer

1. Einleitung

Vor dem Hintergrund der im Jahr 2005 stattfindenden öffentlichkeitswirksamen Feierlichkeiten zum 60. Jahrestag des Endes des 2. Weltkrieges, zum 50. Jahrestag der Unterzeichnung des Staatsvertrages und zum 10. Jahrestag des Beitritts zur Europäischen Union erscheint es angebracht, sich nicht nur mit dem Österreich der Vergangenheit, sondern auch mit dem Österreich der Zukunft auseinanderzusetzen. Im Herbst 2002 wurde ein parteipolitisch unabhängiges Forschungsprojekt gestartet, das zum Ziel hatte, ein Bild des Österreichs der Zukunft nach den Vorstellungen der österreichischen Bevölkerung zu zeichnen, die im Jahr 2050 die älteste Generation darstellen wird – die Generation, die heute das *Junge Österreich* ist. Der nachfolgende Beitrag versucht, die wichtigsten Ergebnisse dieses Projektes zusammenzufassen.

2. Grundlegende Werte und Einstellungen

Beschäftigt man sich mit der Frage der zentralen Leitlinien, an denen sich das Junge Österreich im Leben orientiert, dann findet man Motive, die zu erwarten wären, aber auch Überraschungen.

- Gesundheit ist das wichtigste Gut für die Jugend Österreichs. Die jungen Österreicherinnen und Österreicher wünschen sich, ein Leben frei von Krankheiten und ohne Behinderungen führen zu können.
- Einen besonderen Stellenwert nehmen Freunde im Leben der Jugend ein. Es gilt als erstrebenswert, gute Freunde zu haben, mit denen man die erfreulicheren und schlechteren Seiten des Lebens teilen kann.
- Vielfach ist der Ruf der Jugend nach einem geordneten Familienleben zu vernehmen. Die Familie gilt als Rückhalt, Stütze und Ruhepol.

- Eine große Mehrheit der Jugend wünscht sich, Kreativität im Arbeits- und Privatleben entwickeln und erleben zu können. Eng damit verbunden ist der Drang nach finanzieller Unabhängigkeit und Eigenständigkeit. Es wird als erleichternder Lebensumstand angesehen, keine Schulden zu haben.
- Viele junge Leute sind davon überzeugt, in ihrem Leben mehr persönliche Unabhängigkeit im Denken zeigen zu wollen, als es ihrer Meinung nach ihre Elterngeneration getan hat. Diese Unabhängigkeit soll sich auch beim Treffen persönlicher Entscheidungen und im Äußern von Meinungen am Arbeitsplatz und im privaten Umfeld zeigen.
- Ausprägt ist auch das Umweltbewusstsein der österreichischen Jugend und ihr Bekenntnis zum Umweltschutz. Eine Vielzahl an jungen Österreicherinnen und Österreichern wünscht sich einen sorgsameren Umgang mit beschränkten Naturressourcen. Den älteren Generationen wird in diesem Zusammenhang vorgeworfen, vielfach völlig achtlos mit der Natur umzugehen.
- Persönlicher Erfolg, Fleiß und Ehrgeiz werden als Garant für Wohlstand gesehen. Wohlstand, den sich die Mehrheit der Jugend aber nicht für sich selbst, sondern in erster Linie für die zukünftig eigenen Kinder und die eigene Familie wünscht.
- Macht und Einfluss sind für lediglich rund ein Drittel der Jugend ein Thema. Aber nur in Verbindung mit Geld und persönlicher Anerkennung. An sich werden Macht und Einfluss nicht als erstrebenswerte Ziele im Leben gesehen.
- Ein Bekenntnis zur Tradition als Leitgedanke ist lediglich im Kulturbereich zu finden. Besonders ausgeprägt ist die Verbindung zu Volkstanz und Musik im ländlichen Raum.
- Schwach ausgeprägt ist der Stellenwert von Religion und Glaube. Nur etwas mehr als ein Viertel der Jugend sieht den Glauben als ethische Orientierung und moralische Instanz.
- Dem persönlichen politischen Engagement wird von der großen Mehrheit der jungen Österreicherinnen und Österreichern eine Absage erteilt. Politiker haben ein denkbar schlechtes Image, kaum Ansehen und damit keine Vorbildwirkung. An einem eigenen Mitgestalten besteht daher weder Interesse noch würden ihm Erfolgschancen eingeräumt werden.

3. Wie das junge Österreich lebt

Mit den nachfolgenden beispielhaften Einblicken in das Privatleben der Jugend soll nicht nur gezeigt werden, wie anders das Junge Österreich im Vergleich zu älteren Generationen lebt. Sie lassen auch erahnen, welche zentrale Bedeutung die Frage nach der Vereinbarkeit von Familie und Beruf für die jungen Österreicherinnen und Österreicher hat.

- Die Mehrheit der jungen Generation lebt nicht in einer aktiven Partnerschaft. Viele sind auf der Suche nach dem richtigen Lebenspartner. Die richtige Partnerwahl wird jedoch von einer großen Mehrheit als ernsthaftes Problem dargestellt. Ständig steigender Arbeits- und Leistungsdruck und ökonomische Engpässe behindern vielfach ein gemeinsames Zusammenleben und eine erfolgreiche Haushaltsgründung.
- Die Ehe gilt als möglicher Rahmen und Ziel einer funktionierenden Partnerschaft. Sie wird jedoch zunehmend hinterfragt und teilweise als veraltetes Instrument gesehen. Die Skepsis liegt zum Teil in der Tatsache begründet, dass die Ehe in der Öffentlichkeit sehr eng mit Religion und Glaubensfragen verbunden wird.
- Gleichgeschlechtliche Lebensgemeinschaften werden von einer großen Mehrheit des Jungen Österreichs akzeptiert. Eine Diskriminierung bei der individuellen Partnerwahl wird mehrheitlich abgelehnt. Die Forderung nach einer Gleichstellung mit Heterosexuellen in allen Lebenslagen findet breite Unterstützung.
- Viele junge Österreicherinnen und Österreichern wünschen sich Kinder. Aber nur wenige planen derzeit konkret, Kinder zu bekommen. Die große Mehrheit der Jugend bezeichnet die derzeitige Gesellschaft und das wirtschaftliche Umfeld als wenig kinderfreundlich. Kinder selbst werden als ökonomische Herausforderung gesehen. Für die Zeit des Kinderbekommens wünscht sich Österreichs Jugend eine abgeschlossene Ausbildung, einige Jahre Berufs- und Lebenserfahrung und ein gesichertes Einkommen. Kinder sollten nicht in eine unsichere Situation hineingeboren werden und Kindererziehung setzt eine gewisse gefestigte eigene Persönlichkeit voraus.
- Bemerkenswert ist die hohe Medienkompetenz, über die Österreichs Jugend verfügt. Der Umgang mit neuen Technologien ist

für sie selbstverständlich. Neun von zehn jungen Österreicherinnen und Österreichern haben ein eigenes Mobiltelefon und irgendwo einen Zugang zum Internet. Mobiltelefon und Internet werden regelmäßig und intensiv genutzt. Information über aktuelles Geschehen wird im Privatleben aus dem Fernsehen und zunehmend via Internet bezogen. Die Informationsbeschaffung über Printmedien spielt bei der Jugend eine untergeordnete Rolle. Erstaunlich auch ein anderes Phänomen: Fremdsprachige Fernsehprogramme werden regelmäßig von einem Drittel der Jugend genutzt.

- Österreichs Jugend bezeichnet sich selbst als mobil. Rund die Hälfte der jungen Österreicher hat ein eigenes Auto. Bewohner von ländlichen Gegenden fahren mit ihrem Auto regelmäßig in größere Städte und fühlen sich dem ländlichen Raum nur mäßig verbunden.

4. Österreichs gute und schlechte Seiten

Die jungen Österreicherinnen und Österreicher wissen sehr genau, was sie an Österreich schätzen und was nicht. Ein besonders interessantes Bild lässt sich dann zeichnen, wenn man positive und negative Einschätzungen bilanziert. Diese Bilanz ist in der nachfolgenden Grafik dargestellt.

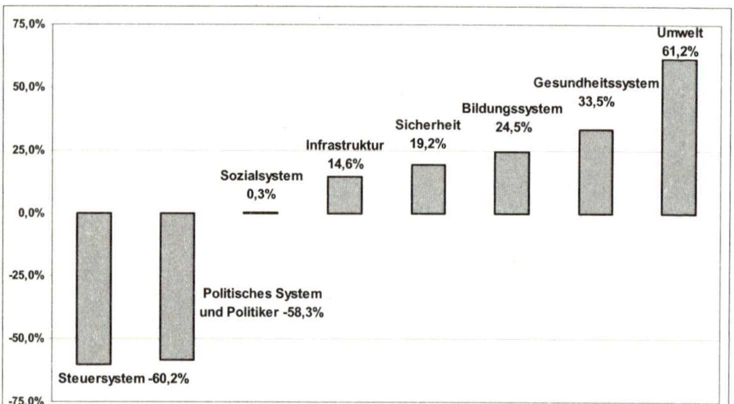

Grafik 1: Positive und negative Seiten Österreichs (n = 2.500)

Das Junge Österreich schätzt vor allem Umwelt und Natur in unserem Land. Das Gesundheits- und Bildungssystem sowie die Sicherheitssituation und die Infrastruktur werden positiv bewertet. Für das Sozialsystem findet sich weder eine positive noch eine negative Mehrheit. Deutlich fällt der Befund in Sachen Steuersystem und politisches System aus. Beide werden als extrem negativ gesehen. Österreichs Jugend wünscht sich vor dem Hintergrund der Stärken/Schwächen Einschätzungen Veränderungen im System der Politik. Hier speziell bei den Repräsentanten der Bürger, den Politikern selbst, denen von einer überwiegenden Mehrheit ein denkbar schlechtes Zeugnis ausgestellt wird. Eine Reform des Steuersystems wird von rund einem Drittel der Jugend mit dem Ruf nach mehr Gerechtigkeit gefordert. Dem Bildungssystem wird als Erfolgsfaktor für die zukünftige Entwicklung des Landes und seiner Bevölkerung ein hoher Stellenwert beigemessen. Daher wünscht sich die junge Generation auch hier, trotz einer relativ guten Bewertung der jetzigen Situation, wichtige Weichenstellungen und ernsthafte Optimierungen für die Zukunft. Das Sozialsystem, das derzeit weder als ausgesprochen gut, noch besonders schlecht bewertet wird, findet sich ebenfalls auf den vorderen Plätzen der Wunschliste in Sachen Systemveränderung und -verbesserung. Auch hier wird besonders häufig der Ruf nach mehr Fairness und Gerechtigkeit laut.

In den folgenden Abschnitten werden die Einschätzungen der Jugend zu den positiven und negativen Seiten Österreichs eingehender beschrieben. Nach einer kurzen allgemeinen Erklärung finden sich jeweils Kommentare aus den Gruppendiskussionen mit den jungen Österreicherinnen und Österreichern zu den einzelnen Themenbereichen.

5. Umwelt und Landschaft

Für Österreichs Jugend hat der Schutz von Naturressourcen oberste Priorität. Sie fordert einen massiven Ausbau von Freizeit- und Erholungsgebieten in Städten und Grünlandgürteln um Ballungszentren. Der Transit- und Privatverkehr wird als ständig größer werdende Umweltbelastung erkannt. Auch hier besteht mehrheitlich die Forderung nach Gegenmaßnahmen. Überraschend erscheint auch die vielfache Kritik am Informationsdefizit in Sachen vorbeugende Müllvermeidung, richtige Entsorgung und sparsamerer Energieeinsatz. Generell wären höhere Umweltauflagen und Standards wünschenswert, um überhaupt einmal ein allgemeines Umweltbewusstsein im Privat- und Geschäftsleben zu schaffen. Größeres Augenmerk sollte auf den Zukunftsaspekt des Naturschutzes gelegt werden. Der österreichischen Jugend werden derzeit zu viele Kurzzeitaktionen gestartet. Der Fokus soll aber auf der Langfristigkeit der Aktionen liegen.

Das Junge Österreich wünscht sich in Sachen Landschaftspflege und Umweltschutz eine ganze Reihe von Maßnahmen:

- Auf sauberes Wasser in Flüssen und Seen soll verstärkt geachtet werden. Die Jugend ist sich bewusst, dass die Folgen der Verschmutzung für Pflanzenwelt, Tiere und Menschen langfristig gravierend sein können. Der Wasserschutz soll daher oberste Priorität haben. Besonders der Schutz der Trinkwasserreserven gilt als ein lebenswichtiges Gut.
- Bestehende Naturschutzgebiete sollen erhalten werden. Die Jugend ist besorgt über das Vordrängen von Industriezonen und würde dieses gerne verhindert sehen. Neue Naturschutzgebiete und Nationalparks sollen in ganz Österreich eingerichtet werden. Österreichs Kapital an Naturressourcen kann damit langfristig für die Nachwelt gesichert werden. Österreichs Jugend betont in diesem Zusammenhang sehr oft, dass das Thema „Nachhaltigkeit" von der Politik und den älteren Generationen viel zu wenig ernst genommen wird.
- In den Städten wünscht sich die Jugend deutlich mehr Grünflächen und weniger Betonzonen. Es ist ihr ein großes Anliegen, nicht die Natur in der und um die Stadt zu zerstören. Es gibt bereits jetzt zuwenig Grün in der Stadt. Sehr skeptisch wird die zunehmende Verbauung der Städte mit Hochhäusern und Megakomplexen gesehen. Die Jugend kann sich vorstellen, in regionalen und lokalen Initiativen für „Recht auf Grünraum" dagegen anzukämpfen. Vielfach hört man die Anregung, wieder mehr Wälder rund um die Städte aufzuforsten und wieder neue Bäume zu pflanzen. Für die Jugend Österreichs sind die Wälder

der wichtigste Teil der „österreichischen Lunge“ und attraktive Erholungsgebiete.

- Die Transitbeschränkungen für die Straße sollten deutlich erhöht werden. Die Bahn als Transportmittel müsste für Frächter attraktiver gemacht werden. Das Motto des Jungen Österreichs lautet vielfach „Schiene statt Verkehrslawine“. Generell spricht sich die Jugend für eine Reduktion des Autoverkehrs aus. Die Idee eines autofreien Tages, der regional koordiniert werden soll, findet sich in ganz Österreich.
- Da wir nach Meinung des Jungen Österreichs in einer geborgten Umwelt leben sollten wir diese am Ende des Lebens zurückgeben, wie wir sie erhalten haben. Größtmögliche Schadstoffvermeidung wäre für die Mehrheit daher eine Selbstverständlichkeit. Damit verbunden sind Forderungen wie die ausschließliche Zulassung von Autos mit Katalysator sowie eine deutliche Sonderbesteuerung für Abgassünder. Der Jugend wird der Klimaschutz zuwenig ernst genommen. Sie fordert mehr, als nur ein Lippenbekenntnis abzugeben. Österreich sollte mit gutem Beispiel voran gehen und noch strengere Kriterien einführen und in der EU eine Vorreiterrolle beim Klimaschutz einnehmen.
- Beim Thema Energie wäre es im Sinne der Jugend, verstärkt auf alternative Brennstoffe und Energiequellen umzusteigen. Aus den Kommentaren der jungen Österreicherinnen und Österreicher kann auch ein Bekenntnis zu mehr sauberem Strom entnommen werden. Atomstrom wird mehrheitlich abgelehnt. Österreich sollte sich in dieser Frage nicht vom Ausland abhängig machen. Die Einführung von Autos mit Wasserstoff-Systemen wäre voranzutreiben. Die Jugend ist überzeugt, wenn viele derartige Autos auf den Markt kommen, dann sinkt der Preis und die Nachfrage steigt.
- Mülltrennung ist derzeit ein unterentwickeltes Thema. Ein wirksameres und einheitlicheres Entsorgungssystem sollte angeboten und entsprechend beworben werden, damit es besser angenommen wird. Laut der österreichischen Jugend gibt es derzeit zuwenig Öffentlichkeitsarbeit bezüglich Abfallbeseitigung, richtiger Entsorgung und Mülltrennung. Die Anleitung zur richtigen Mülltrennung und Vermeidung sollte schon bei den kleinen Kindern beginnen. Beispielsweise in der Form von selbstständi-

ger Mülltrennung via Unterricht ab der Volksschule. Für Firmen kann man sich strengere Vorschriften im Bereich der Mülltrennung vorstellen. Die Einhaltung dieser Vorschriften sollte kontrolliert und Abfallsünder hoch bestraft werden.

6. Gesundheit als höchstes Gut

Noch nie war der Jugend die Gesundheit so wichtig wie heute. Die medialen Botschaften und die verstärkte Kommunikation in Richtung Gesundheitsvorsorge zeigen bei den jungen Österreicherinnen und Österreichern bereits erste Wirkungen. Für die junge Generation ist Gesundheit nicht Trendthema sondern zentrale Lebensfrage. Oft fallen Sätze wie „Wer länger arbeiten muss, der muss auch länger fit sein" oder „Gesunde Menschen sparen unserer Gesellschaft viel Geld". Drogenkonsum wird zwar mehrheitlich abgelehnt, die Freigabe von Marihuana kann sich eine Mehrheit aber andererseits gut vorstellen. Tabakkonsum wird vor dem Hintergrund der möglichen Folgen von fast der Hälfte der Jugend hinterfragt. Alkoholkonsum ist wiederum für zwei Drittel kein Problem und wird von diesen interessanterweise auch nicht kritisch hinterfragt. Allgemein sind die jungen Österreicherinnen und Österreichern gegenüber dem österreichischen Gesundheitssystem sehr positiv eingestellt. Ärzte und Krankenanstalten haben im Vergleich zu den gleichen Einrichtungen im Ausland ein deutlich besseres Image bei der österreichischen Jugend.

Die Wünsche des Jungen Österreichs umfassen für das Gesundheitssystem Aktionen zur Aufrechterhaltung des freien Zugangs, Kostensenkungsmaßnahmen und Zukunftsinvestitionen.

- Als Grundregel soll auch in Zukunft gelten: Aufrechterhaltung der freien Behandlung für alle, da auch alle das System bezahlen. Die Jugend lehnt jede Form der Zwei-Klassen-Medizin, die sich in der letzten Zeit ihrer Meinung nach schleichend breit macht mit überwältigender Mehrheit ab. Wenn Gesundheit für bestimmte Teile der Gesellschaft nicht mehr leistbar wird, dann sind auch die Wettbewerbsvoraussetzungen für Arbeitsplätze und der Jobwettbewerb in den Firmen nicht mehr gerecht. Die jungen Österreicherinnen und Österreicher wünschen sich beste medizinische Versorgung, die vom Einkommen unabhängig sein muss. Sie sehen die Gesundheit als wichtigste Basis für die Chance auf ein Einkommen. Daher ist für die Jugend ein barrierefreier Zugang zu allen Behandlungsmethoden auch gerade für arme und einfache Leute sicherzustellen.

- Für die Jugend zersetzt ein Zuviel an Verwaltung das Gesundheitssystem von innen. Man sollte Zuständigkeiten vereinheitlichen und einfachere Strukturen schaffen. Die Jugend wünscht sich, dass die „skandalöse Bürokratie" im Gesundheitswesen endlich beseitigt wird. Zuerst sollten die Krankenkassen ihren Verwaltungsapparat reduzieren und am Ende wären alle Krankenkassensysteme zu fusionieren. Das ständische Denken wird als ein Relikt der Vergangenheit angesehen. Von einer Vereinheitlichung erhoffen sich die jungen Österreicherinnen und Österreicher auch deutlich mehr Transparenz im Gesundheitswesen.
- Grundsätzlich sollten Spitäler immer bestens ausgerüstet sein. Damit kann eine Vermeidung von Qualitätsunterschieden in der Gesundheitsversorgung gewährleistet werden. Die Jugend sieht auch Kapazitätsprobleme bei Ärzten und Pflegepersonal. Diagnose, Behandlung und Pflege können und sollen oft nicht warten. Derzeit gibt es in vielen Bereichen schon Wartezeiten, die auch für die Wirtschaft negative Auswirkung haben.
- Wünschenswert wären weiters Investitionen in die Zusammenarbeit von Schul- und Ganzheitsmedizin. Für die Patienten sollten gemeinsame Behandlungsmöglichkeiten geschaffen und gefördert werden. Der privaten und betrieblichen Vorsorge soll zukünftig der größtmögliche Stellenwert beigemessen werden. Durch entsprechende Gesundheitsvorsorge und Präventionsmedizin können zukünftige Kosten schon jetzt vermieden werden. Für das Junge Österreich ist Vorsorge die beste Investition in das Gesundheitssystem für die Zukunft schlechthin.
- Für die Jugend ist die Altenpflege eine wichtige Aufgabe unserer Gesellschaft. Gerade, wenn die Gruppe der älteren Menschen zunimmt. Es sollte ein Plan für langfristige Altenpflege entwickelt werden, der Altern in Würde, Geborgenheit und Sicherheit ermöglicht.

7. Ein neues Bildungssystem

Aus- und Weiterbildung werden vom Jungen Österreich als zentrale Einflussfaktoren für beruflichen Erfolg gesehen. Ohne profunde Ausbildung und ständige Weiterbildung gibt es kein Bestehen im Wettbewerb um einen Arbeitsplatz. Investitionen in das Bildungssystem sind die wichtigsten Investitionen in die breite Bevölkerung und damit die wichtigsten Investitionen in die Zukunft Österreichs. Für die Jugend ist der freie Zugang zu allen Bildungsstufen ein Grundrecht, um einen fairen und gerechten Start in das Arbeitsleben zu ermöglichen. Gewünscht wird auch eine Modernisierung des Bildungssystems durch totale Erneuerung der Unterrichtsinhalte und der Unterrichtsmethoden. Darüber hinaus bestehen mehrheitliche Forderungen nach regelmäßiger zeitgemäßer Adaptierung der Inhalte, Einführung von mehr Fremdsprachenunterricht und Vermittlung von wirtschaftlichem Denken in der Schule. Viel erhofft sich die Jugend auch von der Verbesserung der pädagogischen Ausbildung der Lehrer, von regelmäßiger Weiterbildung der Lehrer in kurzen Intervallen und laufenden Leistungskontrollen bei den Lehrenden mit strengen Sanktionsmöglichkeiten.

Das Bildungsthema ist der Jugend ein besonderes Anliegen. Ideen, Vorschläge und gewünschte Maßnahmen werden oft sehr emotional vorgetragen.

- Das Junge Österreich ist sich einig: Je mehr in Bildung investiert wird umso mehr wird in die Zukunft des Landes investiert. Die Politik sollte ein klares Bekenntnis zur Verbesserung und zum Ausbau der Bildungslandschaft abgeben und entsprechende Mittel bereitstellen. Selbst in Zeiten des Sparens muss in die Zukunft investiert werden. Die Mehrheit ist der Meinung, dass das, was wir heute für die Schulen und Universitäten ausgeben, morgen über bestens ausgebildete Bürger im globalen Wettbewerb wieder hereinkommt. Österreich kann den Wettbewerb um Arbeitsplätze nur durch Bildungsinvestitionen gewinnen. Dort, wo bestens ausgebildete Bürger sind, werden Firmen immer hochqualitative Arbeitsplätze schaffen. Österreich muss daher, so der Wunsch der Jugend, mit Bildungs- und Forschungsinvestitionen in seine

Zukunft investieren. Wir brauchen bestens ausgebildete Mitarbeiter genauso wie die besten Köpfe unter den Erfindern und Forschern.

- Der freie Zugang zu allen Bildungsstufen ist der überwiegenden Mehrheit ein Herzensanliegen. Alle sollen gleiche Voraussetzungen haben, wenn es um den Start in das Berufsleben geht. Staatlich garantierte kostenfreie Bildung für den einzelnen Bürger schafft Chancengleichheit. Jeder, der eine bestimmte Ausbildung anstrebt, soll diese auch ermöglicht bekommen, unabhängig vom Einkommen und Vermögen der Eltern. Freier Zugang zu allen Grundschulen, Lehrberufen und allen weiteren Ausbildungsangeboten bis hin zur Universität soll gewährleistet sein. Für die Jugend ist bei Ressourcenknappheit lediglich die individuelle Qualifikation ein akzeptables Selektionskriterium. Wer nichts leistet, soll auf höheren Bildungsstufen nicht gefördert werden. Leistungsorientierung wird als Grundvoraussetzung für den freien Zugang zu Fachhochschulen und Universitäten gesehen.
- Die Bildungsinhalte werden ebenso wie die Lehrmethoden großteils als veraltet angesehen. Die Jugend fordert eine laufende Anpassung und Erneuerung von Studien- und Lehrplänen. Der Unterricht ist derzeit extrem wirtschafts- und praxisfern. Mehr Praxisnähe kann durch neue Fächer wie Recht, Unternehmertum oder Volkswirtschaft gewährleistet werden. Darüber hinaus wünscht man sich, dass Praktiker und Unternehmer in den Unterricht eingebunden werden. Weiters sollten die Bildungsinhalte nicht ständig zusammengekürzt und nivelliert werden, sonst können die Schüler später im Arbeitsleben nicht bestehen. Die Jugend setzt sich auch dafür ein, dass in der Schule Leistungsdenken und Wettbewerb verstärkt gefördert werden. Den Schülern muss geholfen werden, mit Druck umzugehen. Dies, so die Jugend, kann für das Arbeitsleben gut gebraucht werden. Fremdsprachenkenntnisse werden auch für die breite Bevölkerung in Zukunft mehr Bedeutung bekommen. Das Junge Österreich will über mehr Fremdsprachenkompetenz verfügen, als die älteren Generationen. Der Fremdsprachenunterricht soll daher ausgebaut werden. Dazu könnten einerseits mehr native speakers als Lehrer arbeiten und andererseits könnte Wirtschaftswissen auch in Fremdsprachen unterrichtet werden.

- Die zukünftige Qualifikation der Lehrer wird als beeinflussender Faktor für den Erfolg von Reformen im Bildungssystem gesehen. Die Jugend wünscht sich daher regelmäßige Weiterbildung der Lehrer, damit deren Wissen immer am letzten Stand ist. Da die Qualifikation und Motivation des Lehrkörpers derzeit ständig abnimmt sollte aktiv gegengesteuert werden. Verbunden mit mehr Investitionen in verpflichtende fachliche und pädagogische Weiterbildung der Lehrer. Die jungen Österreicherinnen und Österreicher glauben, dass nicht jeder, der Lehrer werden will, dazu auch geeignet ist. Für die Jugend ist das Lehramt heute eine viel größere Herausforderung als früher. Sie würde daher strenge Eignungsprüfungen für Pädagogen einführen, gepaart mit regelmäßiger Leistungskontrolle und Belastbarkeitstests. Viele Lehrer werden auf Schüler losgelassen, die weder Inhalte vermitteln können noch die Schüler zum Lernen motivieren können. Die große Mehrheit der Jugend glaubt, dass Lehrer sein eine Mischung aus Berufung und Begabung ist. Sie wünscht sich, dass das Bildungssystem in Zukunft attraktiv genug ist, die besten Leute für den Unterricht zu gewinnen und diese bestmöglich aus- und weiterzubilden. Ein weiterer Erfolgsbaustein für eine Reform könnte ein verpflichtendes Weiterbildungsjahr oder Arbeitsjahr in der Wirtschaft für Lehrer nach bestimmten Unterrichtsjahren sein. Die Jugend sieht in diesem Jahr auch eine Abwechslungs- und Motivationsmöglichkeit für die Lehrer.

8. Innere und äußere Sicherheit

Das generell steigende Kriminalitätsniveau ist ein Thema, dass die gesamte Jugend aufmerksam verfolgt. Es existiert ein gewisses Maß an Beunruhigung. Die große Mehrheit ist der Meinung, dass zuwenig gegen die Kriminalität getan wird. Investitionen in die Exekutive um Kriminalität wirksamer bekämpfen zu können hätten oberste Priorität. Zuwanderung und Asyl sind emotionale Themen. Vermisst werden in diesem Zusammenhang abgestimmte Pläne für schnelle Integration und eine von der Mehrheit geforderte Mindestanpassung an die österreichische Gesellschaft. Die Wehrpflicht wird als nicht mehr zeitgemäß empfunden. Ein Berufsheer mit Profis, die in ein europäisches Verteidigungssystem eingebunden sind wäre eine wünschenswerte Zukunftsoption: „ ... *die besten Leute sollten den Job machen* ...".

- Für die jungen Leute ist es in ganz Österreich spür- und erlebbar: Die Kriminalität nimmt ständig zu. Vorbeugen ist daher genauso wichtig wie die Aufklärung und das Verfolgen der Täter. Die Jugend fordert keine Einsparungen bei der Polizei, sondern würde vielmehr die Schlagkraft und Wirksamkeit der Exekutive verstärken, um der Kriminalität den Kampf anzusagen. Rückhalt in der Bevölkerung ist ebenso gefragt wie eine finanzielle Stärkung der Polizei. Für die jungen Österreicherinnen und Österreicher könnte gerade mehr Polizei auf der Straße Verbrechen verhindern. Im ländlichen Bereich wird das steigende Kriminalitätsproblem oft noch nicht so ernst genommen wie in den Städten.
- Ein maßvoller Umgang mit Kontrollen und Strafen ist für die Jugend ein wichtiger Bestandteil einer erfolgreichen Sicherheitspolitik. Da beispielsweise Verkehrsregeln laufend gebrochen werden, ist man für eine strengere Überwachung und härtere Strafen. Davon erhofft man sich, die Disziplin der Autofahrer zu erhöhen. Planquadrate sollten nicht als staatliche Einnahmequelle gesehen werden sondern dazu dienen, konsequent und regelmäßig zu kontrollieren.
- Da der Handel mit härteren Drogen sichtbar zu nimmt sollte die Exekutive Drogenbanden viel früher bekämpfen und schon im Vorfeld und im Untergrund ansetzen. Die Jagd auf die Mittelsmänner und Paten gehört ausgeweitet. Statt dem Ausbau der Videoüberwachung und dem Dauerfilmen der Bürger sollte die organisierte Kriminalität viel stärker bekämpft werden. Die Jugend glaubt, dass mit mehr persönlichen Kontrollen gegen Drogenhandel, Menschen- und Waffenschmuggel und gegen die steigende Geheimprostitution vorgegangen werden kann.
- Die Themenbereiche Einwanderung und Asyl sind eng mit einem generellen Akzeptanzproblem in der breiten Bevölkerung gegenüber Ausländern verbunden. Dieses Problem ist für die jungen Österreicherinnen und Österreicher mehrheitlich verständlich, wenn man sieht, wie wenig für die Integration getan wird. Gefordert wird daher ein klares Integrationsprogramm und Unterstützung für die Eingliederung in die österreichische und

europäische Gesellschaft. Das Zulassen von Einwanderung erfordert auch entsprechende Rahmenbedingungen. Aus diesem Grund sollte klar festgemacht werden, wer wann einwandern darf und wie die Einwanderer dann entsprechend in Österreich integriert werden. Die Jugend misst der österreichischen Solidarität gegenüber Asylanten einen wichtigen Stellenwert bei. Es bedarf aber wohlüberlegter Auffangpläne. Leitlinie sollte sein, im Sinne der Menschenwürde und der Menschenrechte mit den Flüchtlingen umzugehen. Bei Zuwanderern und Asylanten soll außerdem immer auf kriminelles Potenzial geachtet werden. Die Jugend ist überzeugt, dass derjenige, der in seiner Familie Einkommensmöglichkeiten hat vermutlich kein Berufskrimineller wird. Daher sind zumindest in einer Übergangsphase Beschäftigungsmöglichkeiten für Einwanderer und Asylanten durch die öffentliche Hand zu schaffen.

- Das Bundesheer und damit die Wehrpflicht haben für die Jugend in der EU eine neue Bedeutung. Da das Inseldasein für Österreich vorbei ist verlangt das Junge Österreich ein klares Bekenntnis zur gemeinsamen europäischen Verteidigung. Für ein Europaheer der Zukunft braucht es Spezialisten und dafür müssen jetzt die Weichen gestellt werden. Abschaffung der Wehrpflicht, Einführung des Berufsheeres sowie eine Spezialisierung bestimmter Waffengattungen im Rahmen des Europaheeres wie z. B. Gebirgsjäger wären die logischen Folgen. Derzeit sind Grundwehrdiener Amateure, der Dienst an der Waffe verlangt aber genauso Profis wie es Helfer bei Katastropheneinsatzeinheiten sein sollten. Ein Wechsel zu einem Berufsheersystem und zivilen Katastrophenschutzdiensten, die auch in der gesamten EU oder im Ausland eingesetzt werden können wird begrüßt. Ein Punkt ist bei der Jugend unumstritten: Egal ob es die Wehrpflicht weiter gibt oder ein Berufsheer kommt, das Militär braucht immer eine Spitzenausrüstung. Ganz im Sinne des Auftrages und der Sicherheit der Soldaten. Wenn man bei der Ausrüstung spart, dann kann man das Heer gleich abschaffen. Da für die jungen Österreicherinnen und Österreicher die Neutralität in der EU nicht haltbar ist muss das Bundesheer Teil des EU-Heeres werden und damit ist nur ein Berufsheer sinnvoll. Denn für den Fall echter Kampfeinsätze braucht Österreich Profis, die diesen Job machen wollen und für das Risiko entsprechend entlohnt werden.

9. Infrastruktur

Der Ausbau von Bahn und Straße hat oberste Priorität. Geht es nach der Jugend, dann sollte eine Konzentration auf Hauptverkehrsadern gelegt werden. Ein deutlich schnelleres Vorgehen als bisher wird gefordert. Der Nahverkehr soll so geplant werden, dass die Einzugsgebiete der Städte mit berücksichtigt werden. Breitband-Internet Anbindungen werden als Wettbewerbsfaktor gesehen und werden gerade auch für den ländlichen Bereich gefordert. Ohne Hochleistungsanbindungen an moderne Informations- und Kommunikationstechnologien ist an ein Leben und Arbeiten im ländlichen Raum nicht mehr zu denken. Post- und Stromversorgung sind ebenso von Bedeutung, werden aber gegenüber Verkehrsverbindungen und Informationstechnologie als eher nachrangig gesehen.

- Das Eisenbahnnetz sollte erneuert und extrem zügig ausgebaut werden. Priorität wäre auf Hochgeschwindigkeitsstrecken entlang der Süd- und Westbahn zu legen. Wenn mehr Menschen mit der Bahn fahren sollen, dann ist die Bahn als Verkehrsmittel konkurrenzfähig zu machen. Die Jugend sieht einen deutlichen Optimierungsbedarf für die ÖBB: Besseres Service, schnellere Verbindungen und neue Strecken von Wien in den Süden, nach Norden und vor allem Richtung Osten. Der innerösterreichische Bahnverkehr erinnert noch an die Monarchie. Gerade die Südbahn bräuchte eine neue Strecke, die in weniger als drei Stunden von Wien an die italienische Grenze führt. Von Wien nach Salzburg müsste in unter zwei Stunden machbar sein. Wer weniger Autos auf den Straßen will, der muss die Erneuerung der Bahn entsprechend forcieren. Dazu gehören auch die Renovierung der Bahnhöfe, der Einsatz modern ausgestatteter Züge und eine neue Dienstleistungsorientierung des Personals als Anreiz, umzusteigen. Ein weiterer Kritikpunkt ist das Pendlernetz im ländlichen Raum. Dieses Schienennetz ist oft nicht mehr zeitgemäß. Qualität und Service werden als sehr schlecht bewertet. Nebenbahnstrecken sollten durch sichere Busverbindungen ersetzt werden.

- Die Autobahnanbindungen an Osteuropa sind nach Meinung der Jugend eine wahre Katastrophe. Das Junge Österreich wirft der Politik vor, die Erweiterung verschlafen zu haben. In Windeseile müssten von Linz, Wien und Graz neue Autobahnverbindungen Richtung Norden und Osten errichtet werden. Aber keine Schmalspur- und Sparvarianten, sondern zentrale Hauptverkehrsadern. Es wird erwartet, dass nach der Einführung der Lkw-Maut die Politik nun die Einführung der Pkw-Maut plant. Eine Pkw-Maut wäre aber nur gerechtfertigt, wenn endlich die Straßenplanungssünden der Vergangenheit wettgemacht werden: Raschester Ausbau der Süd- und Ostautobahn, eine Autobahn von Graz Richtung Budapest und der Bau einer Nordautobahn von Wien Richtung Prag. Darüber hinaus gibt es Handlungsbedarf bei der Qualität der Straßen im ländlichen Bereich. Diese sind oft sehr schlecht, da sichtlich auf Renovierungen und Verbesserungen zugunsten anderer Projekte verzichtet wurde. Die Jugend wünscht sich für den ländlichen Raum die Einführung eines einheitlichen Qualitätsstandards für Bundesstraßen, Land- und Nebenstraßen. Nicht zuletzt auch aus Sicherheitsgründen.
- Ein besserer Straßenausbau im ländlichen Bereich ist die Grundlage für einen effektiven öffentlichen Nahverkehr. Primär könnten die öffentlichen Busverbindungen davon profitieren. Regionale Verkehrsverbünde sind zu stärken und Routen besser abzustimmen. Das Einzugsgebiet von Städten geht über die Stadtgrenze hinaus. Eine Anbindung an öffentliche Verkehrsmittel von Städten darf folgerichtig nicht in Dimensionen der Stadtgrenzen denken. Öffentliche Linien müssen bis in die Einzugsgebiete außerhalb der Städte verlaufen. In den Städten selbst ist das öffentliche Streckennetz vielfach unterentwickelt. Kapazitäten und Intervalle sollten sich nach Bevölkerungs- und Arbeitsplatzdichte richten. Die Jugend fordert in den Stoßzeiten deutlich mehr Angebot.

10. Sozial- und Pensionssystem

Die Jugend steht dem Sozial- und Pensionssystem in Österreich eher skeptisch gegenüber. Primär werden soziale Treffsicherheit und

Gerechtigkeit für alle Bevölkerungsgruppen vermisst. Für das Junge Österreich soll Solidarität dort ihre Grenzen haben, wo es sich bestimmte kleine Bevölkerungsgruppen auf Kosten der Mehrheit richten können, oder wo sich die ältere Generation gegenüber der jüngeren Generation aufgrund ihrer politischen Lobby einen Vorteil verschafft. Generell erwartet die große Mehrheit einen weiteren baldigen Reformbedarf für das Pensionssystem. Das bedeutendste soziale Thema für die jungen Menschen, auch in Verbindung mit der Familienförderung ist Work-Life-Balance.

- Das neue Pensionsantrittsalter erscheint der Jugend zu hoch. Je älter die Leute werden, desto weniger können sie leisten. Dieser Eindruck entsteht bei vielen Jugendlichen bei den eigenen Eltern und Großeltern. Sie meinen, dass der Arbeitsdruck jetzt schon in jungen Jahren enorm ist und fragen sich, wie sie dies bis 65 durchhalten können. Die Antwort liegt für Österreichs Jugend im Schaffen von deutlich mehr Jobs. Sonst gibt es zu wenig Jobs bis 65. Schon jetzt werden die „müden Alten" gerne gegen die „frischen Jungen" ausgetauscht.
- Die Flickwerklösungen im Pensionssystem sollten endlich beseitigt werden. Dies hätte man sich von der letzten Reform erwartet. Es besteht der Wunsch nach einem einzigen System mit einer einzigen Pensionskasse für alle Bürger. Ein demographisches Fiasko sollte rechtzeitig ein für alle Mal abgewendet werden. Dazu, so die Jugend, ist der Generationenvertrag entweder abzuschaffen oder entsprechend langfristig angelegt gerecht anzupassen. Ziel muss es sein, auch in den kommenden Jahrzehnten eine faire Pensionsregelung für alle sicherzustellen. Leitgedanke für dieses Ziel ist die absolute Gleichheit für wirklich alle vor dem Gesetz. Ungerechtigkeiten, wie sie die große Mehrheit der Jugend heute empfindet, sind zwingend zu vermeiden.
- Pensionen im unteren Bereich sollten nicht gekürzt werden. Die jungen Österreicherinnen und Österreicher erleben über den Kontakt zu ihren Großeltern, dass viele ältere Menschen in Österreich nahe dem Existenzminimum leben. Das soziale Netz soll auch in Zukunft für alle da sein. Eine faire Mindestpension, die ein Leben im Alter in Würde sicherstellt, ist das Land allen Bürgern schuldig.

- Die Jugend wünscht sich auch eine treffsichere Form der Arbeitslosenunterstützung. Es soll auch weiterhin finanzielle Unterstützung für alle geben. Neu sollte sein, dass das Arbeitslosengeld aber als Überbrückungshilfe bis zum nächsten Job aktiv kommuniziert wird. Die konkrete Unterstützung bei der Jobsuche ist für die Jugend genauso wichtig wie das Arbeitslosengeld. Gefordert wird eine viel spezifischere Hilfe der Arbeitsämter und eine deutlich wirksamere Vernetzung der Arbeitgeber mit den Beratungszentren. (Um-)Schulungsmaßnahmen werden derzeit nach dem Wald- und Wiesenprinzip vorgenommen. Es sollte aber unterrichtet und geschult werden, was auch gebraucht wird. Davon erhofft man sich in Zukunft eine bessere Vermittelbarkeit. Keine soziale Unterstützung würde die Jugend Leuten zu kommen lassen, die nicht arbeiten wollen. Hier werden strikte Kontrollen und eine entsprechende Reduktion der Unterstützung gefordert. In diesem Zusammenhang sind auch viele Jugendliche der Ansicht, man sollte es bestimmten Arbeitslosen nicht leicht machen. Daher auch Zwang schaffen, Jobs anzunehmen, die man nicht machen will. Sie glauben, dass jeder Job besser ist als kein Job. Verbessern kann man sich immer.

Das bedeutendste Thema im Sozialbereich ist für das Junge Österreich die staatliche Unterstützung von Familien und Kindern. Hier steht Work-Life-Balance und damit das elementare Problem der Vereinbarkeit von Familie und Beruf an erster Stelle. Sich der Lösung dieses Problems anzunehmen sollte von den Politikern nicht als Lippenbekenntnis und Wahlkampfgag verwendet werden. Sondern endlich als zentrales Bedürfnis der Menschen erachtet werden. Die Jugend fordert ein Menschenrecht auf Balance zwischen Familie und Beruf.

- Unternehmer und Manager sollten auch familienorientiert denken. Die Jugend ist überzeugt, dass ausgeglichene Mitarbeiter mit glücklicher Familie mit Sicherheit motivierter sind und mehr Leistung bringen. Unterschiedliche Lebenssituationen verlangen unterschiedliche Aufmerksamkeit für das familiäre Umfeld. Es besteht der dringende Wunsch, dass neue Arbeitszeitmodelle eingeführt werden. Modelle, die nach bestimmten Lebensphasen modelliert sind, wie beispielsweise ein Aufeinanderfolgen von Vollzeit, Teilzeit, Karenz, Teilzeit, Vollzeit usw.

- Familien oder Menschen mit Kindern haben deutlich höhere Kosten als Paare oder Menschen ohne Kinder. Das Kindergeld und staatliche Unterstützung sind derzeit eher ein Tropfen auf den heißen Stein. Die überwiegende Mehrheit der Jugend stellt fest, dass die allgemeinen Lebenserhaltungskosten und Belastungen in den letzten Jahren dramatisch gestiegen sind. Das Kindergeld müsste wirklich deutlich erhöht werden, um auch nachhaltig Wirkung zu zeigen und als echte Unterstützung zu gelten.
- Zusätzlich wird mehrheitlich kommentiert, dass das Kindergeld alleine noch niemanden glücklich macht. Förderungen sollten immer vor dem Hintergrund der Work-Life-Balance entwickelt und gesehen werden. Freie Zeit für Kinder ist beispielsweise genauso wichtig wie finanzieller Spielraum. Daher wünscht man sich einen starken politischen Willen, Arbeit, Familie und Kinder für Frauen UND Männer vereinbar zu machen.
- Den größten Anteil am Problem stellt der ausreichende Mangel an Kinderbetreuungsplätzen dar. Nahezu alle jungen Eltern empfinden Kinderbetreuungsplätze als ein extrem knappes Gut. Sie verstehen keine der Zeitungsmeldungen, in denen die Politik anderes behauptet. Es sollte eine langfristige Kinderbetreuungsplatzbewirtschaftung eingeführt werden, abhängig von den Geburtenraten. Alleinerziehende Mütter sind in einer deutlich schwierigeren Situation. Sie sollten daher entweder speziell unterstützt oder begünstigt werden, da sie sich nach wie vor im „sanften Abseits" befinden. Im Fokus sollte stets das Wohl der Kinder stehen, da sie die Zukunft des Landes sind.

Die nachfolgende Grafik zeigt die Einflussfaktoren, die sich nach Meinung der jungen Österreicherinnen und Österreicher positiv auf ein erfolgreiches Ausbalancieren von Familie, Beruf und Privatleben auswirken.

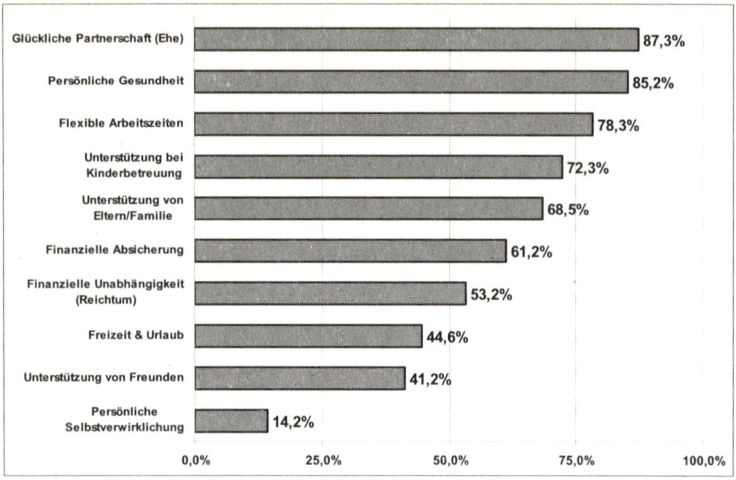

Grafik 2: Work-Life-Balance-Treiber (n = 2.500)

11. Politisches System und Politiker

Entgegen aller landläufigen Meinungen ist das Politikinteresse der österreichischen Jugend genauso weit verbreitet wie die Politikerverdrossenheit. Die grundlegenden politischen Themen interessieren, weil sie das tägliche Leben betreffen. Das mangelnde Interesse am politischen System ist jedoch mit den handelnden Personen, deren Glaubwürdigkeit, deren Meinungen und deren Taten verbunden. Die jungen Österreicherinnen und Österreicher wünschen sich einen Generationenwechsel hin zu jüngeren, idealistischen und visionären Volksvertretern. Die politische Arbeit der Volksvertreter sollte regelmäßig kontrolliert und deren Entlohnung an Leistungskriterien geknüpft werden. Es wird von der Jugend deutlich mehr regelmäßige Mitbestimmung abseits des Wahltages gefordert, verbunden mit einem stärkeren Einsatz neuer Medien für Information, Kommunikation und Partizipation.

Die nachfolgende Grafik illustriert, welche Veränderungen von der Jugend für das politische System in Österreich gewünscht werden.

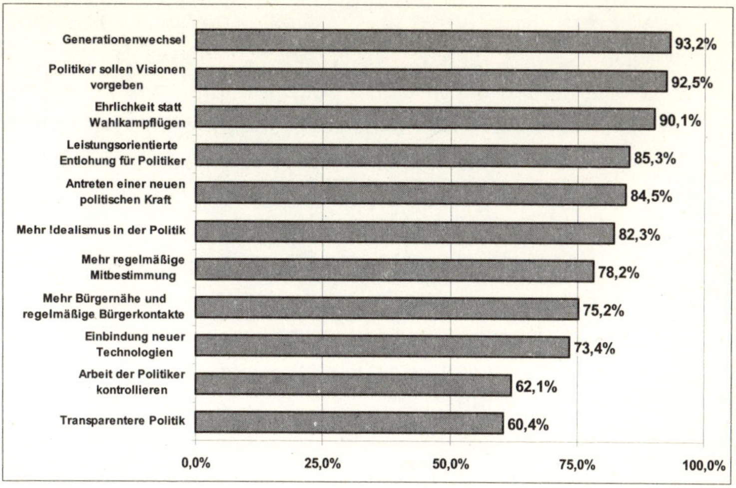

Grafik 3: Gewünschte Veränderungen für das politischen System (n=2.500)

- Derzeit herrscht die Meinung vor, dass Politiker wie Kinder wirken, die im Sandkasten um Schaufel und Kübel streiten. Politiker sind nicht ernst zu nehmen. Kein Wunder also für die Jugend, dass es eine Politikerverdrossenheit gibt. Glaubt man der Mehrheit des Jungen Österreichs, dann wechseln Politiker ständig ihre Positionen, passen sich der öffentlichen Meinung an und haben kein Rückgrat. Politik ist für die Jugend erst dann wieder interessant, wenn endlich jemand klar die Wahrheit sagt, mit dem Lügen ein Ende ist und vorgegeben wird, wohin die Reise gehen kann und wie Probleme wirklich zu lösen wären.
- Darüber hinaus ist die Jugend davon überzeugt, dass sich Politiker in erster Linie selbst und die sie stützenden elitären Machtblöcke begünstigen. Dies ist extrem demokratiefeindlich, weil es eine Diktatur der Elite ist, die dem Volk mit Marketinggags die Sicht vernebelt. Wenige Gruppen, die einen kleinen Teil der Bevölkerung repräsentieren, haben einen großen Einfluss auf die Politik und richten es sich zu Lasten der breiten Mehrheit. Der Frust bei der Masse ist verständlich, weil sich niemand mehr verstanden und vor allem nicht vertreten fühlt und zwar von keiner Partei. Geht es nach der Jugend wäre es an der Zeit, mit den Seilschaften aufzuräumen und die Selbstbediener in die Wüste zu schicken.

- Die Mehrheit der Politiker sind Sesselkleber. Die Landtags- und Nationalratsabgeordneten wurden alle für braves langjähriges Buckeln in der Partei mit einem gut dotierten Mandat belohnt. Politiker sollten aber Idealisten sein und ganz im Dienste des Volkes arbeiten. Leider ist die Auslese immer schon eine negative gewesen und dadurch sinkt das Vertrauen in die Politik ständig und das Interesse nimmt mehr und mehr ab. Politik ist derzeit sehr undurchschaubar. Die Jugend hat ständig das Gefühl, Politiker wollen entscheidende Informationen den Bürgern vorenthalten und verschweigen die schlechten Nachrichten. Die Politik soll Bürger nicht für dumm verkaufen, sondern über die aktuelle Faktenlage ehrlich aufklären.
- Politiker sind selbstgefällig und abgehoben geworden. Die Jugend ist davon überzeugt, dass die Mehrheit den echten Kontakt zur Bevölkerung und ihren Sorgen und Bedürfnissen verloren hat. Mehr Volksnähe wäre gefragt, wie verpflichtende Kontakte mit einfachen Bürgern auf allen politischen Ebenen. Derzeit sind die Bürgerkontakte in den großen Parteien fast gänzlich mit Funktionären und fürs Jubeln bezahlten Parteigängern inszeniert. Es sollte aber spontan und unangekündigt zu den einfachen Leuten und kleinen Unternehmern gegangen werden, deren Probleme und Meinungen angehört und damit ein Gefühl für den Pulsschlag der Bürger entwickelt werden.
- Politiker werden von der wirtschaftlichen Dynamik im Einkommensbereich völlig ausgespart. Die jungen Österreicherinnen und Österreicher können sich gut vorstellen, dass ein leistungsgerechtes Entlohnungssystem eingeführt wird. Spannend wäre für die Jugend auch die Frage, ob wir nicht mehr Abgeordnete haben sollten, die nur die Hälfte der Zeit für den politischen Job einsetzen, die Hälfte verdienen und dafür weiter ihrem Zivilberuf nachgehen. Dies könnte, so die Jugend, zu mehr Praxisnähe und geringeren Abhängigkeiten vom Einkommen aus der politischen Tätigkeit führen. Die derzeitigen Abhängigkeiten sind für das Junge Österreich ein Garant für unfähige und abgehobene Berufspolitiker.
- Lautstark gefordert wird ein Generationenwechsel. Die politischen Vertreter repräsentieren die Großeltern oder Eltern der Jugend und damit das Denken der Vergangenheit oder im bes-

ten Fall das der Gegenwart. Das Junge Österreich wünscht sich Politiker mit Visionen und Zukunftsbezug. Also Leute, die auch in vierzig Jahren noch leben und die jetzt für die Zukunft verantwortungsvoll entscheiden. Die „alten Kasperln" in der Politik streiten sich nur untereinander. Sie interessieren sich nicht für die Probleme der Jungen, richten es der älteren Generation. Die Jugend aber braucht und fordert Leute aus den eigenen Reihen in der Politik, die ihre Sprache sprechen, die ihr Alter haben, die ihnen entsprechend verbunden und daher viel glaubwürdiger sind.

- Für die Jugend ist das Maß schon lange übervoll. Die derzeitigen Politiker können sich nur freuen, dass „noch niemand aufgestanden ist und die Ärmel hochgekrempelt hat und ausspricht, was alle denken" – Zeit für Veränderung. Ein neues, junges, zeitgeistiges Team, das viel Idealismus und Ehrlichkeit ausstrahlt würde bei jeder Wahl abräumen. Der Politik fehlen aber die kraftvollen Visionen, die Antworten auf große Zukunftsfragen. Gewünscht wird jemand, der seine Ideen und Träume für Österreich auch ausspricht und damit begeistert, um den man sich scharen kann, der Motivation und Energien bündelt, damit Veränderungen auch passieren.
- Das Junge Österreich wünscht sich auch bessere Information und mehr persönliche Mitbestimmung. Die Politik sollte versuchen, die Menschen wieder mehr einzubeziehen. Allen voran sollten regelmäßige Kontakte mit den Bürgern in ganz Österreich stehen und ebenso regelmäßige knappe Berichte an alle über das, was politisch abläuft. Derzeit schickt die Politik Werbebotschaften, gefragt wären aber Fakten und klare Informationen zu den Problemen und Lösungsmöglichkeiten. Dem Volk sollten viel mehr Feedbackmöglichkeiten gegeben werden. Die Jugend hat den Eindruck, dass die politischen Repräsentanten im „abgehobenen Wolkenkuckucksheim" leben. Eine Mehrheit der Jugend fordert mehr regelmäßige Abstimmungen in Grundsatzfragen. Dies würde nicht nur mehr Mitbestimmungsmöglichkeiten bringen, sondern auch klarere Aufträge für die Volksvertreter. Neue Technologien wie das Internet sollten genutzt werden, um konkret Informationen anzubieten und Meinungen einzuholen. Zusätzlich wäre die Mitsprache vor allem auf kommunaler Ebe-

ne zu verstärken. Wahlen alle vier oder fünf Jahre degradieren die Bürger zum Stimmvieh. Die Bürger sollten auch laufend über kleinere Diskussionspunkte abstimmen oder dazu ihre Meinung abgeben können. Die Meinung und Stimme des Volkes wird derzeit konsequent verleugnet.

- Überraschend erscheint auch die Meinung der Jugend zur innerparteiliche Demokratie: Die große Mehrheit hält sie für nicht existent oder sehr unterentwickelt. Wenn jemand in einer Großpartei etwas verändern will, dann braucht er gleich gar nicht anzufangen. Es wäre eine seriösere Diskussionskultur in den Parteien gefragt. Ein Wettbewerb der Ideen und Meinungen müsste zugelassen werden. Derzeit würden aber alle Jungen „stalinistisch und ideologiebesessen niedergehalten" werden. Es würde automatisch mehr junge Köpfe in der Politik geben, wenn deutlich mehr Mitsprache für die Jugend in den Parteien sichergestellt wäre.

12. Steuersystem

Für Österreichs Jugend ist das derzeitige Steuer- und Abgabenniveau generell zu hoch. Es herrscht breites Unverständnis für die Bevorzugung von großem Kapitalvermögen. Seit vielen Jahren hat es keine spürbare Entlastung der breiten Bevölkerung gegeben. Die Jugend kritisiert, dass für Stifter und Konzerne Begünstigungen geschaffen werden, für die durchschnittliche Familie bleiben keine wirksamen Maßnahmen. Angeprangert werden auch die hohe Komplexität im Steuersystem und die geringe Transparenz für den Bürger. Daher besteht die Forderung nach einheitlicherer und nachvollziehbarer Besteuerung. Sehr emotional sehen die jungen Österreicherinnen und Österreicher die kaum wahrgenommene Steuergerechtigkeit. Ein Gefühl der Ohnmacht macht sich gerade bei den jungen Familien breit.

- Steuern sollten für die Masse der Bevölkerung und damit die große Käuferschicht gesenkt werden. Es müsste ein Bewegungsspielraum geschaffen werden, den die jungen Haushalte dringend benötigen würden. Eine spürbare Erleichterung für die breite Bevölkerung sollte endlich verwirklicht werden. Die von der Politik seit Jahren verkauften Entlastungen werden durch neue Abgaben- oder Preiserhöhungen wieder mehr als verschlungen. Am Ende bleibt noch weniger. Die Politik dreht bei vermeintlichen Entlastungspaketen an vielen Schrauben gleichzeitig und am Ende ist es für die Masse ein Nullsummenspiel. Echte Entlastungen würden für alle spürbar sein und den Haushalten finanzielle Möglichkeiten geben. Steuersenkungen, die sich nicht auf die Geldbörse auswirken sind nach Meinung der Jugend ausschließlich Wahlkampfgags. Alles was netto 1.000 Euro und mehr im Jahr ausmacht ist für die Masse wirklich spürbar. Dahin muss die Reise gehen, wenn man von einer Entlastung sprechen will.

- Steuergerechtigkeit ist für die Jugend ein bedeutendes Thema. Zurzeit ist ein Gefühl der größer werdenden Ungerechtigkeit vorhanden. Über die Medien wird kommuniziert, dass Kapital und Vermögen ständig mehr werden. Aber der Mittelstand blutet sich finanziell aus. Die Jugend fragt sich daher: Wie geht das bei einem angeblich gerechten Steuersystem? Also ist für die Mehrheit des Jungen Österreichs das Steuersystem ungerecht. Das Kapital wird als wendig und gut beraten angesehen. Das Vermögen kann es sich richten und wandert in begünstigte Stiftungen. Der kleine Bürger zahlt die Zeche. Zukunftsweisend wäre, wenn Leistungsorientierung in den Mittelpunkt des Steuersystems gestellt werden würde. Als gerecht wird von der Jugend angesehen, dass die, die persönlich mehr leisten, steuerlich relativ bevorzugt werden. Derzeit ist der leistungsorientierte Mittelstand der Verlierer: „Nach unten wird umverteilt und oben sitzen die Stifter und genießen steuerliche Sonderbehandlungen". Ein gerechtes Steuersystem im Sinne der Jugend würde das kleine und das große Kapital gleich behandeln. Zinsen bei großem Kapitalvermögen in Stiftungen und bei kleinen Sparguthaben auf Sparbüchern dürfen nicht unterschiedlich behandelt werden. Eine Frage der Gerechtigkeit wäre für die Jugend auch, ob einmal erwirtschaftetes und dann gespartes Geld, das schon besteuert wurde, vom Staat wieder und wieder angeknabbert wird. Sparguthaben sollten überhaupt nicht besteuert werden.
- Das Junge Österreich wünscht sich auch Reformen der Besteuerung von Unternehmen. Im Steuerwettbewerb darf Österreich nicht verlieren. Es sind beste Bedingungen für heimische Firmen

zu schaffen. Wer Arbeitsplätze sichert oder neue bringt soll belohnt werden. Die Jugend fordert niedrigere Belastung für Firmen die neue Arbeitsplätze schaffen. Derzeit entsteht auch der Eindruck, dass kleine Betriebe im Vergleich zu Großkonzernen benachteiligt werden. Es sollte keine staatlichen Steuergeschenke mehr an Großkonzerne geben, die es sich ständig mit ihren Lobbys richten können. Da Überstunden Mehrarbeit der Arbeitnehmer bedeuten und für den Unternehmer nur dann notwendig sind, wenn sie sich am Ende auch überproportional rechnen sollten Überstunden logischerweise für Unternehmer mehr, für Angestellte weniger besteuert werden.

- Für die Besteuerungssystematik wünscht sich die Jugend ein transparenteres, einfacheres und verständlicheres Steuersystem. Derzeit ist das Steuersystem viel zu undurchsichtig und für den Bürger nicht klar verständlich. Es sollte ein System mit wenig Steuerstufen eingeführt werden. Primär sollte das System der Besteuerung für Arbeitnehmer zwingend reformiert werden. Die Politik muss sich die häufig gestellte Frage der Jugend gefallen lassen: Was ist das für ein Staat, in dem die Bürger nicht ihre eigene Steuer berechnen können und verstehen? Das neue System muss so einfach sein, dass jeder Arbeitnehmer seine Steuer selbst berechnen kann. Der Steuer- und Abgabendschungel gehört gelichtet. Weg von hunderten Einzelförderungen, Spezialunterstützungen und verschiedenen Steuerklassen hin zu einem simplen transparenten System, das man auch ohne Studium verstehen kann.

13. Wünsche für ein neues Österreich

In Österreich sollen die Werte Gerechtigkeit, Fairness und Zusammenhalt genauso Bedeutung haben, wie Selbstverantwortung und Leistungsorientierung. Ein Pluralismus der Meinungen, Ideen und Kulturen auf Basis bester Ausbildung und gelebte Toleranz gegenüber anderen sollen einer Radikalisierung gegenüber fremden Einflüssen entgegenwirken sowie die Weltoffenheit Österreichs fördern. Für die Verlierer im globalen Wettbewerb soll weiterhin ein engmaschiges soziales Netz vorhanden sein. Limitierte Ressourcen und Unterstützung muss es im Sinne einer internationalen Solidarität auch für die Verlierer aus dem Ausland geben. Eine visionäre Politikergeneration, die den Bürgern verantwortlich ist, soll Österreich in die Zukunft steuern.

Die folgende Grafik zeigt die Meinung der Jugend zu den zukünftigen Charakteristika Österreichs. Was für Österreich in Zukunft wichtig sein wird und ihrer Meinung nach sein sollte wird gegenübergestellt.

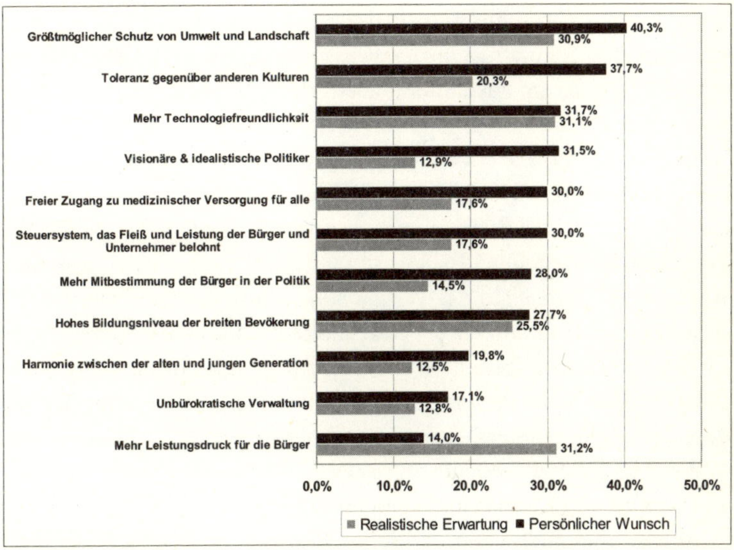

Grafik 4: Zukünftige Charakteristika Österreichs (n=2.500)

Bezüglich der *zukünftigen zentralen Aufgaben des Staates* besteht bei der Jugend Einigkeit. Die Sicherung der Ressourcen (Umwelt, Wasser, Wald und Land), die Österreich ausmachen steht an oberster Stelle. Ein breites Bildungsangebot für alle ist sicherzustellen. Die persönliche Qualifikation wird als wichtigster Erfolgsgarant für die Zukunft gesehen. Ein funktionierendes Gesundheitssystem für alle ohne Klassenunterschiede ist anzustreben. Derzeit entsteht Angst vor der Zwei-Klassen-Medizin und der Ausdünnung der Versorgung. Der Schutz der Bürger (innere und äußere Sicherheit) ist zu gewährleisten, aber nicht auf Kosten einer totalitären Überwachung. Liberale Grundrechte sind zu bewahren. Das soziale Netz ist für den Fall der Fälle zu spinnen. Die gesellschaftliche Solidarität muss dann greifen, wenn der Einzelne nicht mehr kann.

Die Jugend wünscht sich eine *Neustrukturierung der Verwaltung*. Die Verwaltung soll so einfach und verständlich wie möglich gemacht werden. Kaum jemand kennt die Verwaltungsstrukturen. Niemand weiß wirklich, wer wofür genau zuständig ist und wohin man sich wann wenden kann. Mittelfristiges Ziel muss es sein, die bürgerfreundlichste Verwaltung der EU zu schaffen. Derzeit hat die Verwaltung einen schlechten Ruf, ist langsam, undurchsichtig und nicht an den Bedürfnissen des Bürgers orientiert. In der Zukunft soll die Verwaltung ausschließlich für den Bürger da sein. Die Verwaltung wird ja von Bürgern via Steuern bezahlt wird. Die Jugend fordert, sich in diese Richtung zu entwickeln. Dazu ist ihrer Meinung nach ein Umdenken hin zu Effizienz und Effektivität erforderlich. Was in der Privatwirtschaft schon lange gilt muss auch für die Verwaltung gelten. Es soll schnell und transparent gearbeitet werden, mit dem Geld der Bürger soll so umgegangen werden, als wären es eigene Finanzmittel. Sparsamkeit soll als wichtigstes Gebot für die Verwaltung gelten. Wenn den Bürgern kommuniziert wird, dass weniger Geld vorhanden ist, dann muss die Verwaltung mit dem „Geld des Bürgers" umso sparsamer umgehen.

Auch in Sachen *Aufgabenverteilung EU, Bund, Länder und Gemeinden* ist die Mehrheit der Jugend einer Meinung. Es sollte zukünftig immer auch in europäischen Dimensionen gedacht werden. Das neue Europa ist für die große Mehrheit der Jugend Wirklichkeit. Daher erscheint es für sie logisch, dass Europa bei allen politischen Entscheidungen immer mit bedacht werden muss. Grundsätzlich sollten demokratische Entscheidungen dort getroffen werden, wo sie effizient getroffen werden können. Eine Veränderung hin zu europäischen Entscheidungsfindungen ist für wenige ein Problem. Die Jugend hat die Ansicht: Wenn man in einem Haus gemeinsam wohnt, dann muss man sich auch gemeinsam darum kümmern. Die Aufgaben des Staates sollen dort wahrgenommen werden, wo die Bürger ihre Bedürfnisse haben. Für das Junge Österreich ist die Gemeinde Lebensmittelpunkt und soll auch in Zukunft häufigster Kontaktpunkt bleiben. Die Mehrheit kann sich eine deutliche

Verschiebung bei den Zuständigkeiten der Bundesländer vorstellen, ist aber gegen eine gänzliche Abschaffung der Länder. Mit den Ländern ist sehr viel Kulturgut und persönliche Verwurzelung verbunden. Die Länder sollten daher vor allem Kulturregionen bleiben. Eine starke Veränderung im Bereich der gesetzgebenden Kompetenzen weg von den Bundesländern ist für niemand ein Problem, wenn sinnvoll.

Für den zukünftigen *Sozialstaat Österreich* hat die Jugend ebenso klare mehrheitliche Vorstellungen. Das Leistungsprinzip muss oberstes Ziel sein. Im Wettbewerb um Jobs und Aufträge (auch aus dem Ausland) darf man nicht zurückfallen. Wer sich anstrengt, der muss auch belohnt werden. Daher kommt für das Junge Österreich keine Benachteiligung der wirklich Fleißigen in Frage. Vielmehr ist eine steuerliche Begünstigungen sicherzustellen, sonst gibt es keinen Anreiz für ein Mehr an Leistung.

Trotzdem hat die Gesellschaft auch in Zukunft Verantwortung gegenüber den Schwachen zu tragen. Die jungen Menschen sind durchwegs solidarisch, haben aber kein Verständnis für Schmarotzer. Die Vorsorge für die Zeit nach dem Berufsleben soll nicht ausschließlich Staatsaufgabe sein. „Eine Kuh steht auf vier Beinen und fällt nicht so leicht um". Die Mehrheit der Jugend spricht sich für eine ausgewogene Kombination von staatlicher und privater Altersvorsorge aus, die langfristig gefördert werden soll. Auch die älteren Generationen gehören in die Pflicht genommen. Der mangelnden Fairness von Alt gegenüber Jung muss von Seiten der Jugend entschieden entgegengetreten werden. Eine überdimensionale Belastung des Jungen Österreichs wird total abgelehnt. Die jungen Menschen sind deutlich leistungsorientierter als die älteren Generationen. Leistungsorientierung wird als Motor gesehen. Dieser Motor braucht aber Sprit, damit er läuft. Für die Jugend fehlt der Sprit in Form von besonderen Anreizen, Förderungen, steuerlichen Benefits usw.

14. Zusammenfassung

Die heute jungen Österreicherinnen und Österreicher sind nüchtern, und dennoch voller Sehnsüchte. Es ist eine Generation mit breitem Horizont, auch aufgrund ihrer Technologie- und Medienkompetenz. Ihre Großeltern und Eltern träumten „nur" von Frieden und Wohlstand. Sie wollen mehr. Vor allem Chancengleichheit. Das wünscht sich die Jugend für ein Österreich im Jahr 2050 und auf dem Weg dorthin. Es dreht sich alles um Möglichkeiten, seine Ziele zu verwirklichen. Die Frage, wie Beruf und Familie koordiniert werden können, ist für diese Generation eines der elementarsten Themen, das dringend gelöst werden muss.

Die Politik könnte viel von den Ansichten und Meinungen der jungen Menschen in Österreich lernen. Es braucht ein Umdenken, wie Politik gemacht wird. Die junge Generation beschäftigt sich sehr mit Politik, aber nicht ideologisch, sondern praktisch. Sie will wissen: Wie wirkt sich das für mich persönlich aus? Sie wollen passende Rahmenbedingungen, aber keine Bevormundung. Daher ist die Jugend auch politikerverdrossen. Alle, die Politik machen, stehen in ihren Augen für die Vergangenheit. Sie gehören zur Eltern-, fast zur Großelterngeneration. Deshalb besteht auch der Wunsch nach einem Generationswechsel in der Politik. Spannend erscheint die Tatsache, dass die Jugend mit dem gesamten Angebot an politischen Parteien kaum zufrieden ist. Wenn man Politik als politischen Marktplatz versteht mit verschiedenen Ständen, dann wandern die jungen Menschen recht munter umher. Sie sind keine Stammwähler und suchen eigentlich nach Ständen, die es im Angebot nicht gibt. Signifikant ist, dass sie das für sie geringste Übel wählen. Oftmals sind das derzeit die Grünen.

Österreichs Jugend hat überraschenderweise eine unglaubliche Erdung. Nicht im Sinne von konservativen Werten und Traditionen, wie sie die Politik versteht. Sondern geerdet zum Land, zur Umwelt. Die jungen Menschen sind sich sehr bewusst, was in der großen weiten Welt passiert. Internet und Fernsehen schaffen für sie tatsächlich ein globales Dorf. Angesichts der Entwicklungen in diesem globalen Dorf sind viele von Sorgen und Ängsten erfüllt.

Die Jugend weiß, dass die Antworten auf die großen Herausforderungen der Zukunft fehlen. Europa ist für sie daher eine Chance. Eine Chance, gemeinsam mit den anderen Staaten die Probleme lösen zu können. Das Junge Österreich glaubt daher an ein Österreich 2050 als moderner, technologiefreundlicher und gesellschaftspolitisch liberaler Staat.

15. Anhang – Erklärung zur Forschungsmethodik

Für das Gesamtprojekt wurde ein mehrstufiges Forschungsprogramm entwickelt. Ein Mix aus qualitativen und quantitativen Methoden zur Datengenese wurde gewählt, um den unterschiedlichen Anforderungen in der Kommunikation mit den Interviewten bezüglich der Komplexität der Themenstellung gerecht werden zu können. Das Alter der Zielgruppe des Forschungsprojektes wurde mit 15 bis 35 Jahren festgelegt. Im Mittelpunkt des Projektes stand eine Gegenüberstellung der jetzigen Österreich-Wahrnehmungen und der Wunschvorstellungen für die Zukunft.

Das Forschungsprogramm wurde in folgende Module unterteilt und österreichweit durchgeführt:

Zeitrahmen	Methode/Zielgruppe(n)	Inhalte	Ergebnisse
Herbst 2002	45 Fokusgruppen (368 Teilnehmer)	– Persönliche Werte	Wertefragebogen für Großumfrage „Werte"
Frühjahr/Sommer 2003	Einzelinterviews (2.500 Befragte)	– Persönliche Werte – Zukunftserwartungen	Leitfaden für Fokusgruppen
Winter 2003	120 Fokusgruppen (1.086 Teilnehmer)	– Einstellungen zu Österreich & Politik	Fragebogen für Großumfrage „Visionen"
Sommer 2004	Einzelinterviews (2.500 Befragte)	– Einstellungen zu Österreich	– Wünsche – Zukunftserwartungen
Sommer 2004	27 Fokusgruppen (235 Teilnehmer)	– Diskussion der Ergebnisse der Großumfrage „Visionen"	Gegengeprüfte Wünsche und Zukunftserwartungen für Österreich

Lebensphasen-Modelle statt Rollenbilder

Vom Beamen durch den öffentlichen und privaten Raum

Theresa Philippi

Der Mensch braucht Liebe und Arbeit.
Sigmund Freud

Graz im Jahr 2050: Jan (28) und Janina (42) machen gerade ihr Wiedereinstiegs-Training nach drei bzw. zwei Jahren Abwesenheit von ihrer Vollzeitbeschäftigung bei einem großen österreichischen Industriebetrieb, dem Weltmarktführer für solar- und biodieselbetriebene Motoren. Beide haben ihre Babypausen (Jan ist dreifacher Vater und war schon einmal Teilzeit beschäftigt und einmal in Karenz, Janina ist Mutter zweier Kinder und erlebt gerade ihren ersten Wiedereinstieg nach einem Jahr Voll- und einem Jahr Teilabstinenz) äußerst gut genützt. Beide sind im Bereich der Verfahrenstechnik beschäftigt und waren während ihrer Abwesenheit von der Vollzeitbeschäftigung Mitglieder diverser „reflection teams". Aus der Distanz ihrer Babypausen heraus haben sie – auf Basis ihrer früheren Berufserfahrungen – wertvolle Anregungen für die Arbeitsergebnisse anderer geliefert. Natürlich haben sie auch Schulungen und Weiterbildungen besucht. In der ersten Phase ihres Wiedereinstiegs werden die beiden ein Traineeship machen und von der jeweiligen Projektleitung dort eingesetzt werden, wo Bedarf besteht, der Arbeitsanfall aber überschaubar ist. Schließlich werden die Familienphasen der beiden noch andauern. Sie haben Vereinbarungen mit den jeweils anderen Elternteilen und den Betreuungspersonen für ihre Kinder einzuhalten und wollen nicht zuletzt für sich selbst Zeit für ihre Kinder haben. Jan und Janina wissen nach dem Wiedereinstiegs-Workshop, was das Unternehmen von ihnen erwartet und dass auch sie jederzeit mit ihren Bedürfnissen in die Personalabteilung gehen können. Nach einer entsprechenden Vorlaufzeit werden Jan und Janina auch die Möglichkeit haben, ihre Arbeit schrittweise weiter aufzubauen und wieder mehr Verantwortung zu übernehmen.

Nach dem tagesfüllenden Seminar sitzen die beiden noch kurz in der Kantine zusammen, besprechen ihre Eindrücke und die Erwartungen an die Projektteams, denen sie zugeteilt worden sind.

Janinas Projektleiterin heißt Martha und ist zehn Jahre jünger als Janina. Nach neun Jahren Berufserfahrung hat sie einen ersten Höhepunkt in ihrer Berufstätigkeit erreicht. 14 Stunden Tage sind für Martha eher die Regel als die Ausnahme, sie genießt die Schnelligkeit, mit der sie lernt und spürt, wie ihr Selbstvertrauen und ihre Kompetenz mit der Verantwortung mitwachsen. Janina lächelt, wenn sie an Martha denkt – schließlich war sie vor ein paar Jahren genauso wie Martha jetzt – wiss- und lernbegierig, froh das eigene Können erproben und unter Beweis stellen zu können und jeden Tag voll unbezähmbarem Tatendrang und Neugier auf die neuen Aufgaben. Martha kann – wie vor einigen Jahren Janina – ihre ganze Energie ungestüm in ihren Job pusten. Sie wird nicht von dem schleichenden Gefühl begleitet, dass sie damit eine irreversible Entscheidung getroffen hat. Denn als Janina vor fünf Jahren in Martin, dem Sportlehrer, den Mann fürs Leben fand, war klar, dass nun für sie beide die Familienphase beginnen würde.

Jans Projektleiter, Klaus, ist mit seinen 75 Jahren deutlich über der Pensionsgrenze. Als er ins Berufsleben einstieg, war es noch nicht üblich, dass ein Erwerbsleben mehrere Karriere- und Familienphasen haben konnte. Klaus war mit Ende 20 bereits ein Spitzenmanager. Obwohl er die Phase der Familiengründung fast übersehen hätte, wurde er in seinen späten Vierzigern noch Vater – weil seine viel jüngere Frau bereit war, zumindest für einige Jahre in die traditionelle Rolle der Ehefrau und Mutter zu schlüpfen.

Kurz vor 17.00 Uhr steht Janina auf: „Ich geh jetzt", sagt sie gelassen, „ich möchte noch eine gute Stunde im Betriebskindergarten verbringen, das hab ich meinen beiden Schätzen versprochen und mit dem Kindergärtner gibt es auch noch einiges zu besprechen. Paul, der Kleinere hat sich im letzten Monat ganz gut eingelebt und Fanny ist ja schon länger hier. Wo werden denn eure Kinder betreut?" „Unsere drei gehen halbtags in einen städtischen Kindergarten und haben auch noch eine flying nanny, weil meine Frau als Historikerin oft zu Vorträgen und Forschungsarbeiten auswärts ist,“, antwortet Jan. „Dadurch haben wir mehr Flexibilität“. Jan winkt Janina zu und lächelt, weil er seine Frau Konstanze mit seinen Kindern auf sich zukommen sieht. „Wie ist es gelaufen“, fragt sie, während die drei auf ihren Vater losstürmen. „Ich überlasse dich jetzt wieder deinen Kindern, ich hab nämlich hier einen Interviewtermin mit einem älteren Projektleiter namens Klaus – kennst du ihn vielleicht?“ Jan lacht: „Na so ein Zufall, Klaus führt das Team, in dem ich in den nächsten drei Monaten arbeiten werde. Was hast du denn mit ihm zu besprechen?“

„Das ist wieder typisch Mann, dass du dir keine Details aus meinem Berufsleben merken kannst,“ grinst Konstanze. „Ich hab dir doch von dieser höchst interessanten Studie über die Geschichte der Gleichstellung erzählt. Die Idee dazu entstand anlässlich des großen Forschungsprojektes „100 Jahre Zweite Republik“, an dem ich vor ein paar Jahren beteiligt war. Wir befragten viele Zeitzeuginnen und Zeitzeugen und kamen drauf, dass es bis vor ca. 25 Jahren eine sehr strikte Trennung von öffentlichem und privatem Leben gegeben hat. Es wurde damals als großes Problem betrachtet, dass Frauen und Männer, wenn sie Eltern werden, in ihrer Erwerbstätigkeit für einige Zeit zurückstecken, Teilzeit arbeiten oder eine Zeitlang bei den Kindern bleiben. Die Verantwortung für die Kindererziehung wurde den Frauen zugeschrieben, die oft unbarmherzig vor die Alternative „Karriere oder Kinder“ gestellt wurden.

Damals schaffte nur eine Minderheit – oft unter großem Druck – die Verbindung von beidem. Dementsprechend war die Geburtenrate sehr niedrig und es wurde schon befürchtet, dass...“. „Da kommt dein Gesprächspartner“ unterbricht Jan den Redefluss seiner Frau und stellt sie Klaus vor. „Viel Erfolg mit dem Interview“ wünscht er noch und bugsiert seine Kinder, die ihn mit Fragen über seine Arbeit bestürmen, hinaus in den warmen Grazer Sommerabend.

„Bitte erzählen sie einleitend über Ihren eigenen beruflichen Werdegang“, lautet Konstanzes erste Frage an Klaus.

„Gerne“, antwortet Klaus: „Ich habe im Verlauf meines Arbeitslebens verdammt viel Glück gehabt. „Als junger Absolvent der Wirtschaftsuniversität konnte ich im letzten Jahrzehnt des 20. Jahrhunderts die großen Liberalisierungsarbeiten in der Telekommnunikationsbranche mitmachen.

In den ersten Jahren nach der Marktöffnung gingen in der Telekommunikationsbranche viele Fenster auf und wir Jungen konnten uns sofort in verantwortlichen Positionen beweisen, was damals nicht so üblich war, wie heute. Ich war noch keine 30, als ich zum Leiter des Controllings bestellt wurde – für damalige Verhältnisse eine Sensation. Nur war das Konzept damals – im Unterschied zu heute – so, dass alle annahmen, ich würde nun bis ans Ende meiner Erwerbstätigkeit in dieser oder einer vergleichbaren Position bleiben. Die meisten anderen aus der – rein männlichen Führungsriege – waren doppelt so alt wie ich. Und viele der anderen Jungen haben bald alt ausgesehen, weil sie sich sofort angepasst und genauso gelebt haben, wie die Kollegen, die 20 oder 30 Jahre älter waren.

Konstanze: „Wie haben Sie selbst reagiert?"

Klaus: „Mir wurde das nach ein paar Jahren zu fad. Mit Mitte 30 wechselte ich in die Politik. Ich war voll Idealismus und des Glaubens, die Welt verändern zu können. Im Grunde habe ich dort ähnliche Erfahrungen gemacht, wie zuvor in dem großen Konzern. Es war schwer, neue Ideen einzubringen, weil es viel Widerstand, Eifersucht und Neid gab. Alle bewegten sich wie Figuren auf einem Schachbrett, ängstlich darauf bedacht, nicht von ihrem Feld verdrängt zu werden. Das lag auch daran, dass es damals noch sehr schwer möglich war, zwischen Politik, Wirtschaft und öffentlicher Verwaltung zu wechseln. Jedes System war streng vom anderen getrennt und auf eine lebenslängliche Zugehörigkeit der in ihm Agierenden ausgelegt."

Konstanze: „Wann wurden Sie auf das Thema Vereinbarkeit von Beruf und Familie aufmerksam?"

Klaus: „Ich wurde als Staatssekretär mit der Reform der Verwaltung betraut. Dort wurde ich zum ersten Mal mit der Tatsache konfrontiert, dass zunehmend auch Väter in Karenz gehen und ihren Anteil an der Familienarbeit übernehmen und erledigen. Das war aufgrund der damaligen Ausrichtung der Verwaltung leichter möglich, als in der Wirtschaft. Ein guter Freund von mir war der erste Mann, der beim damaligen Software Weltmarktführer in „Väterkarenz" (so hieß das damals) ging. Als er nach einem halben Jahr zurückkam, war seine Stelle als Key Account Manager besetzt und keine vergleichbare Funktion frei. Also blieb ihm nur der Abschied. Heute würde kein Unternehmen auf eine Arbeitskraft mit so viel Erfahrung verzichten."

Konstanze: „Wie sah der Arbeitsmarkt zu Beginn unseres Jahrhunderts aus?"

Klaus: „Es war alles sehr von Angst getrieben. Alle fürchteten sich vor dem Wachstum ohne zusätzliche Arbeitsplätze und vor der Rezension. Gleichzeitig lähmte die Angst vor dem Terror die damalige westliche Welt. Wir wähnten uns in einer Abwärtsspirale und die Muster des alten Jahrtausends dominierten noch unser Denken und Handeln. Die Schere zwischen Arm und Reich, die über Jahrzehnte von einem soliden Mittelstand überbrückt schien, ging wieder auf. Die Stimmung war schlecht. Wir sahen nur Konflikte – vor allem jenen zwischen Männern und Frauen. Aus heutiger Sicht betrachtet, war es einfach lächerlich, was wir damals diskutierten."

Konstanze: „Wieso wurde das Kinderkriegen damals nicht als selbstverständlicher Teil des Lebens angesehen?"

Klaus: „Das hat mit dem Wandel in der Gesellschaft zu tun. Vor zweihundert Jahren gab es ein ganz klare und strikte Aufteilung: Die Männer verdienten das Geld, die Frauen kümmerten sich um Kindererziehung und Haushalt, es sei denn, sie mussten aus wirtschaftlicher Not arbeiten. Mit dem Zugang der Frauen zu Bildung und Arbeitsmarkt verschob sich diese Aufteilung. Die Frauen eroberten den öffentlichen Raum, aber die Männer verhielten sich zurückhaltend, was die Arbeit im Privatleben anging. Jahrzehntelang wurde eine sinkende Geburtenrate als Zeichen einer zivilisierten Wohlstandsgesellschaft angesehen. Gegen Ende des 20. Jahrhunderts schlug diese Betrachtungsweise in eine Panik vor dem Aussterben um. Von einem Tag auf den anderen wurde die latente Kinderfeindlichkeit in unserer Gesellschaft von einer Art „Reproduktionsklassenkampf" abgelöst. Kinder zu bekommen und für sie Zeit zu haben wurde plötzlich zum Luxusgut, das sich nur die Reichen leisten konnten, die sich nicht in der täglichen Tretmühle von Job, Kindergarten und dem mühselig abbezahlten Eigenheim drehten. Für viele Paare blieb die Liebe und die Lust am gemeinsamen Leben irgendwo auf der Strecke zwischen dem Schulweg des Kindes und dem Headquarter ihrer Firma liegen. In unserem starren Denken schien es nur Entweder und Oder zu geben. Als eine millionenschwere Schauspielerin vor der Geburt ihres ersten Kindes mit Mitte 30 verkündete, sie wolle sich ab nun nur dem Nachwuchs widmen und für unbestimmte Zeit nicht mehr filmen, haben tausende berufstätige Mütter neidvoll aufgeschrieen: Die kann sich das ja leisten! Wir schienen auf die immer drängender werdenden neuen Fragestellungen nur die alten Antworten aus dem vorigen Jahrhundert zu haben."

Konstanze: „Wie haben Sie damals das Verhalten der Frauen erlebt?"

Klaus: „Es waren die Frauen, die aufzeigten, dass eine grundlegende Veränderung unserer Lebens- und Arbeitswelt notwendig geworden war. In den letzten 20 Jahren des vorhergehenden und den ersten zehn Jahren unseres Jahrhunderts fuhren die Frauen voll auf der männlich linearen Schiene. Gut ausgebildete junge Frauen wurden in ihrem beruflichen Verhalten immer männlicher. Zunächst wurde die Medizin darauf aufmerksam, denn immer mehr berufstätige Frauen entwickelten männliche Stresssymptome und Krankheitsbilder wie Herzinfarkte und Schlaganfälle. Sie hatten neben dem Fachwissen – vor allem in den Rechts- und Betriebswissenschaften – alle Tricks und alle Spielregeln gelernt. Sie stiegen mit 23 oder 25 in den Beruf ein und arbeiteten zehn Jahre lang wie verrückt – wie die Männer auch. Mit Mitte 30 bekamen viele von ihnen die große Krise. Aber sie hatten – im Unterschied zu den Männern, deren Midlife Crisis auch immer früher einsetzte – noch eine Chance, vom linear vorgezeichneten Karriereweg abzuspringen: Viele von ihnen bekamen Kinder mit Mitte oder Ende 30. Diese späten Mütter stiegen mit der gleichen Radikalität wieder aus dem Berufsleben aus, mit der sie zuvor die höheren Positionen erobert hatten. Die neuen Vollzeitmütter hatten zwar ihre Jobs verlassen, aber nicht das damit verbundene Leistungsdenken. Mit der gleichen Akribie, mit der sie zuvor eine Aufsichtsratssitzung vorbereitet hatten, widmeten sie sich nun dem Arrangement von Kinderparties, der Herstellung selbst gemachter Faschingskostüme und so weiter. Es wurden ein paar Reportagen und einige witzige Life Style Romane über dieses Phänomen geschrieben. Die Männer erkannten, dass sie in ihrer Rolle als Ernährer genauso austauschbar geworden waren, wie zuvor die Frauen in ihrer Rolle als Hausfrauen und Mütter. Gleichzeitig mehrten sich männliche und weibliche Stimmen, die sagten, so wollen wir nicht mehr arbeiten und leben."

Konstanze: „Und wie fanden sie einen Ausweg?

Klaus: „Beide Geschlechter entdeckten gemeinsam das Zyklische im Leben. Die zu Vollzeitmüttern konvertierten Karrierefrauen meldeten sich zurück am Arbeitsmarkt, nachdem sie ihre Familienphasen hinter sich gebracht hatten. Ihr Anteil am Wandel ist nicht zu unterschätzen, schließlich kannten sie beide Seiten und hatten auch mit über 50 noch einen Rest ihrer Radikalität bewahrt. Und sie wollten freundlichere Bedingungen für ihre eigenen Kinder. Sie hatten eine gute Ausbildung ihrer Söhne und Töchter organisiert und ihnen beigebracht, für sich zu sorgen. Sie hatten die Zeit mit ihren Kindern genossen und danach gingen sie wieder ins Erwerbsleben, manche mit mehr, andere mit weniger Erfolg. Aber insgesamt setzten sie einen Trend."

Konstanze: „Welche Maßnahmen haben Sie in Ihrer Zeit als Staatssekretär gesetzt?"

Klaus: „Wir haben vor allem eine Flexibilisierung vorgenommen und den leichteren Wechsel zwischen Wirtschaft und Verwaltung ermöglicht. Eine der wichtigsten Voraussetzungen dafür war ein Sozial- und Pensionssystem, das derartige Übergänge ermöglichte und das eine Unterbrechung der Erwerbstätigkeit wegen der Kindererziehung durch so genannte Ersatzzeiten kompensierte. Durch die größere Durchlässigkeit der Systeme kam es auch zu einer gegenseitigen Beeinflussung. Zunächst war es in der Verwaltung für Väter leichter, wegen der Kinder in Karenz zu gehen oder eine Teilzeitphase einzulegen."

Konstanze: „Inwieweit wurde das Arbeitsleben generell umgestellt?"

Klaus: „Wir kamen zu einer Flexibilisierung der Arbeitszeiten und viel differenzierteren gesetzlich geschützten Einzelvereinbarungen. Vor 30 Jahren waren Produktion und Dienstleistung am Wochenende noch weitgehend tabu. Eine Einigung wurde erst möglich, weil die Arbeitnehmerinnen und Arbeitnehmer, die den Sonntag aus religiösen Gründen arbeitsfrei halten wollten, dies verbindlich vereinbaren konnten. Andere, denen das nicht so wichtig war, insbesondere Angehörige anderer Glaubensrichtungen, erfüllten die Bedürfnisse der Wirtschaft nach Sonntagsarbeit. In dieser allgemeinen Flexibilisierung war es natürlich leichter, auch einen Platz für die Familienphasen zu finden. Die längere Lebensarbeitszeit, die zu Beginn unseres Jahrhunderts eingeführt wurde, kam dem Gedanken von intensiveren und weniger intensiven Phasen sehr entgegen. Viele pendelten sich von der starren 5 Tage Woche auf einen Dreizehntagesrhythmus mit dreitägiger Pause ein."

Konstanze: „Haben Sie selbst auch noch von den geänderten Verhältnissen profitieren können?"

Klaus: „Ja, auch da hatte ich wieder großes Glück. Ich bin erst sehr spät Vater geworden und meine Familienphase fiel zusammen mit dem Höhepunkt meiner politischen Karriere. Meine viel jüngere Frau kümmerte sich um unsere Tochter und unseren Sohn und hielt mir den Rücken frei für die aufreibende Reformarbeit. Das klassische Muster eben. Unsere Beziehung zerbrach beinahe daran, weil sie nach einige Jahren das Gefühl hatte, ihr Wissen als Architektin sei nun zu lange brach gelegen. Wir machten einen langen Urlaub und danach beschloss ich, selbst eine Kinderpause einzulegen und meine Frau bei ihrem Wiedereinstieg in den Beruf zu unterstützen. Dies war damals noch gleichbedeutend mit dem Abschied aus der Politik. Aber ich machte neue Erfahrungen, lernte viele andere Leute in der Familienphase kennen, damals schon Männer und Frauen bunt gemischt und in einer Altersbandbreite von 20 Jahren. Ganz junge Mütter und späte Väter, wie ich eben einer bin. Ich erlebte den Schulanfang meiner Tochter und die letzten Kindergartenjahre meines Sohnes sehr intensiv und habe die drei Jahre nie bereut, trotz der finanziellen Einbussen und Unsicherheit, die damals noch damit verbunden war. Danach kehrte ich in die Wirtschaft zurück – und da bin ich bis heute geblieben."

Konstanze: „Danke für das Gespräch."

Jan erzählt Janina beim nächsten Workshop der Wiedereingestiegenen, dass seine Frau Konstanze noch eine weitere Zeitzeugin für ihre Arbeit über die „Geschichte der Gleichstellung" sucht. Janina, deren Interesse an Geschichte eigentlich auf den technischen Fortschritt beschränkt ist, findet das bemerkenswert und berichtet Martha am Rande einer Projektbesprechung davon. Martha nennt ihre 80jährige Tante Doris als Interviewpartnerin.

Konstanze: "Sie waren eine Pionierin als Karrierefrau?"

Doris: „Eigentlich nicht. Ich wollte das, was heute selbstverständlich ist: Einen erfüllenden Beruf und Familienglück. Nach meinen Studienjahren habe ich einfach immer weitergearbeitet – und nebenbei auf die große, romantische Liebe gehofft. Die Männer, in die ich mich verliebte, waren passendere oder weniger passende Gefährten. Ich war stolz darauf, klug *und* gefühlvoll zu sein und mich in kein Schema pressen zu lassen."

Konstanze: „Haben Sie mit Ihren Partnern über Familiengründung gesprochen?"

Doris: „Ich sagte immer ehrlich, ja ich will Kinder, aber ich war nicht bereit, ganz auf meine Karriere zu verzichten. Als „starke Frau" verliebte ich mich natürlich nur in Männer, die selbst stark und erfolgreich waren, oder zumindest so wirkten. Die waren aber damals noch so in den alten Rollenbildern gefangen, dass die Frage, wie ziehen wir unsere Kinder auf, ein unlösbares Problem darstellte. Es hat in den Beziehungen, die ich führte, nie an der Liebe gefehlt, sondern immer daran, dass wir kein passendes Modell für uns fanden. Weil ich die Pille nahm, kam es auch nie zu einer ungeplanten

Schwangerschaft. Irgendwann war ich über das Alter hinaus und fand mich als allein stehende Frau wieder. In meiner Generation ist das kein Einzelschicksal."

Konstanze: „Sind Sie sehr traurig darüber, dass Sie keine eigene Familie gegründet haben?"

Doris: „Ich habe akzeptiert, dass mein Leben eben so verlaufen ist. Als Chirurgin hatte ich immer große Herausforderungen zu bewältigen und ich habe meinen Beruf sehr gerne ausgeübt. In meiner Jugend war ich damit beschäftigt, mich in einer damals noch sehr männlich dominierten Branche zu beweisen. Dafür habe ich meine ganze Kraft gebraucht. In der Generation vor mir wurden Frauen noch ausschließlich über ihre Mutterschaft definiert. Dagegen war meine Karriere schon ein Fortschritt. Ich freue mich für die jungen Frauen, dass sie diese Probleme nicht mehr haben, sondern Beruf und Familie haben können, wenn sie dies wollen."

Konstanze: „Worin sehen Sie die wesentlichen Verbesserungen?"

Doris: „Ich möchte das am Beispiel meiner Nichte erläutern: Wenn die Zeit gekommen ist, wird Martha in dem Betrieb, in dem sie arbeitet bekannt geben, dass nun ihre Familienphase beginnt. Ab diesem Zeitpunkt wird niemand von ihr 14 Stunden Tage erwarten, sie wird gemäß ihrem geringeren Zeitbudget eingesetzt werden. Dabei kann sie auch von den vielen Überstunden profitieren, die sie während ihrer ersten intensiven Jahre geleistet hat. Noch im 20. Jahrhundert wurde das „Rucksackprinzip" für Abfertigungen eingeführt. Später gab es dann auch Zeitkonten für ArbeitnehmerInnen. Sie wird sich über ihre Schwangerschaft und ihre neuen Erfahrungen als Mutter freuen können. Sie wird auch nicht das quälende Gefühl haben, dass sie das, was sie in Ausbildung und Berufsleben gelernt hat, nicht mehr anwenden und nützen kann, dass ihre Karrierechancen für immer vorbei sind.

Seit einem guten Vierteljahrhundert wird die Familienphase von Männern und Frauen als ein natürlicher und selbstverständlicher Teil des Erwerbslebens angesehen – genauso wie andere Gründe, aus denen eine Arbeitskraft nicht voll zur Verfügung steht, wie Aus-

und Weiterbildungszeiten, Urlaube, Krankheit oder Pflegephasen für Angehörige."

Konstanze: „Wie ist dieser Durchbruch erzielt worden?"

Doris: „Ich glaube, es war meine Generation, die mit den alten Mustern, die teilweise noch aus dem 19. Jahrhundert stammten, endgültig aufräumte. Noch vor meiner Geburt gab es eine Phase der gesellschaftlichen Umwälzungen, Ende der 1960er Jahre, als der erste Schock und die Agonie der Nachkriegszeit überwunden war und genug Kraft und Energie da war, um auf die Barrikaden zu gehen – für sexuelle Freiheit und für Selbstbestimmung. Die so genannten 68er warfen viele Fragen auf und brachten viel durcheinander, aber sie konnten in ihrem wilden Willen nach Veränderung keine Antworten geben und kehrten selbst im Laufe ihrs Lebens zu den alten Mustern zurück, weil das einfach bequem war, weil sie sich ausgetobt hatten und weil es keine brauchbaren Alternativen gab. Gerade die Männer fühlten sich in ihrer dritten oder vierten Ehe plötzlich doch wieder mit meist viel jüngeren Frauen wohl, die ihnen in einem behaglichen Zuhause den Rücken frei hielten, damit sie sich vom Berufskampf erholen konnten."

Konstanze: „Das klingt ja schlimm."

Doris: „Ja, das war es auch. Viele aus meiner Generation waren dermaßen damit beschäftigt, die schwierigen Geschichten ihrer Herkunftsfamilien und die Verletzungen, die sie selbst als Kinder abbekommen hatten, aufzuarbeiten, dass ihnen die Kraft fehlte, stabile Beziehungen zu leben und eigene Familien zu gründen. Viele Menschen schrieben ihre Erfahrungen in sogenannten Selbsthilfebüchern nieder. Damit wurden die letzten Reste grausamer Erziehungsmethoden beseitigt, die in den „Wilhelminischen Kinderstuben" des 19. Jahrhunderts praktiziert worden waren. Die Selbsthilfebücher waren ein Phänomen des ausklingenden 20. und des beginnenden 21. Jahrhunderts. Heute sind ein Großteil dieser Bücher in einer eigenen Abteilung der Nationalbibliothek ausgestellt. Ein Besuch lohnt sich, wenn Sie mehr über diese Zeit wissen wollen."

Konstanze: „Warum kam es dann zum Abgehen von den alten Mustern?“

Doris: „Weil irgendwann klar wurde, dass wir so nicht weitermachen konnten. Die Beziehungen waren größtenteils ein Krampf. Paare, die vor der Geburt eines Kindes partnerschaftlich agierten, weil beide erwerbstätig waren, fielen ab der Geburt eines Kindes in die alten Rollenaufteilungen zurück. Vielfach wurde dies – von beiden Beteiligten – als enormer Freiheitsverlust erlebt und möglicherweise lag darin auch ein Grund für die damals hohe Scheidungsrate. Das Arbeitsleben wurde von vielen als eine Mischung aus Arbeitssucht und Angst vor Arbeitslosigkeit erlebt. Druck war die Triebfeder und nicht die Begeisterung für die Arbeit. Wir bekamen immer weniger Kinder, viele Ehen wurden geschieden.

Aber irgendwann setzte sich das Prinzip Hoffnung durch – ich glaube, nachdem die ersten zehn Jahre des neuen Jahrhunderts ganz leidlich vorübergegangen waren und die ursprünglichen Ängste und Befürchtungen nicht eingetreten waren. Es begann damit, dass der befürchtete Zusammenbruch aller Rechner zu Jahreswechsel des Milleniums ausgeblieben war. Zu Beginn des neuen Jahrtausends kamen wir zwar von technischen Problemen los, aber nicht von unseren alten Ängsten und Besessenheiten. Im ersten Jahr des neuen Jahrtausends gab es einen großen Terroranschlag, gefolgt von einer Welle der Morbidität und dem Herbeireden eines erneuten Weltkrieges. Aber der Drang, das Endzeitmodell der ersten Hälfte des 20. Jahrhunderts noch einmal nachzuleben, war nicht stark genug. Dazu waren in der zweiten Hälfte des 20. Jahrhunderts zu viele gute Ideen geboren und umgesetzt worden. Es gab zu viele gut entwickelte Methoden, um aus vermeintlichen Konflikten Situationen zu machen, in denen beide gewinnen konnten. So kamen wir auch aus dem „entweder Kinder oder Karriere“-Denken heraus.

Wirtschaft und Gesellschaft fanden eine neue Einstellung zum Wert des Lebens. Ich denke, es war in dieser Phase, dass in die Bilanzierungsprinzipien eine neue Kennzahl „Kinder pro FTE“ eingeführt wurde. Rückblickend kann ich sagen, dass alle Unternehmen (denn ein paar Pioniere gab es auch schon in meiner Jugend) damals begannen, sich neben Partnerschaft, Familie, Gemeinde und Staat als eine der Keimzellen der Gesellschaft zu begreifen. Betriebliche Programme zur Vereinbarkeit von Beruf und Familie wurden als ganz normale Investitionen betrachtet, deren Return on Investment messbar ist, und nicht mehr als Geldabflüsse in Form von Sozialleistungen. Betriebskindergärten wurden Standard, ebenso wie das Ende der Einkommensungleichheit."

Konstanze: „Es gab einmal eine unterschiedliche Bezahlung aufgrund des Geschlechts?!"

Doris: „Zu Beginn des 21. Jahrhunderts war es noch üblich, dass Frauen weniger verdienten, als Männer, obwohl sie gleichwertige Arbeit leisteten. Dadurch wurde die Frage, wer bei den Kindern bleibt, zu einer ökonomischen Frage, die meist zu Lasten der Frauen entschieden wurde. Nachdem dies überwunden war, fiel den Männern die Entscheidung für eine Familienphase leichter. In der Folge schwand das Phänomen der Einkommensschere."

Konstanze: „Inwieweit wurden die politischen Rahmenbedingungen noch verändert?"

Doris: „Ein wichtiger Schritt war eine steuerliche Entlastung für Betriebe, die für ihre Mitarbeiterinnen und Mitarbeiter Kinderbetreuungseinrichtungen schufen. Eltern, die Betreuung zukauften, konnten diese Kosten von der Steuer absetzen. Franchising-Modelle und ein forcierter Austausch von best practice Modellen sorgten für eine angemessene Qualitätssicherung in der Kinderbetreuung, aber natürlich auch Gesetzgebung und behördliche Aufsicht. Durch die Verlängerung der Lebensarbeitszeit war es auch leichter, mehrere Phasen in einem Erwerbsleben zu definieren. Für die Zeiten der Kindererziehung leistete der Staat einen Ersatz für die Beiträge zur Pensionsvorsorge."

Konstanze: „Wie kam es zur Veränderung der Rollenbilder, die damals so heftig diskutiert wurden?"

Doris: „Da spielten viele Faktoren mit. Ich weiß noch, dass die Europäische Union eine Zeitlang eigene Projekte zu diesem Thema finanzierte. Neben den rechtlichen und wirtschaftlichen Rahmenbedingungen trug auch die Vorbildwirkung von Personen des öffentlichen Lebens zum Bewusstseinswandel bei. Dass unsere erste Bundeskanzlerin mit Mitte 40 noch ein Kind bekam und ihr frisch angetrauter Ehemann in Väterkarenz ging, damit sie ihr Amt weiter ausüben konnte, sorgte für weltweites Aufsehen. Wenig später wählten die Deutschen einen Mann zum Kanzler, der zwei seiner drei Kinder allein aufgezogen hatte."

Konstanze: „Danke für dieses aufschlussreiche Gespräch."

Zusammenfassung:

Die Überwindung des (vermeintlichen) Gegensatzes von Berufs- und Familienleben bedarf vor allem eines tiefgreifenden Umdenkens in Wirtschaft und Gesellschaft. Die rechtlichen Rahmenbedingungen können dazu beitragen, dieses Umdenken zu fördern und junge Menschen in ihrem Wunsch nach der Gründung einer Familie zu unterstützen.

Dazu gehören Steuererleichterungen für den Zukauf von familiennahen Dienstleistungen wie Kinderbetreuung und Haushaltshilfe sowie für die Errichtung betrieblicher Kinderbetreuungseinrichtungen. Eine umfassende Flexibilisierung der Arbeitszeit birgt dann Chancen, wenn gleichzeitig flexible und leistbare Kinderbetreuungseinrichtungen vorhanden sind. Qualitätssicherung kann sowohl durch gesetzlich festgelegte Standards und behördliche Aufsicht als auch durch Franchising und den forcierten Austausch von Best Practice Modellen erreicht werden. Kindererziehungszeiten werden als Ersatzzeiten für die Begründung eines Pensionsanspruches gewertet.

Vielfach geben junge Männer, auf die Frage, ob sie in Väterkarenz gehen würden, zur Antwort, dass sie dies gerne tun würden, wenn sie dadurch keinen wirtschaftlichen Nachteil hätten. Die Schließung der Einkommensschere zwischen Männern und Frauen und die Verwirklichung der Forderung nach gleichem Lohn für gleichwertige Arbeit ist daher Grundvoraussetzung für eine partnerschaftliche Aufteilung der Familienarbeit zwischen Müttern und Vätern.

Arbeitszeitmodelle – eine Erfolgsgeschichte

Felix Dibelka

Irgendwo zwischen Wien und Madrid im Jahr 2050: Kurz nach dem Studium war den meisten von uns schon klar, dass alle Versprechungen, Beteuerungen sowie die gewesenen und kommenden Reformen der sozialen Systeme Österreichs nichts an der Tatsache ändern würden, dass unsere Generation länger zu arbeiten haben wird, als alle Generationen davor seit 1945. Wenn ich mich erinnere, manifestierte sich dies in erster Linie in Scherzen über ewige Praktika und schlecht bezahlte, dafür umso interessantere Jobs unsererseits, und dass dies ohnehin alles nichts mache, weil wir ja bis zu unserem 75. Lebensjahr genügend Zeit hätten, Geld zu verdienen. Geld, das wir dann für die nachfolgenden durchschnittlichen 15 Jahre Pension brauchen würden, da keine Pensionen mehr bezahlt werden würden.

Wer hätte ernstlich gedacht, dass dies wirklich so kommt. Heute, mit genau 75 Jahren sitzen wir hier im Garten und „genießen" den Luxus, noch Arbeiten zu können, um damit den eben angetretenen Ruhestand spannender zu gestalten und die geringen staatlichen Pensionszahlungen aufzubessern. Dafür war notwendig, irgendwann die Dinge – Schritt für Schritt, und nur weil der finanzielle Druck unerträglich wurde – selbst in die Hand zu nehmen.

Aber zum Verständnis, hier die kurze Vorgeschichte. Unseren Eltern waren wir eigentlich nicht böse, dass sie den Generationenvertrag gebrochen haben. Der damals viel zitierte Generationenkonflikt konnte uns auch nicht daran hindern, die Elterngeneration und ihre Politiker mit einer erstaunenswerten Verlässlichkeit in ihren Ämtern zu bestätigen. Eine Generation die nicht das Verantwortungsbewusstsein besaß, das Offensichtliche zu ändern und wirkliche Reformen einzuleiten. Im Prinzip wusste jeder Politiker genauso wie wir (auch die meisten der älteren Generation ahnten es wohl), dass auf uns damals junge Menschen eine massive finanzielle Belastungswelle zukommen würde. Diese würde darin gipfeln, dass wir große Teile unseres Einkommens den Alten geben würden, ohne dafür etwas zurück zu bekommen, geschweige denn das gleiche von unseren Nachkommen erwarten konnten. Der Grund? Wir haben es verabsäumt eine substanzielle Diskussion über die Mittelverteilung anzustoßen, Aktionismus zu zeigen.

Heute ist das Geschichte. Die Unfinanzierbarkeit des damals bestehenden Systems hat in einer – selbst für Österreich einmaligen – Kooperation zwischen den Sozialpartnern und Politikern dazu geführt, dass das System radikal geändert wurde. Kurz gesagt: es wurden die bestehenden Pensionsverpflichtungen gesichert und abgeschrieben, neue Pensionen (für alle, die damals jünger als 25 Jahre waren) wurden auf dem Kapitalwertverfahren gebildet. Gleichzeitig wurde ein neues Grundarbeitszeitmodell eingeführt, das in der Lage war, den Anforderungen eines zunehmend geschlossenen Wirtschaftsraumes in Europa sowie den allgemeinen Auswirkungen der Globalisierung gerecht zu werden. Der ausschlaggebende Impuls für eine radikale Änderung kam dabei von einer Plattform, die sich aus jungen Wissenschaftern, Junior Enterprises und engagierten Wirtschaftstreibenden zusammensetzte. Diese drohten in einer einmaligen Aktion ihre Steuerzahlungen einzustellen und in ganz Österreich Jugendliche, mittels ihrer starken Netzwerke, zu mobilisieren. Intensives Lobbying und eine langfristige Vorbereitung unterstützten dabei den öffentlichen Auftritt der Plattform.

Das darauf in langen Verhandlungen entworfene österreichische Arbeitszeitsystem war als europäisches Vorzeigesystem ausgelegt. Und es hat funktioniert. Denn nach erfolgreicher Umsetzung dieses Systems wurde es von europäischen Partnerländern übernommen. Auf europäischer Ebene wurde Einvernehmen unter den Gewerkschaften hergestellt, dass nur ein gemeinsames Vorgehen den notwendigen Gegenpol zur Globalisierungsdynamik bilden kann. Die Interessensvertreter der Arbeitgeber der Gründungsländer des gemeinsamen europäischen Arbeitszeitmodells konnten nicht nur die Gewerkschaften überzeugen und eine solide gemeinsame Arbeitsplattform schaffen. Selbst die regierenden Politiker waren erleichtert als hier die Interessensvertreter die Initiative ergriffen.

Dieser europäische Erfolg kam zustande, weil die Auseinandersetzung zwischen den Interessensvertretern unerträglich wurde, die Streiks die Wirtschaftsstandorte langfristig zu schädigen drohten (was zu einer Flexibilisierung der Stakeholder führte).

So wurde von den Gewerkschaften mit dem „Europäischen Arbeitszeitvertrag“ in erster Linie die Möglichkeit erkannt, die Auswirkungen der Globalisierung abzufedern, die Macht internationaler Konzerne zu reduzieren. Weiters die immer höhere Schwarzarbeit ebenso zu bekämpfen wie die Arbeitslosigkeit. Der Arbeitszeitvertrag war eingebettet in ein europäisches Gesamtmaßnahmenpaket, das auf Basis der österreichischen Verträge von den Interessensvertretungen auf europäischer Ebene verhandelt wurde. Durch diese Arbeit auf europäischer Ebene wurden viele Unterziele erreicht, die zu Verbesserungen der Arbeitnehmersituation führten, aber auch dem damals aktuellen Lissabon Ziel – Entwicklung der EU zu dem wettbewerbsfähigsten wissensbasierten Wirtschaftsraum der Welt – der Europäischen Union schlussendlich zum Erfolg verhalfen.

Die Ziele an ein neues Arbeitszeitmodell wurden dabei bewusst relativ breit gehalten. Es lies sich durch folgende Eckpunkte definieren:

- Erhöhung der Flexibilität der Arbeitnehmer / der Unternehmen
- Kombinationsmöglichkeit des Modells mit Sozialsystemen unterschiedlicher Ausprägung
- Unabhängigkeit von der demographischen Entwicklung;
- Unterstützung von Karenzzeiten
- Möglichkeit für „Lebenslanges Lernen“ und Sabbaticals

Diese Eckpunkte sollten einerseits eine möglichst hohe Flexibilität der Wirtschaft gewährleisten. Gleichzeitig jedoch eine soziale Ausgewogenheit und ein – den Generationenvertrag ersetzendes – transparentes Kapitalwertverfahren zur Sicherung der Ausbildung und Altersvorsorge ermöglichen. Dazu wurde ein europäisches Modell gezeichnet, das folgende Inhalte hat, die noch heute gültig sind:

1. *Arbeitsrechtliche Gleichstellung von Mann und Frau*
   In Fragen der Karenz, der Arbeitszeiten sowie in allen anderen Bereichen wurden Frauen mit Männern gleichgestellt.

2. *Abschaffung der Höchstarbeitszeiten*
Eine Beschränkung der Arbeitszeit nach oben wurde generell abgeschafft. Damit wurde der Weg für langfristige Durchrechnungszeiträume für Arbeitszeiten frei. Gleichzeitig wurde die wichtige Flexibilisierung der Arbeitszeit möglich. Folge davon war und ist, dass bedarfsorientiert gearbeitet werden kann.

3. *Durchrechnungszeiträume für Arbeitsstunden werden auf zehn Jahre ausgedehnt*
Die Erhöhung der Durchrechnungszeiträume war eine logische Konsequenz, damit bedarfsorientiert gearbeitet werden konnte.

4. *Einführung von gesetzlich garantierten Mindestarbeitszeiten*
Die gesetzlich garantierte Mindestarbeitszeit wurde sozusagen das neue „Soziale Netz". Dabei wurde eine Systemumstellung vollzogen: Es wurde nicht mehr eine Versicherung betrieben, die Geldleistungen erbringt wenn man keine Arbeit hat, sondern eine Versicherung die verlorene Arbeit wiederum durch bezahlte, wenn auch nicht immer gleichwertige, Arbeit kompensiert.

5. *Einführung von dem Recht auf ein 8-monatiges Sabbatical alle 10 Jahre (inkludiert Rückkehrrecht)*
Hinter der Einführung des Sabbaticals steht das Konzept des „Lebenslangen Lernens". Das Sabbatical kann entweder im Ganzen, also alle acht Monate auf einmal, oder aufgeteilt auf den 10-Jahreszeitraum konsumiert werden. Die Verwendung der Zeit steht dabei grundsätzlich frei.

6. *Anhebung der Lebensarbeitszeit auf 73 Jahre*
Die Flexibilisierung der Durchrechnungszeiträume sowie die steigende Lebenserwartung in Kombination mit einer zunehmenden Überalterung der Bevölkerung machten die Erhöhung der Lebensarbeitszeit zu einem logischen Schritt.

7. *Anlegung eines Ausbildungskontos für jeden Arbeitnehmer*
Das Ausbildungskonto bildete und bildet die zweite Säule des Konzepts des „Lebenslangen Lernens". Das durch ein Kapitalwertverfahren geführte Konto wird durch eine staatliche Gebur-

tengrundprämie bereits bei der Geburt gegründet. Eine Erhöhung des Kapitalstocks durch die Eltern wird regelmäßig mit einer staatlichen Zusatzzahlung prämiert. Dieses – gebundene – Kapital erhöhte einerseits die Sparquote der Europäer (mit allen positiven und negativen Nebenwirkungen) und steht seitdem auch der Finanzwirtschaft zur Fondsveranlagung zur Verfügung. Direkte Folge davon war natürlich ein überproportionales Wachstum der Aus- und Weiterbildungsindustrie, das ein Wachstum der Forschungstätigkeit in allen Bereichen nach sich zog.

8. *Anlegung eines Pensionskontos für jeden Arbeitnehmer*
Die Umstellung des Pensionssystems vom Umlageverfahren auf das Kapitalwertverfahren war untrennbarer Bestandteil des Arbeitszeitmodells. Damit wurde die Idee der „Abfertigung Neu“ zu Jahrhundertbeginn vertieft und weitergeführt. Auch hier wurden am Anfang der Umstellung staatliche Anreize geschaffen, einen Kapitalstock bereits sehr früh in den Jugendjahren der zukünftigen Arbeitnehmer anzulegen. Dabei wurden die staatlichen Anreize Schritt für Schritt zurückgenommen, als die Sinnhaftigkeit dieses Systems allgemein akzeptiert wurde.

Diese Punkte brachten eine vollkommene Flexibilität und Bewegungsfreiheit der Arbeitnehmer in der Europäischen Union. Alle in einem Mitgliedsland einmal erworbenen Ansprüche wurden mittels Rucksackprinzip mitgenommen. Die Ansprüche wurden in einem „Europäischen Arbeitszeitkonto“ verbucht. Diese Regelung führte nicht nur zu einer steigenden Mobilisierung der europäischen Arbeitnehmer, sie bewirkte auch eine erhöhte Wettbewerbsfähigkeit der Klein- und Mittelunternehmen (KMU). Die mit dem europäischen Arbeitszeitvertrag einhergehende Vereinfachung der administrativen Tätigkeiten führte zu einer vermehrten Internationalisierung der europäischen KMU, was besonders in den Grenzregionen, die damals noch „Zukunftsregionen“ genannt wurden, spürbar wurde.

Durch die Anforderung des „Lebenslangen Lernens“ wurde vor allem der Faktor der Multikulturalität als Wettbewerbsvorteil erkannt. Dies führte zu einer weiteren schrittweisen Integration der einzelnen EU-Länder. Im Laufe der Zeit folgte auch ein Stimmungswandel innerhalb der EU. Auslöser dafür war die positive Stimmung die von Deutschland rund um 2010 ausging. Die Reformen hatten gegriffen, die Wirtschaft erfasste eine neue Dynamik, die auch das Europabild veränderte. Einem Jahrzehnt des übergroßen Respekts vor der Zukunft, des Stillstands, folgte eine Zeit eines neuen Europäischen Selbstverständnisses. Dieses wurde vor allem durch die Franzosen wesentlich geformt. Auch die südeuropäischen Länder haben in der EU nach der schwierigen Zeit der EU-Osterweiterung zwischen 2004 und 2010 ein neues positives Stimmungsbild gefördert. Ein großer Teil der für Veränderungen wichtigen Dynamik kam dabei genau aus den neuen Mitgliedsstaaten. Österreich hat dabei glücklicherweise im Mittelpunkt gestanden.

Aber zurück zum neuen Arbeitszeitmodell. Zwei meiner Kinder haben bereits ein (Teil)Sabbatical genossen. Wobei es meine Tochter zum Studium genutzt hat und viel Zeit mit ihrem Kind verbrachte, mein Sohn jedoch um die Welt geflogen ist. Gelernt haben (hoffentlich) beide etwas. Ich selbst bin zwar schon mit dem Wissen ins Arbeitsleben eingestiegen, dass Flexibilität und Weiterbildung essenziell sind. Trotzdem gab es einen gewissen Gewöhnungseffekt. Mein erstes Sabbatical habe ich genossen, und dabei studiert. Heute denk ich mit Freude daran zurück und kann lächeln, weil ich mich danach beruflich immer selbstständiger gemacht habe. Ich habe heute, so wie meine Kinder auch – und wie insgesamt immer mehr junge Menschen – die Teilselbstständigkeit dem festen Angestelltenverhältnis vorgezogen. Seit ich meine Steuern selbst errechne und einzahle, bekomme ich dafür eine Steuererleichterung. De facto geschieht dies durch meinen Steuerberater, aber der macht es effizienter und damit – im Vergleich zum Staat – auch billiger. Trotzdem bin ich natürlich noch im allgemeinen Sozialversicherungssystem Mitglied. Meine „Rucksäcke“ nehme ich auch heute noch von Unternehmen zu Unternehmen mit, sowie mein Sohn übrigens auch.

Meine Tochter arbeitet schon länger im gleichen Unternehmen, und, so wie es aussieht, wird sich dabei nicht viel ändern. Die Mischung aus Heimarbeit und externen Terminen macht sie zeitlich und örtlich vollkommen unabhängig (und privat ausgeglichen!). Die meiste Arbeit erledigt sie dabei auf dem Weg von und zu den Produktionsstandorten. Die ihr untergeordneten Mitarbeiter arbeiten dort ausschließlich bedarfsorientiert und damit sehr effizient. Der notwendige Wettbewerbsvorsprung gegenüber anderen Unternehmen und anderen Standorten kommt von der hohen Fertigungsqualität und hohen Wertschöpfung in „ihren" Werken. Basis dafür sei jedoch die hohe Motivation und der langfristig hohe Ausbildungsstand der Mitarbeiter – wie sie bei jeder guten Gelegenheit zu bedenken gibt. Die Mitarbeiter nutzen die Sabbaticals ausgiebig! Dadurch, dass sie sich bei ihrem Job auch gut um ihr Kind kümmern kann, ist die Situation für sie optimal. Und in Wirklichkeit kann diese Kombination von Job und Familie durch meine Tochter, so wie ich sie eben beschrieben habe, durchaus als Beispiel eines ganz normalen Lebens der heutigen Jugend gelten!

Weil sich die südsteirische Frühlingssonne jetzt aber bereits hinter die Weinberge zurückzuziehen beginnt, und dabei den Welschriesling in meinem Glas wunderbar goldgelb glänzen lässt, sollte ich Ihnen einen noch längeren Vortrag ersparen. Trotzdem darf und kann ich es mir nicht nehmen lassen, schlussendlich die technischen Details der Arbeitszeitregelung, mit der Europa heute sehr gut lebt – meiner Bretteljause gleich –, vor Ihnen auszubreiten. Lesen sie nachfolgend ein paar meiner Überlegungen, die ich im Jahr 2005 in Brüssel anstellte.

Flexible Arbeitszeitmodelle – die technischen Details

Arbeit wird sich zukünftig nicht mehr daran messen, wie viel Stunden damit verbracht wird, sondern welche Leistung damit erzielt wird. Der Anteil der selbstständigen Arbeit wird sich signifikant erhöhen und einhergehen mit einer wachsenden Selbstständigkeit und Emanzipation der Staatsbürger vom Staat in den Bereichen Arbeitsangebot und Altersvorsorge.

Zukünftige Arbeitszeitmodelle müssen einer Reihe von Herausforderungen gerecht werden. Diskussionen finden heute im Zeichen der EU-Erweiterung und Globalisierung statt, Offshoring und damit der zunehmende Standortwettbewerb werden zu einer ernsten Herausforderung für die europäische Wirtschaft.

- Daher ist als Hauptaufgabe zukünftiger Arbeitszeitmodelle der Erhalt der internationalen Wettbewerbsfähigkeit österreichischer Arbeitsplätze zu sehen. Im Vordergrund dabei steht eine Flexibilisierung der Arbeitszeiten und -bedingungen.
- Eine zweite Kernaufgabe zukünftiger Arbeitszeitmodelle ist die Fähigkeit mittels flexiblerer Arbeitsbedingungen, die Finanzierung eines allgemeinen Sozialversicherungssystems, insbesondere eines Gesundheits-, Arbeits- und Pensionssystems sicherzustellen. Die Schere zwischen Lohnnebenkostenkontrolle und -stabilität und der Sicherung eines Sozialversicherungssystems stellt wahrscheinlich die größte Herausforderung dabei dar.
- Die dritte Kernaufgabe, der zukünftige Arbeitszeitmodelle gerecht werden sollten, ist es, Paaren ohne allzu große finanzielle Einschnitte Nachkommen zu ermöglichen, um damit den seit Beginn des 20. Jahrhunderts stattfindenden Geburtenrückgang teilweise kompensieren zu können.

Die Herausforderungen liegen auf der Hand: Vor allem die demographische Entwicklung und der weltweite Standortwettbewerb fordern neue Lösungsansätze im Bereich der Arbeitsmarktpolitik, die direkt und indirekt mit der Gesamtpolitik für das soziale System Österreichs verwoben ist:

Demographische Entwicklung in Österreich

Damit wir den gegenwärtigen Wohlstand, der sich u. a. in unserer Infrastruktur, im Gesundheitssystem oder im Ausbildungssystem widerspiegelt, halten und ausbauen können, werden wir zukünftig das volle Potenzial aller drei Generationen zu nützen haben – der Generation bis 25 Jahre, der Generation von 25 bis 65 Jahren und der Generation älter als 65 Jahre. Eine Hauptaufgabe neuer Arbeitszeitmodelle liegt daher in der integrativen Wirkung aller drei aktiv am Wirtschaftsprozess teilnehmenden Generationen.

- Eine Herausforderung liegt also in der Entwicklung von Arbeitszeitmodellen die es ermöglichen, Altersarbeitslosigkeit gezielt zu bekämpfen und die Arbeitsmarktbilanz auszugleichen. Die vorherrschende Antwort auf die steigende Lebenserwartung besteht zur Zeit jedoch in der Diskussion um die Verlängerung der Arbeitszeit für Arbeitnehmer, gleichzusetzen mit einer Erhöhung des Pensionsantrittsalters.

- Die Erhöhung der Lebensarbeitszeit nach oben führt in erster Linie zu einer großen Anzahl an Arbeitnehmern der älteren Generation. Unternehmen bedienen sich jedoch bevorzugt jüngerer, kreativerer und leistungsfähigerer Menschen. Diese zeichnen sich nicht nur durch niedrigere Löhne aus, sie verfügen in der Regel auch über das aktuellere Fachwissen. Dies muss zwangsläufig zur Entwicklung einer Arbeitsreserve führen, die vorwiegend aus Mitgliedern der älteren Generation besteht. Diese Art der Arbeitslosigkeit bringt neben negativen psychischen Effekten für die Betroffenen nur geringe oder keine Entlastungen für die Sozialversicherung.
- Neue Arbeitszeitmodelle müssen weiters geeignet sein, berufstätigen Eltern jenen Freiraum zu geben, den eine Familie zum Aufziehen von Nachkommen benötigt. Bei dieser Frage ist es besonders wichtig, dass die Entscheidung ein Kind zu bekommen, mit möglichst geringen finanziellen Einbußen verbunden ist.

Internationaler Standortwettbewerb

Der Wettbewerb in Industrien wird täglich globaler und gewinnt an Komplexität und Diskontinuitäten. Diese Dynamik greift in Form von Offshoring und Outsourcing auch auf Staaten über. Diese versuchen sich durch den Aufbau von eigenen „Kernkompetenzen" zu differenzieren und eine internationale wirtschaftliche Wettbewerbsfähigkeit aufzubauen. Dies geschieht beispielsweise durch den Aufbau von Industrie-Clustern oder durch bewusstes Steuer-Dumping.

Eine möglichst hohe Flexibilität in Beschäftigungsfragen kann und muss dazu beitragen, dass Österreich wettbewerbsfähig bleibt.

Zwar bedeutet aus Sicht der Arbeitnehmer mehr Flexibilität nicht unbedingt eine Verbesserung der Lebensqualität. Wenn man jedoch davon ausgeht, dass es auch zukünftig einen international freien Kapitalfluss geben wird, und dass es einem internationalen

Zusammenschluss von Gewerkschaften nicht gelingen wird, beispielsweise europaweite Kollektivverträge auf dem Niveau der derzeitigen österreichischen Verträge durchzusetzen, kommt einem Grundarbeitszeitmodell doch eine Schutzfunktion von Arbeitnehmerinteressen zu.

- Moderne Arbeitszeitmodelle müssen Unternehmern größtmögliche Freiheit bei der Personalpolitik einräumen. Rechtliche Vorschriften dürfen kein Hindernis darstellen, um Wachstum und Innovation voranzutreiben. Eine Voraussetzung um die Flexibilität bei Arbeitsverträgen zu heben ist es, den Verwaltungsaufwand sowie die Grundarbeitszeitmodelle so einfach wie möglich zu gestalten. Dies hätte auch positive Auswirkungen auf die Beschäftigungsneigung von Klein- und Mittelbetrieben sowie privaten Dienstleistungsnachfragern.
- Moderne Arbeitszeitmodelle müssen geeignet sein, Arbeitnehmern und Arbeitgebern in der Zusammenarbeit größtmögliche Freiheit einzuräumen. Damit werden Zusatzausbildungen, Umschulungen und das Erlernen neuer Berufe für Arbeitnehmer zur Selbstverständlichkeit werden müssen. „Lebenslanges Lernen" wird die Bildungsindustrie in Zukunft mehr als heute prägen. Damit wird möglich, dass Unternehmen bei Bedarf Kapazitäten ausweiten oder Produktportfolios ändern können, aber auch dass Arbeitnehmer im Lauf ihres Arbeitslebens mehrmals den Arbeitgeber, aber auch die Aufgabenfelder wechseln können. Berufsbegleitender Ausbildung kommt also eine Kernfunktion bei der Flexibilisierung des Arbeitsmarktes zu.

Da sich die Wettbewerbsbedingungen und somit die Arbeitsbedingungen von Industrie zu Industrie und von Unternehmen zu Unternehmen mehr und mehr unterscheiden, kann nicht von einem einzigen neuen Arbeitszeitmodell ausgegangen werden das zukünftig alle Anforderungen der Beteiligten erfüllen wird. Vielmehr müssen wir davon ausgehen, dass sich die Beschäftigungsverhältnisse in Zukunft hinsichtlich Dauer, Qualität und Anforderung zunehmend unterscheiden werden. Wie kann als ein Grundarbeitszeitmodell als Lösungsansatz gestaltet sein und über welche Eigenschaften muss dieser Ansatz verfügen, um als Basis für industriespezifische Modelle zu funktionieren?

Sicherung der sozialen Funktion

Der erste Schritt bei der Schaffung eines neuen Basisarbeitszeitmodells basiert auf einer neuen Betrachtungsweise des Faktors Arbeit: Der Staat bzw. die Sozialpartner werden zukünftig nicht die maximale Höchstarbeitszeit definieren (sondern diese eher als Richtlinie verlegen), sondern eine Mindestarbeitszeit garantieren müssen. Damit werden zwei Funktionen erfüllt:

- Erstens soll damit die Arbeitslosigkeit generell, speziell aber die Altersarbeitslosigkeit bekämpft werden. Damit durch die Verknappung des Arbeitsangebots in gewissen Bereichen keine hohe Arbeitslosigkeit mit allen folgenden sozialen und finanziellen Problemen entsteht, ist der Staat gefordert ein gewisses Arbeitsangebot zur Verfügung zu stellen. Dieses Arbeitsangebot ist sicherlich nicht mehrheitlich in stark wertschöpfenden Bereichen zu suchen. Vielmehr wird dies in weiten Feldern einer Art Sozial-, Alten-, Pflegedienst gleichen, damit dem heutigen Zivildienst nicht unähnlich sein.
- Weiters gilt zu verhindern, dass die ältere Generation nicht nur als Arbeitsmarktreserve zur Verfügung steht, und damit das Sozialsystem belastet. Um ihr eine tatsächlich wertschöpfende Tätigkeit zu ermöglichen, wird die Abkehr von einer gesetzlich festgelegten Höchstarbeitszeit, hin zu einer gesetzlich festgelegten und garantierten Mindestarbeitszeit gefordert.
- Als zweite Funktion wird damit, neben der wichtigen Eingliederung arbeitsloser Menschen in ein Arbeitsumfeld und soziales System, eine Arbeitslosenversicherung geschaffen. Gleichzeitig wird der Arbeitslosigkeit aber auch durch mehr zeitliche und finanzielle Flexibilität vorgebeugt. Bei tatsächlicher Arbeitslosigkeit wird dem Arbeitssuchenden ein Arbeitsplatz in dem Feld der o. a. sozialen Dienste oder in ähnlichen, vom Staat betriebenen Garantiearbeitsplätzen angeboten. Es ist durchaus vorstellbar, dass hier auch ein gewisser Prozentsatz an hoch wertschöpfenden Arbeitsplätzen angeboten wird. Die Anzahl der staatlich betriebenen und garantierten Arbeitsplätze soll dabei auf historischen Arbeitsmarktstatistiken basieren. Selbstverständlich hat dieses Modell seine Grenzen. Friktionale oder geographische Arbeitslosigkeit wird immer in einem gewissen Maß vorhanden sein. Die-

se Arbeitslosigkeit sollte sich allerdings auf einen geringen Prozentsatz reduzieren lassen. Für diese Arbeitslosigkeit muss auch in Zukunft eine Art Versicherungsprinzip gelten, dessen – im Vergleich zu heute wesentlich geringere Beiträge – als Lohnnebenkosten anzusetzen sind.

Flexibilisierung der Arbeits- und Ausbildungszeit

Als weiterer Schritt wird vorgeschlagen für jeden Staatsbürger der sich innerhalb des Sozialsystems bewegt, ein Arbeitszeitkonto einzuführen. Um größtmögliche Flexibilität zu gewährleisten sollte das Arbeitskonto optimalerweise über die gesamte Lebensarbeitszeit laufen. Zur praktischen Abrechnung würden die Durchrechnungszeiträume beispielsweise auf 10 Jahre ausgedehnt werden. Basis des Arbeitszeitkontos sind die garantierten Mindestarbeitszeiten von 20 Stunden pro Woche, hochgerechnet auf die Lebensarbeitszeit (abzüglich Sabbaticals). Zusätzlich dazu werden – unabhängig von anderen Arbeitszeitmodellen, die beispielsweise unternehmensspezifisch angewandt werden – alle über die 20 Mindeststunden hinausgehenden Arbeitszeiten verbucht.

Damit „Lebenslanges Lernen“ Realität werden kann wird, abhängig von der Anzahl der gearbeiteten Zusatzstunden, ein gewisser Prozentsatz der Einkünfte – steuerlich abzugsfähig – auf ein Ausbildungskonto einbezahlt. Dieses Ausbildungskonto dient der Finanzierung der berufsbegleitenden Weiterbildungs- und Umschulungsmaßnahmen. Damit ist eine Flexibilisierung der Arbeitnehmer auch in höherem Alter theoretisch gegeben. Ein Teil dieser Ausbildungskosten wird dabei von jenem Unternehmen getragen, für dessen Arbeitsplatz umgeschult wird.

Leistungsgerechte Entlohnung

Die Bezahlung der Lebensarbeitszeit folgt nicht mehr einem progressiven, sondern einem progressiv-degressiven Verlauf. So werden im ersten Drittel der Lebensarbeitszeit die höchsten Einkommen erzielt. Dies führt zu einer Umverteilung der Verwaltung des volkswirtschaftlichen Kapitals von Gebietskörperschaften zu Privatanlegern und fördert die Eigenständigkeit.

Eine weitere Folge davon ist, dass es für Unternehmen attraktiver wird, ältere Arbeitnehmer einzustellen. Während nämlich jüngere Arbeitnehmer ihren höheren Verdienst mit einer tatsächlich höheren Wertschöpfung rechtfertigen, werden ältere Arbeitnehmer auf Grund ihrer allgemein geringeren absoluten Arbeitsleistung realistischer nach ihrem Beitrag zur Wertgenerierung entlohnt. Grundsätzlich sollten also ältere Arbeitnehmer, ebenso wie Berufsanfänger, im Verhältnis zur Arbeitsleistung die kostengünstigsten Arbeitskräfte in der Volkswirtschaft darstellen.

Sicherung der Altersvorsorge

Teil und Annahme des Modells ist, dass die Altersvorsorge zukünftig tatsächlich aus drei Säulen bestehen wird: Der privaten Vorsorge, der betrieblichen Vorsorge sowie der staatlichen Vorsorge.

Dabei wird der Anteil der staatlichen Vorsorge im Vergleich zu heute geringer ausfallen. Die staatliche Vorsorge wird mittels eines echten Pensionskontos für jeden Arbeitnehmer betrieben. Voraussetzung der Einführung eines Pensionskontos ist der Wechsel von Umlageverfahren auf Kapitalwertverfahren.

Damit einher geht eine Vereinfachung der Verwaltung des Kapitalstocks, da Kapital nicht mehr umverteilt wird, sondern angespart, verzinst und wieder verbraucht wird. Somit kann eine Entkoppelung der Pensionsverpflichtungen und der demographischen Entwicklungen stattfinden. Die Hauptlast der Einzahlungen findet dabei im ersten Drittel des Arbeitslebens statt, während dem auch die Einkünfte tendenziell am höchsten sind. Auf diese Weise kann der während der Ansparphase entscheidende Zinseffekt besser ausgenutzt werden.

Die Höhe der Pension ist also direkt abhängig von den gearbeiteten Stunden. Auch hier sei anzumerken, dass selbstverständlich für Berufsunfähige bzw. für Menschen, die aus verschiedensten Gründen keine Pensionskontoeinzahlungen tätigen können, das Versicherungsprinzip gelten muss. Diese Kosten wären ebenfalls von allen Arbeitnehmern als Lohnnebenkosten zu tragen.

Möglichkeit für Nachkommen und Sabbaticals

Eine Flexibilisierung der Arbeitszeitmodelle trägt der Notwendigkeit zu mehr atypischer Freizeit Rechnung. Mit atypischer Freizeit sind hier Zeitabschnitte gemeint, die der Ausbildung, dem Ausgleich von Arbeit, Familie und Freizeit sowie der Pflege von Nachkommen dienen. Um diese Zeiträume zu ermöglichen, muss eine solide Finanzierung aufgebaut werden. Das nachfolgend vorgestellte Modell wählt dabei folgenden Weg: Die staatlich garantierte Mindestarbeitszeit von 20 Stunden wird im Regelfall durch eine Beschäftigung von 30 bis 40 Stunden pro Woche ersetzt. Werden über eine festzulegende Optimalarbeitszeit von beispielsweise 38,5 Stunden Arbeitsleistungen erbracht, werden diese als Mehrarbeitszeit am Arbeitskonto verbucht. Diese Mehrarbeitszeiten („Plusstunden") können beim Erreichen einer gewissen Stundenanzahl gegebenenfalls – ohne einschneidende Einkommensverluste – in bezahlte Freistellungszeiten umgewandelt werden. Dazu ist es notwendig, dass die Plusstunden vom Staat als überdurchschnittlicher Beitrag zum Wohlstandswachstum erkannt und als solche behandelt werden. Annahme dieses Modells ist es, dass für gesammelte Plusstunden, die in atypische Freizeit umgewandelt werden, vom Staat Subventionen in einer gewissen Höhe des Lohns gesammelt werden. Ein Schlüssel dafür könnte beispielsweise 100/30 lauten, d. h., dass der Staat jede Plusstunde, die für atypische Freizeit verwendet wird, mit 30 % des dafür erzielten Lohns abdeckt. Somit werden eventuelle Einkommensverluste durch die Pflege von Nachkommen oder durch Ausbildungsmaßnahmen oder Sabbaticals abgefedert.

Zusammenfassung: Das zukünftige Arbeitszeitmodell

Die nachfolgende Graphik stellt schematisch dar, wie ein zukünftiges Grundarbeitszeitmodell aussehen könnte.

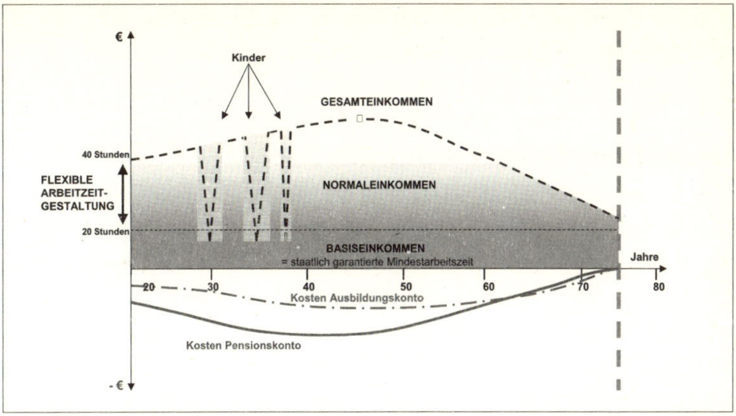

Auf der positiven Seite der Abszisse ist die Einkommensseite abgebildet. Zu sehen ist zuerst die staatlich garantierte Mindestarbeitszeit (Basiseinkommen). Diese staatlich garantierte Mindestarbeitszeit von 20 Stunden wird im Normalfall durch eine Regelarbeitszeit zwischen 30 und 40 Stunden ersetzt. Dies ist in der Grafik dargestellt als Normaleinkommen, das im Normalfall (keine Arbeitslosigkeit) mit dem Gesamteinkommen gleichzusetzen ist. Nur falls keine Regelarbeitszeit in Anspruch genommen werden kann, d. h. ein Arbeitnehmer arbeitslos ist, tritt sein Recht auf Mindestarbeitszeit in Kraft. Dafür sind wie oben kurz beschrieben vor allem, aber nicht nur, Sozialdienste u.ä. vorgesehen. Die dafür notwendigen Arbeitsplätze, beispielsweise in Höhe der historischen Arbeitslosenzahlen, werden vom Staat angeboten oder zugekauft.

Auf der negativen Seite der Abszisse ist die Ausgabenseite abgebildet. Ersichtlich ist einerseits der Kostenverlauf für das Pensionskonto, dessen Höchstbelastungen ebenso wie das Höchsteinkommen in der ersten Hälfte der Lebensarbeitszeit anfallen. Somit kann der Zinseffekt beim Ansparen besser ausgenutzt werden. Neben den Kosten für das Pensionskonto entstehen Kosten für das Ausbildungskonto. Diese sind (ebenfalls schematisch dargestellt) wesentlich geringer als die Kosten für das Pensionskonto, und haben ihren Höchststand in der zweiten Hälfte der Lebensarbeitszeit.

Nicht ersichtlich sind in der Grafik die Kosten für das Gesundheitssystem. Diese werden auch zukünftig auf Basis eines Versicherungssystems aufgebracht. Dafür wird wie auch heute ein Teil des Gesamteinkommens zur Verfügung gestellt werden müssen.

Auf Basis dieses generellen Systems können dann unternehmensspezifisch verschiedene Arbeitszeitmodelle aufgesetzt werden. Diese würden in der Grafik dann die beiden Blöcke „Normaleinkommen“ und „Basiseinkommen“ ersetzen. Aus Übersichtsgründen wurden auch die staatlichen Subventionen zu atypischen Freizeiten nicht dargestellt. Sie würden zeitgleich mit jenen Einschnitten ausbezahlt werden, die in der Grafik mit „Kinder“ bezeichnet sind.

Das Modell bezieht sich in erster Linie auf die Arbeitnehmerseite. Feinheiten wie Kündigungsschutz oder Steuerungsmechanismen, wie Höhe der Selbstbehalte bei Krankenhausbesuchen, werden hier ausgeklammert. Urlaubszeiten werden im Modell nicht extra erwähnt, finden aber natürlich im jetzigen Ausmaß statt.

Entwicklungen wie der demographische Einbruch an jungen Menschen in den kommenden 50 Jahren können durch neue Arbeitszeitmodelle oder andere Anreize nicht abgefedert werden. Dafür ist ein kontrollierter Zuzug von hoch qualifizierten jungen Menschen aus dem Ausland notwendig. Parallel dazu müssen von staatlicher Seite Rahmenbedingungen und Initiativen gesetzt werden, um Unternehmensgründungen in Österreich zu fördern.

Der Vorschlag dieses Arbeitszeitmodells soll aber die Basis für eine substanzielle Diskussion liefern, wie man die Schere zwischen zukünftig erforderlicher Flexibilität, Lohnnebenkostensenkung und Sozialrechte besser bewältigen wird können.

Das österreichische Schulsystem 2050

Ein Rückblick

Paul Hysek
Im Jahr 2050 75 Jahre alt

Das österreichische Schulsystem litt eigentlich nie unter einem ausgesprochen schlechten Ruf. Es mag die Angewohnheit sein, sich selbst schlecht zu machen oder auch der Genuss am „Raunzen", dass wir unsere Umgebung immer ein wenig schlechter machen, als sie ist. Bewirkt hat die Kritik aber zumindest, dass laufend über Verbesserungsmöglichkeiten nachgedacht wird.

Vor 45 Jahren, kurz nach der Jahrtausendwende, wies das Schulsystem in Österreich einige unbestrittene Schwächen auf:

- Die Qualität der Schulabschlüsse war nicht vergleichbar. Wer mit 14 aus einer Landhauptschule abging konnte oft besser rechnen, lesen oder schreiben als ein Maturant einer schlechten AHS. Letzterer durfte dann gleich auf die Universität, ersterer noch lange nicht. Innerhalb gleicher Schultypen waren Leistungen ebenso wenig vergleichbar wie über die Schultypen hinweg.
- Der Schultyp bestimmte mehr als die Qualität der Schule, welche Zukunftschancen den Schülern offen standen. Eine Folge davon war auch, dass Lehrberufe einen äußerst geringen „Wert" besaßen. Das Lernen oder gar die erworbenen Kenntnisse hatten einen sehr geringen Stellenwert in diesem System. Wichtiger als zu Lernen war es, den korrekten Weg einzuschlagen. Dabei wähnte man sich nach der „Industriegesellschaft" in der so genannten „Wissensgesellschaft". Ein gefährlicher Begriff für die Schule, die doch scheinbar immer schon Wissen vermittelt hatte! Es ging nun aber darum, von der Zeugung an bis zum Ableben nicht mit dem Lernen aufzuhören. In der Schule lernte man Fakten, aber nur nebenbei zu lernen. Anders gesagt: Schüler lernten für Prüfungen – nicht für das Leben. Hätten Sie wenigstens für die Schule gelernt!
- Aus- und Weiterbildung waren voneinander losgelöst. Es gab viele „Insellösungen", die sich auch wenig damit beschäftigten,

welche Themen und Inhalte vorher oder nachher vermittelt wurden.

- Spezialisierungsentscheidungen in der Schule erfolgten radikal und zu früh. Untersuchungen sprachen damals davon, dass zwar biologisch die Pubertät früher begann als zuvor, die geistige Reife im Gegenzug immer später einsetzte. Mit 14 über den Eintritt in eine Berufsbildende Schule, eine Lehre oder eine AHS zu entscheiden, war vor dem Hintergrund dieses Wissens zu bald.
- Auf die Herausforderungen durch Migration wurde in der Schule nicht reagiert. In der Folge gab es Klassen, die deshalb nur sehr geringe Fortschritte machten, weil ein Großteil der Schüler die Unterrichtssprache nicht beherrschte. Dieser ziellosen Durchmischung in der Schule wurde aber gesellschaftlich nichts entgegengesetzt. Die demographisch fahrlässige Abneigung gegenüber Zuwanderung, die in Österreich vorherrschte, stand in krassem Gegensatz zur Situation in den Schulen. Ein klares Bekenntnis zur Zuwanderung hätte diese Situation ebenso erleichtern können wie eine Trennung von Sprachgruppen in der Grundschule.
- Als Lehrer konnte man eigentlich nur dann seine persönliche Situation verbessern, wenn man möglichst schnell pragmatisiert wurde, die Unterrichtsvorbereitung jeweils vom Jahr davor übernahm und dann irgendwie viele Überstunden ergattern konnte. Innovative Lehrmethoden oder Aktivitäten zur Leistungssteigerung der Schüler fanden ebenso wenig Berücksichtigung in der Entlohnung wie persönliche Weiterbildung. Es darf nicht verwundern, dass von solchen Systemen geprägte Menschen Schwierigkeiten dabei haben, Kindern nachhaltiges Lernen beizubringen. Vor dem Wissen, dass Systeme fast immer stärker sind als die Menschen, die in ihnen leben und arbeiten, sind die Lehrer von jedem Vorwurf zu befreien. Am Weg zum Beruf des Lehrers bieten sich kaum Möglichkeiten, wichtige Aspekte der modernen Gesellschaft kennen zu lernen: Schule – Universität/ Pädagogische Akademie – Schule. Wirtschaft, Kultur oder auch Politik bleiben auf der Strecke oder sind auf diesem Weg oft nur zufällig anzutreffen.
- Die Schule hat laufend neue Aufgaben übernommen. Eine schulische Ausbildung beinhaltete bald nicht mehr nur Lesen, Schreiben und Rechnen sowie ein breit gestreutes Fächerbündel.

Zusammenleben und -arbeiten in einer Gruppe zu vermitteln gehörte zu den Aufgaben der Schule bald ebenso wie die Vermittlung von allgemeinen Codices im Umgang mit anderen Menschen. Die Patchworkfamilie zum Jahrtausendwechsel konnte in ihrer meist heterogenen Zusammensetzung diese Aufgaben mehrheitlich nicht mehr erfüllen. Die Schule allerdings war auch nur selten in der Lage, diese Herausforderung zu meistern.

- Wir haben zwar gelernt und verstanden, dass es verschiedene Lerntypen unter uns Menschen gibt, allerdings sind wir nie darauf eingegangen. Experimentierfreudige Lehrende versuchten sich in der Anwendung mehrerer Medien gleichzeitig. Es gab nur wenige Schülerinnen und Schüler mit dem Wissen über die für sie persönlich beste Art, Wissen aufzunehmen.

Heute, im Jahr 2050, sieht die Sache Gott sei Dank anders aus. Es ist viel Wasser die Donau hinuntergeflossen, bis wir innerhalb der EU nicht mehr nur einen der höchsten BIP/Kopf-Werte hatten, sondern wir auch bei Bewertungen der Bildungsstandards gute Ergebnisse erzielen konnten. Im kompetitiven Umfeld der Europäischen Union, die mit 15 Jahren Verspätung ihre Ziele aus dem damals so genannten Lissabon-Prozess doch noch erreichen konnte, ist das keine schlechte Leistung. An der Aufgabe, zum wettbewerbsfähigsten Wirtschaftsraum der Erde zu werden, also die USA und Japan zu überholen und die aufstrebenden Regionen nicht herankommen zu lassen, wäre die Staatengemeinschaft beinahe gescheitert. Je stärker das Ziel betont wurde, desto weiter glitt die Europäische Union ab. Die Bruchlinien erschienen damals im Konflikt Umweltschutz gegen Wirtschaftswachstum, Bildungsreform gegen beharrende Systeme und Binnenmarkt gegen Protektionismus am deutlichsten zu Tage zu treten.

Aus dem Brief eines Freundes lässt sich ein für das aktuelle Bildungssystem des Jahres 2050 zufrieden stellender Befund ablesen:

„Lieber Freund,
vor 45 Jahren haben wir an einem langen Abend in einer der vielen politischen Diskussionsrunden über die Schulen in Österreich gestritten. Ich habe keine Ahnung mehr, ob unsere Ideen von da-

mals in irgendeinem Ausmaß heute noch sinnvoll erscheinen. Das spielt auch keine Rolle. Aber ich konnte entdecken, dass sich doch einiges geändert hat in diesem Land. Mit meinem 15jährigen Enkel habe ich am Sylvesternachmittag ein langes Gespräch geführt. Mir ist wieder einmal bewusst geworden, um wie viel anders das Bewusstsein dieser Generation gewachsen ist als das unsere. Seit Du unseren Kontinent verlassen hast, um Dein Glück in der Ferne zu suchen, hat sich viel getan. Alleine, dass mittlerweile in Indien die europäischen Schulen das große Vorbild sind. Vor einem halben Jahrhundert ist man bei uns noch den angloamerikanischen Ideen nachgehangen. Diese jungen Menschen haben keine Erweiterungsschritte der Union mehr erlebt, weil die entsprechenden Beitritte oder Sonderabkommen bereits abgeschlossen waren. Mittlerweile ist es wieder normal, dass Lemberg eine ebenso interessante Option für ein Auslandsjahr in der Schule ist wie Lyon, und beides ist in nahezu derselben Zeit erreichbar. Ein Auslandsjahr ist in der Schule mittlerweile so üblich wie zu unserer Zeit ein Auslandssemester an der Universität. Die Anrechenbarkeit ist zumindest innerhalb der EU kein Problem mehr, seit es gelungen ist, sich auf einheitliche Standards zu einigen. Kannst Du Dich noch an die Sommerschulen erinnern, in denen nur die waren, die eine Nachprüfung zu überstehen hatten? Den weitaus größeren Anteil am Markt in diesem Bereich bietet mittlerweile die Begabtenförderung. Es ist viel geschehen in den vergangenen Jahrzehnten, und manchmal muss ich mich zwicken, damit ich es nicht einem Traum zuschreibe.

Kinderbetreuung

Wenn ich Dir davon erzählen möchte, was in der Bildungslandschaft hier alles passiert ist, dann sollte ich eigentlich bei der Kinderbetreuung beginnen. Erstens liegt in diesem Punkt der Anfang dessen, was ich als „lernen außerhalb der Familie“ bezeichnen möchte, und zweitens ist eine funktionierende Kinderbetreuung die Grundlage für zwei wichtige Dinge im Lebenszyklus der Bildung von Eltern: Sie kommen schnell wieder zurück in den Job, ohne viele Entwicklungen verpasst zu haben und sie haben ausreichend Zeit, Weiterbildung in Anspruch zu nehmen. Es ist gut, dass es mittlerweile ausreichend Betreuungsplätze gibt. Die Geburtenrate ist gestiegen, die Abtreibungszahlen sind zurückgegangen, die Frauenbeschäftigungsquote ist zumindest international vergleichbar geworden und die Kinder sind nicht dümmer als vorher. Externe Betreuung von Kindern gibt es übrigens nicht nur vor der Schule, sondern eigentlich andauernd. Schulen bieten Nachmittagsbetreuung an, Horte, Kindergärten, private Lerninstitute und Vereine. Alleine die Einführung der steuerlichen Absetzbarkeit dieser Leistungen hat für die Gründung zahlreicher wirklich nützlicher Einrichtungen gesorgt.

Im Alter von 3–4 Jahren kommen die Kinder in den Kindergarten. Das Leben in der Gruppe, spielen, lernen, ausprobieren, da hat sich nicht so viel getan, verglichen zu früher. Außer vielleicht, dass mittlerweile auch elektronische Medien als altersadäquate Beschäftigung angesehen werden. Trotz dieses Zusatzangebots höre ich im benachbarten Kindergarten jeden Tag von früh bis spät lautes Gejohle und Geschrei an den Schaukeln, in der Sandkiste und von den anderen Geräten. Wirklich neu in dieser Altersstufe ist, dass Kinder hier mittlerweile beginnen, eine erste Fremdsprache zu lernen. Die fortschreitende Integration in der EU hat hier viel bewirkt. Wenn wir vor 45 Jahren noch darüber diskutiert haben, dass alle Kinder bald Englisch lernen sollten, so richten sich die Angebote in den Kindergärten derzeit nach der Nachfrage: Im Mühlviertel wird Tschechisch angeboten, in Kärnten und der Steiermark Slowenisch und Kroatisch, in Tirol Italienisch und in Wien Slowakisch. Englisch und Französisch nehmen einen vergleichsweise geringen Marktanteil ein. Die EU hat es bis heute nicht geschafft, die Zahl der Amtssprachen zu reduzieren, dafür sprechen alle EU-Bürger mehr Sprachen. Am Ende des Kindergartens zumindest sind die Kinder soweit, dass alle sich in zwei Sprachen verständigen können.

Grundschule

Der Übergang in die Grundschule verläuft oft fließend. Die ersten Jahre Schule sind vom Erlernen von Grundlagen geprägt: Rechnen, Lesen, Schreiben, das Wissen um das eigene Land und dessen Gesellschaft sowie die Fortführung der begonnenen Fremdsprache.

Die Auswahl der Schule, in der dieses Wissen vermittelt wird, ist von ziemlich großer Bedeutung, fand ich immer. Als meine Eltern vor rund 70 Jahren für mich diese Entscheidung trafen, war es ein großer Kampf, dass ich nicht in die Volksschule kam, die in unserem Wohnort lag. Es war eine Übungsvolksschule – sicher nicht schlecht, aber ich sollte halt kein Versuchskaninchen sein. Sie konnten sich durchsetzen, und ich hatte eine sehr strenge Volksschullehrerin. Mittlerweile ist diese Entscheidung normal. Eltern können eine Schule für ihr Kind aussuchen, sofern die Sprachkenntnisse schon ausreichen. Zumindest eine Sprache sollte das Kind soweit beherrschen, dass die „Schulreife" anerkannt wird. Die Erfolge geben dieser kleinen Einstiegshürde Recht. Im Übrigen war das die erste Standardisierung, die Kinder erlebten. Wenn Du die Entwicklung im europäischen Binnenmarkt mitverfolgt hast erkennst Du, dass es nicht die letzte Standardisierung ist, auf die wir hier in der EU stoßen.

Die Auswahl der Schule erfolgt meist nach den Unterrichtsmethoden, die angewandt werden. Die Lehrziele sind zwar für die ersten vier Jahre vereinheitlicht, doch wie der Stoff auf diese vier Jahre aufgeteilt wird und in welcher Form der Unterricht stattfindet, obliegt der Schulleitung. Die staatlichen Mittel werden neu verteilt: Jede Schule erhält in einem Schlüssel aus Schülerzahlen, Bewertung durch Eltern und durch die nachfolgenden Ausbildungseinrichtungen Geld. Die erste Aufteilung deckt den gegenwärtigen Bedarf, die Elternbewertung hilft bei der Planung, denn sie stellt einen Ausblick darauf dar, wie die Schülerzahlen sich entwickeln werden. Die Bewertung durch die nachfolgenden Ausbildungseinrichtungen objektiviert die Bewertung durch die Eltern. Sollten hier die Noten stark abfallen, muss entweder die Positionierung der Schule oder die Qualität der Ausbildung geändert werden.

Am besten schneiden übrigens nicht die Grundschulen ab, die als Elitestätten gelten. Die finden sich im obersten Drittel, doch die Spitzenplätze belegen in diesem System jene Schulen, die Eltern und Schülern rechtzeitig aufzeigen können, welcher Weg wahrscheinlich für das Kind die besten Chancen bietet. Das ist nicht immer die Variante mit der Universität, wie Du selbst erlebt hast. Es sind auch diese Schulen, die ihren Schülern schon bald spezifische Förderungen zukommen lassen und ihre Lehrkräfte zu Weiterbildung anhalten. Ich vermute, dass von diesen – noch sehr jungen – Schulen viele Schüler auch den Weg auf eine Fachhochschule oder Universität finden. Vermutlich gibt es unter diesen Schülern dann wesentlich weniger Studienumsteiger oder -abbrecher als unter denen, die aus den Elitebrutstätten hervorgehen. Aber das ist auch heute noch sehr vage zu betrachten.

Die Lehrziele für die vier Jahre jedenfalls sind einheitlich und werden in einer Abschlussprüfung getestet. Welchen Schwerpunkt auch immer eine Mittelschule setzt, sie kann anhand der Grundschulprüfungen Mindestkriterien für die Aufnahme festlegen. Die Vergleichbarkeit der Ausbildung ist nun von Anfang an gegeben. Ich kann mich noch sehr gut an die Unterschiede zwischen den Volksschulen erinnern, die ich zur Schulzeit meiner Kinder noch erleben musste. Für Schüler wie Lehrer, denn auch diese werden regelmäßig geprüft, ist es ganz gut, in Teilbereichen klare Vorgaben zu haben. Wenn eine Schule besonders hohe Standards verlangt, muss sie in der Folge auch selbst überdurchschnittlich abschneiden. Gemessen wird eine Schule immer am Erfolg ihrer Schüler bei der nächsten großen Prüfung. Darüber hinaus wird im Rahmen der Evaluierungen festgestellt, ob die Schüler die Lernziele erreichen.

Prüfungen

Ein Wort noch zu den Prüfungen: Die Ergebnisse der Prüfungen setzen sich aus zwei Teilen zusammen: Der eine ist das geprüfte Wissen, der andere der Lernfortschritt. Bei den Prüfungen der Lehrer ist das besonders interessant, denn hier gibt es auf einmal einen starken Anreiz, sich selbst weiterzubilden. Die Schüler erkennen dabei, dass mit einmaligem Wissen die Angelegenheit nicht beendet ist, sondern dass es weitergeht.

Die Beurteilung einer Prüfung findet nicht mehr in Noten statt, sondern in Punkten. Über alle Fächer gesamt muss eine bestimmte Punkteanzahl erreicht werden, damit die Prüfung als bestanden gilt. Einzelne Fächer werden darüber hinaus gesondert bewertet.

Mittelschule

Vor dem weiteren Weg steht mit etwa 10 Jahren die nächste große Entscheidung an: Welcher Schultyp wird eingeschlagen? Das Lehrangebot in den Kernfächern der nächsten fünf Jahre ist mittlerweile standardisiert. Haben die Schüler in den ersten vier Jahren Ausbildung sehr spezifische Förderung erfahren, so geht das in den nächsten Jahren weiter. Grundlagen für die Entscheidung sind meist die Ausrichtung der Schule und ihre Bewertung. Die Bewertung ist auch wieder Grundlage für die Finanzierung und richtet sich nach den Bewertungen durch Eltern und nachfolgende Bildungs- und Arbeitsstätten. Darüber hinaus wird verglichen, ob die Zielsetzung der Schule sich im weiteren Weg ihrer Absolventen widerspiegelt. Wenn also die Schule für handwerkliche Lehrberufe vorbereiten will und die Mehrzahl der Schüler geht in Richtung Universität, dann muss neu angeglichen werden: entweder das Ziel, oder die Inhalte. Die Ausrichtung der Schulen ist vielfältig wie nie zuvor. Meist richtet sich das Angebot nach der wirtschaftlichen Situation in der Umgebung. Die Mehrzahl der Schulen bietet gerade für die bis 16jährigen eine sehr breit angelegte Ausbildung an, die Schwerpunktsetzung erfolgt nur punktuell. Insbesondere im ländlichen Raum erfolgt eine Spezialisierung der Schüler erst später. Die früher so dominante Trennung in Gymnasium und Hauptschule ist weggefallen. Es ist auf den Rankings erkennbar, welche Schulen besser und welche schlechter abschneiden und welche Inhalte wo angeboten werden.

Die Schultypen unterscheiden sich durch die Breite des Fächerkanons und damit auch über die Art des Unterrichts. Die noch weiter gefasste Autonomie der Schulen betrifft nicht mehr nur – wie vor 50 Jahren – die Organisation der Abläufe, sondern bei vorgegebenen Bildungszielen auch die Schwerpunktsetzung im Unterricht. Der Freiraum ist für die Ausbildung der 10-15jährigen geringer als danach, jedoch groß genug, um den Schulen Raum für eine klare Abgrenzung voneinander zu geben. Die wesentliche Veränderung allerdings, die in allen Schultypen Platz gegriffen hat, liegt in der Qualitätskontrolle: Das beginnt bei der Auswahl der Arbeitnehmerinnen und Arbeitnehmer, also der Lehrerinnen und Lehrer, über deren Aus- und Weiterbildung und das Beurteilungssystem ihrer

Leistungen, das wie die Beurteilung der Schülerinnen und Schüler in die Bewertung der Schule einfließt.

Der Abschluss der Mittelschule erfolgt wie schon nach der Grundschule durch eine Prüfung. Der weitere Weg führt in die Oberstufe, eine dreijährige Spezialisierung. Viele frühere Gymnasien bieten nach wie vor Mittelschule und Oberstufe in einem Haus mit weitergeführten Klassen an, selbst wenn Inhalte und Unterrichtsform komplett neu geordnet sind.

Oberstufe und Berufsausbildung

Die nächsten drei Jahre sind entweder einem Lehrberuf gewidmet, wie wir das schon früher kannten, oder der Fortsetzung schulischer Bildung. Die Lehre wird von einer wirtschaftlichen Ausbildung begleitet, in der neben den Grundlagen für den Beruf auch die erlernten Sprachen und Qualifikationen in den Bereichen Informations- und Kommunikationstechnologie Platz finden.

Ein besonderer Schultyp hat gerade im Zusammenhang mit der Lehre an Attraktivität gewonnen: die Werkschulen, in denen mit dem Lehrabschluss die Abschlussprüfung der Oberstufe kombiniert ist. Viele angehende Handwerker nutzen diese doppelte Ausbildung, um nach abgeschlossener Lehre noch ein Studium zu absolvieren. Den Betrieben hilft das ebenso wie den Schülern.

Für diejenigen, die eine schulische Ausbildung fortsetzen, ist die Vielfalt an Ausbildungswegen überwältigend. Gab es vor 40 Jahren bei den AHS neusprachliche, humanistische und realwissenschaftliche Zweige und unter den BHS technische, wirtschaftliche, haus- oder landwirtschaftliche Ausrichtungen, so werden heute vielfältige Spezialisierungen unterrichtet. Zwei Fremdsprachen sind verpflichtend in allen Schulformen zu wählen, alles andere ist disponibel. Schüler beginnen somit schon sehr bald, ihren eigenen Weg zu gehen.

Diese Schultypen werden ebenso mehrfach beurteilt wie die vorhergehenden. Und genauso wie die Grund- und die Mittelschule werden Budgetmittel hier nach Schülerzahl und nach Bewertungen vergeben. Den Bewertungen der Eltern werden die der Schüler bei gezogen. Weitere Beurteilungen kommen von Universitäten und

Fachhochschulen, an denen Schüler dieser Schule sind, oder von Unternehmen, die Absolventen dieser Schule eingestellt haben.

Lass mich Dir noch von drei Schülern beispielhaft erzählen, wie ihr Weg aussieht, damit das Bildungssystem noch klarer wird:

Anna kommt in Wien auf die Welt. Die Familie besteht aus Vater, Mutter, Geschwistern, Großeltern, Tanten und Onkeln mit Cousins und Cousinen. In der großen Familie lernt sie Rücksichtnahme ebenso wie sich durchzusetzen. Die Mutter ist wenig zuhause, weil ihre Karriere sie sehr in Anspruch nimmt. Der Vater arbeitet dafür im Wohnzimmer, wenn er nicht zu Besprechungen außer Haus muss. Meist sind nachmittags zwei Cousins im Haus, bis deren Eltern aus der Arbeit kommen. Im Kindergarten sind alle nur bis mittags. Es gäbe zwar das Angebot, länger dort zu bleiben, allerdings sind sie mit sich selbst so beschäftigt, dass der Kindergarten keine attraktive Variante für die Kinder ist. Mit den beiden Cousins bastelt und malt Anna meist. Wettbewerbe gibt es für die Kinder von Anfang an. Anna ist immer dann besonders stark, wenn sie sich gegen andere durchsetzen muss. Das ist nicht nur im Kindergarten so, sondern auch gegenüber ihren Cousins. Im Alter zwischen fünf und sechs Jahren kommen eingestreut die ersten richtigen Tests auf die Kinder zu. Allerdings wird nicht einfach nur gelerntes Wissen abgefragt, sondern die Aufnahmefähigkeit von gehörten, gesehenen, gesprochenen und gemachten Inhalten überprüft. Diese Tests zeigen auf, welcher Schultyp in der Folge gut geeignet ist. Ein wichtiges Kriterium bei diesen Tests ist auch, wie die Kinder mit den Sprachen zurecht kommen, die sie lernen. Anna hat im Kindergarten begonnen, Englisch zu lernen. Mit dem Eintritt in die Grundschule lernt sie türkisch, während ihre beste Freundin aus Ankara deutsch lernt. Die Fächer in der Grundschule sind Muttersprache, Fremdsprache, Mathematik, Sachkunde und Kultur, Sport. Dazu gibt es entsprechend des Schultyps noch Fächer, die handwerkliche, musische, sprachliche oder mathematische Begabungen fördern. In Annas Schule liegt der Schwerpunkt auf handwerklichen und mathematischen Fähigkeiten. Nach den ersten vier Jahren kommen neue Fächer hinzu, die Inhalte verschieben sich. Was bislang unter dem Begriff Sachkunde stattfand, teilt sich in mehrere Fächer auf. Annas Lieblingslehrer verlässt die Schule zu ihrem Bedauern, um eine zeitlang wieder in seinem früheren Beruf als Architekt zu arbeiten. Die technische Ausrichtung in der Schule liegt Anna sehr. Sie wählt Maschinenbau als Schwerpunkt und schließt gleichzeitig die Lehre in diesem Bereich ab. Nach der Schule arbeitet sie zwei Jahre in einem lokalen Unternehmen und geht dann zu einem bisherigen Kunden nach Ghana. Eine akademische Ausbildung holt sie dort nach, denn die Universität hat sich in nur vier Jahren für Maschinentechnik einen erstklassigen Ruf erworben. Nach sieben weiteren Jahren folgt eine einjährige Managementausbildung an einer indischen Managementschule. Der Konzern, zu dem der frühere Kunde des lokalen Unternehmens geworden ist, finanziert diese Ausbildung. Dieses Jahr verbringt Anna übrigens größtenteils bei ihren Eltern in Österreich. Die Kurse ruft sie am Bildschirm zuhause ab. Nur drei Mal ist sie mit allen anderen, die diese Ausbildung gleichzeitig mit ihr machen, vor Ort und arbeitet an Projekten. Einige ihrer Kollegen hat sie bereits im Zuge der beruflichen Tätigkeit kennen gelernt, durch den Kurs baut sie ihr Netzwerk aus.

Jonathan kommt in der Südsteiermark auf die Welt. Seine Mutter und ihre Lebensgefährtin haben den Vater recht schnell aus dem Leben gedrängt, zu viert – mit der Tochter der Lebensgefährtin – bilden sie eine kleine Familie. Nach einem halben Jahr ist Jonathan mit seiner um ein Jahr älteren Schwester bei einer Tagesmutter, bei der noch vier andere Kinder untergebracht sind. Gesprochen wird dort slowenisch. Ab drei Jahren gibt es größere Gruppen, in denen Kinder zusammen untergebracht sind. Hier wird gespielt, gebastelt, gezeichnet, vorgelesen. Museums-, Kino-, Theater-, und Konzertbesuche stehen auf dem Programm, Betriebe werden besucht. Im nahen Wald erleben die Kinder, welche Tiere und Insekten dort zuhause sind. In Wettbewerben ermitteln die Kinder, wo ihre Fähigkeiten liegen. Im Kindergarten wird neben Deutsch und Slowenisch auch Englisch gesprochen, der Übergang zur Schule ist fließend. Im Alter von sechs Jahren beginnen die Kinder Lesen und Schreiben zu lernen. Die Kenntnisse in den beiden Fremdsprachen werden vertieft. Die besten Leser dürfen den anderen Geschichten vorlesen. Dem Erzählen ist viel Raum gegeben. Jonathan ist kein großer Leser, dafür eine richtige Plaudertasche. Oft dauern seine Erzählungen eine halbe Stunde, und niemandem wird dabei langweilig. Schreiben und Lesen hat er im Alter von acht Jahren heraußen, ab und zu liest er Geschichten anderer Erzähler. Seine eigenen Geschichten beginnt er mit zehn Jahren auch aufzuschreiben. Am liebsten allerdings bedient er sich dabei des Computers, dem er all das einfach diktiert. Geschichten zu erzählen hilft ihm übrigens auch dabei, sich den gelernten Stoff zu merken. Die naturwissenschaftlichen Fächer sind ihm nach anfänglichen Schwierigkeiten wie von selbst verständlich.

Ahmed kommt als Kind türkischer Eltern in Linz auf die Welt. Der EU-Beitritt der Türkei im Jahr 2015 hat es ihnen ermöglicht, ihrer Ausbildung entsprechend auch Arbeit zu finden. Sie haben einige Zeit gebraucht, bis sie die sprachlichen Defizite aufholen konnten, mittlerweile leben sie aber in der türkischen Community in Linz, pflegen ihre Kultur und sprechen meist die Landessprache. Ahmed besucht einen Kindergarten, in dem er die deutsche Sprache lernt. Die Eltern seiner Freunde aus Linz haben als erste Fremdsprache meist tschechisch gewählt. Ahmeds ältere Schwester musste fünf Jahre die Grundschule besuchen, damit sie neben ihrer Mutersprache auch Deutsch gut beherrscht. Unterricht in der Muttersprache findet zweimal wöchentlich statt und ersetzt eine weitere Fremdsprache. Im Alter von sechs Jahren spricht Ahmed bereits sehr gut deutsch und startet mit seinen Freunden die Grundschule.

Rückblickend sind durchaus große Weichenstellungen in der Bildungspolitik geschehen, vor allem für unser kleines, feines Österreich. Allerdings ist auch klar, dass in 50 Jahren nicht die Welt neu ersteht. Die Angst, die an der Jahrtausendwende vor dem „schnellen Wandel“ bestand, war losgelöst von der Realität. Die größte Veränderung hat uns wahrscheinlich die gemeinsame Bildungspolitik in der Europäischen Union gebracht. Nach den wirtschaftlichen Bereichen wie Währung, Markt und Landwirtschaft oder der Sicherheitspolitik war es klar, dass die Bildung als Fundament für die Zukunft der EU ebenfalls „vergemeinschaftet“ werden muss. Schon aus dem Lissabon-Prozess hätte das hervorgehen müssen, aber gut Ding braucht eben Weile. Wir haben alle nicht gewusst, was wir uns Gutes getan haben, denn sonst wären wir an der Angst vor der eigenen Courage wohl gestorben. Es hat funktioniert, einen europäischen Weg zu finden: wirtschaftlich, in Sicherheitsfragen und auch bei der Bildung. Hättest Du mich vor 50 Jahren gefragt, wohin die Reise im österreichischen Bildungssystem gehen soll, so hättest Du außer einem Achselzucken nicht viel ernten können. Frag mich heute nicht, was bis 2100 noch alles zu tun ist. Es wird wohl weiter nach Verbesserungen gesucht werden."

Zusammenfassung:

Die Inhalte dieses Briefes sind natürlich nur ein kleiner Ausschnitt vieler Veränderungen, die dazu beigetragen haben, dass die österreichischen Schüler nun in den globalen Bildungsrankings besser abschneiden als jemals zuvor. Besonders bemerkenswert erscheinen die folgenden Punkte:

1. Standardisierung

- Lese- und Schreibkenntnisse in der Unterrichtssprache, Grundlagen der Mathematik und Kenntnisse der ersten lebenden Fremdsprache sind Standards unterworfen. Dadurch ist die Vergleichbarkeit der Schulabschlüsse enorm gesteigert! Beurteilt werden nicht nur die Kenntnisse, sondern auch die Lernfortschritte. Beides wird in der Beurteilung von Lehrerinnen und Lehrern sowie Schülerinnen und Schülern berücksichtigt.
- Europaweite Standards gibt es dort, wo es für die weitere Ausbildung und den Schüleraustausch wichtig ist. Mut zur Lücke aber ebenso, wo wir von der Vielfalt der Inhalte profitieren können.

2. Beurteilung

- Schülerinnen und Schüler werden nach Leistung und nach Fortschritt beurteilt. Das sichert einerseits die Vergleichbarkeit und andererseits die Nachhaltigkeit im Lernen.
- Schulen werden nach ihren selbst gesteckten Bildungszielen beurteilt – von Eltern und von nachfolgenden Bildungs- und Arbeitsstätten. Gemeinsam mit den Schülerzahlen bilden diese Bewertungen auch die Grundlage für die Finanzierung.

3. Spätere Spezialisierung

- Schülerinnen und Schüler müssen sich erst mit 15 oder 16 Jahren entscheiden, ob sie sich schon in der Schule spezialisieren wollen. Diese Entscheidung folgt einer Entwicklung, die über mehrere Jahre beobachtet werden kann: Die körperliche Reife setzt zwar früher ein, die geistige jedoch später.

4. Wahlfreiheit

- Wahlfächer dienen der gezielten Förderung spezifischer Stärken von Schülerinnen und Schülern und nehmen mit jeder Klasse einen größeren Teil der belegten Fächer in Anspruch.
- Ein Schlüssel sichert, dass keine ganz einseitige Ausbildung (zum Beispiel ausschließlich Naturwissenschaften) gewählt werden kann, sondern immer auch andere Fächer mitbelegt werden müssen.

5. Lehreraus- und -weiterbildung

- Alle Lehrer werden an Universitäten ausgebildet, eine Zweiteilung gibt es nicht mehr. Dadurch ist vor allem das Ansehen der Lehrpersonen in der Bevölkerung gestiegen.
- Regelmäßige Weiterbildungen stellen sicher, dass der unterrichtete Stoff auch dem Stand der Wissenschaften entspricht. Darüber hinaus hält regelmäßige Fortbildung Lehrerinnen und Lehrer auch attraktiv für außerschulische Tätigkeiten in der Wirtschaft.

6. Dienstverträge

- Vor- und Nachbereitung des Unterrichts bleibt Bestandteil der Arbeitszeit von Lehrerinnen und Lehrern. Ferienzeiten werden für die Förderung schwächerer Schülerinnen und Schüler und für die eigene Fortbildung genutzt.
- Das Einkommen ist nicht abhängig von der Verweildauer in der Schule, sondern von Fortbildungskursen, Beurteilungen durch die Schülerinnen und Schüler und von deren Leistungssteigerungen. Es wird davon ausgegangen, dass gesteigerte Erfahrung auch in der Beurteilung Niederschlag finden soll.
- Schule lebt von der Weitergabe von Wissen. Vor- und Nachbereitungen von Lehrpersonen werden daher auch zur Verfügung

gestellt. Diese Leistungen für die allgemeine „Wissensanreicherung“ werden abgegolten.

- Arbeiten außerhalb der Schule ist dadurch möglich geworden, dass die Rückkehr gesichert ist. Karenzzeiten können auch für alternative berufliche Tätigkeiten verwendet werden.

7. Wettbewerb zwischen Schulen

- Wettbewerb zwischen Schulen fördert die Qualität, wenn die Ziele richtig gesteckt sind. Es geht nicht mehr darum, welche Schule ihre Schüler mit dem geringsten Aufwand zur Studienbefähigung bringt, sondern ausschließlich darum, wo die Schüler am meisten lernen. Dafür wurden einheitliche Kriterien eingeführt.
- Wettbewerb erfordert einen transparenten Markt, der durch klare Bildungsziele und einheitliche Prüfungen geschaffen wurde.

8. Kinder- und Schülerbetreuung

- Keine erzwungene Ganztagsschule, aber ein breites Angebot von Nachmittagsbetreuung war der Schlüssel zu vielen Effekten außerhalb des Bildungssystems: Frauenbeschäftigung, raschere Rückkehr nach Karenzzeiten von Vätern und Müttern, gesicherte Unterstützung der Kinder bei den Hausübungen. Erzielt konnte es durch eine Zweckbindung von Kindergeld und Familienbeihilfe werden.

Zukunft mit Herkunft

Zuwanderung und Demographie – Entwicklungen bis 2050 – Niedergang oder neue Blüte?

Matthias Koch

„Vor 1914 hatte die Erde allen Menschen gehört. Jeder ging, wohin er wollte und blieb, solange er wollte. Es gab keine Erlaubnisse, keine Verstattungen, und ich ergötze mich immer wieder neu an dem Staunen junger Menschen, sobald ich ihnen erzähle, dass ich vor 1914 nach Indien und Amerika reiste, ohne einen Pass zu besitzen oder überhaupt je gesehen zu haben. Man stieg ein und stieg aus, ohne zu fragen und gefragt zu werden, man hatte nicht ein einziges von den hundert Papieren auszufüllen, die heute abgefordert werden. Es gab keine Permits, keine Visen, keine Belästigungen; dieselben Grenzen, die heute von Zollbeamten, Polizei, Gendarmerieposten dank des pathologischen Misstrauens aller gegen alle in einen Drahtverhau verwandelt sind, bedeuteten nichts als symbolische Linien, die man ebenso sorglos überschritt wie den Meridian in Greenwich. Erst nach dem Kriege begann die Weltverschwörung durch den Nationalsozialismus, und als erstes sichtbares Phänomen zeitigte diese geistige Epidemie unseres Jahrhunderts die Xenophobie: den Fremdenhass oder zumindest die Fremdenangst.

Nun hatte ich zehn Jahre des neuen Jahrhunderts gelebt, Indien, ein Stück von Amerika und Afrika gesehen; mit einer neuen, wissenderen Freude begann ich auf unser Europa zu blicken. Nie habe ich unsere alte Erde mehr geliebt als in diesen letzten Jahren vor dem Ersten Weltkrieg, nie mehr auf Europas Einigung gehofft, nie mehr an seine Zukunft geglaubt, als in dieser Zeit da wir meinten, eine neue Morgenröte zu erblicken. Aber es war in Wahrheit schon der Feuerschein des nahenden Weltbrands.

Es ist vielleicht schwer, der Generation von heute, ..., den Optimismus, das Weltvertrauen zu schildern, die uns junge Menschen seit jener Jahrhundertwende beseelten. Vierzig Jahre Frieden hatten den wirtschaftlichen Organismus der Länder gekräftigt, die Technik den Rhythmus des Lebens beschwingt, die wissenschaftlichen

Entdeckungen den Geist jener Generation stolz gemacht; ein Aufschwung begann, der in allen Ländern Europas fast gleichmäßig zu fühlen war."

Stefan Zweig in „Die Welt von gestern", 1942

Jede Generation muss mit Veränderung umgehen. Die gegenwärtigen Umwälzungen unterscheiden sich von früheren Entwicklungen aber deutlich durch ihre Geschwindigkeit und Breitenwirkung. Dies fordert unsere Gesellschaften heraus. Bisherige Systeme werden in ihrer Leistungsfähigkeit hinterfragt. Nicht nur Arbeitsplätze werden in massivem Ausmaß verlagert, sondern auch ganze Wertschöpfungsketten erodieren vor dem Hintergrund der zunehmenden Globalisierung.

Der Bevölkerungsrückgang und die Gefahr, dass unsere sozialen Sicherungssysteme in naher Zukunft kollabieren, zeigen auf, dass es nicht mehr lange wie bisher weiter gehen kann. Bis zum Jahr 2050 werden viele der sich bereits heute abzeichnenden Brüche vollzogen sein. Es stellt sich die Frage, wie man im Zuge der notwendigen Anpassungen bis dahin Risiken vermeiden und Chancen nützen kann.

Demographie und Migration als zentrale Fragen für die Zukunft

Als besonders neuralgische Zonen treten Demographie- und Migrationsfragen in den Vordergrund. Beides Steine in der Mauer, die – sollten keine Antworten für die Zukunft gefunden werden – die Statik gefährden.

Grundsätzlich gehören die Steigerung der Lebenserwartung und die Fortschritte in der Geburtenkontrolle zu den großen Errungenschaften der Menschheit in den letzten 50 Jahren. Die allgemein höhere Lebenserwartung eröffnet dem Einzelnen ganz neue Möglichkeiten der Selbstverwirklichung. Doch die Entwicklung gerät aus dem Lot: Nach Schätzungen wird die Einwohnerzahl in Deutschland von heute 82 Mio. ohne Zuwanderung bis 2050 auf unter 60 Mio. zurückgehen. Die Differenz entspricht der Bevölkerungszahl von ganz Bayern und Baden-Württemberg. Anstelle von heute 38,5 Mio. Erwerbstätigen würden es dann nur noch 26 Mio. Menschen sein, die das Geld erarbeiten, das alle brauchen. Immer mehr Menschen werden auf Zahlungen aus den staatlichen und privaten Alterssicherungssystemen angewiesen sein.

Dies wird Auswirkungen auf alle Lebensbereiche haben. Sparverhalten und Konsumstruktur ändern sich. Der Wirtschaft entgeht durch zunehmendes „Entsparen" der Älteren Kapital. Die Zinsen steigen, Investitionen zu tätigen wird teurer. Die Staatsverschuldung nimmt weiter zu, Inflationsgefahr besteht. Produktivitätsfortschritt und Wettbewerbsfähigkeit geraten ins Hintertreffen. Der Lebensstandard im Alter kann bei erträglichen Beitragssätzen keinesfalls allein im traditionellen Umlageverfahren aus den Abgaben der Erwerbstätigen gesichert werden. Und auch eine ergänzende kapitalgedeckte Versicherung kann das demographische Problem der Überalterung nicht mehr lösen.

Dieser präzedenzlose demographische Wandel vollzieht sich weltweit. Die Anfänge gehen auf das 19. und 20. Jahrhundert zurück, und die Entwicklung wird sich bis weit ins 21. Jahrhundert hinein fortsetzen. In Deutschland nahm die Geburtenzahl pro Frau von fünf Kindern auf durchschnittlich rund 1,4 während des 20. Jahrhunderts ab, gleichzeitig erhöhte sich die durchschnittliche Lebenserwartung bei Männern von 41 Jahren auf 75 Jahre, bei Frauen von 44 Jahren auf 81 Jahre. Von den heute 20- bis 25jährigen Frauen wird wahrscheinlich jede zweite oder dritte ein Alter von 95 bis über 100 Jahre erreichen. Jeder zweite Deutsche ist heute über 40 Jahre alt. Im Jahr 2050 wird jeder zweite Deutsche über 50 Jahre alt sein. Laut Prognosen wird 2050 über ein Drittel der Bevölkerung 60 Jahre und älter sein. Nur 16 Prozent werden dann noch jünger als 20 Jahre sein. 1910 waren 44 Prozent jünger als 20 und nur acht Prozent älter als 60.

Deutschland ist zudem das erste Land der Welt, in dem die jährliche Zahl der Sterbefälle ständig über der Zahl der Geborenen liegt. Dieses Geburtendefizit wird sich bis 2050 von heute jährlich 72.000 auf dann 576.000 verachtfachen.

Die Bevölkerung Österreichs weist ein ähnliches Muster auf. Die Geburten sanken vom Höhepunkt mit 144.000 im Jahr 1966 auf 79.200 im Jahr 2000. Für das Jahr 2030 prognostiziert die Statistik Austria 71.900 Geburten bei gleichzeitig steigender Lebenserwartung. Zwar wird bis zum Jahr 2012 die Zahl der Erwerbstätigen noch ansteigen, dann aber bis 2030 von heute rund 4,8 auf 3,7 Millionen absinken. Demgegenüber soll die Bevölkerung im Pensionsalter von heute ca. 2 Millionen um weitere 1,2 Millionen Menschen wachsen. Mit diesen Zahlen liegt Österreich international voll im Trend, bei der Geburtenrate unter dem EU-Durchschnitt und beim Alterungsprozess etwas darüber.

Nach Prognosen der Vereinten Nationen könnten beispielsweise auch Japan und Italien zwischen 1995 und 2050 zwischen einem Viertel und einem Drittel ihrer Bevölkerung verlieren.

Für die Länder mit derzeit größtem Wohlstand bedeutet dies: Die Bevölkerung wird so stark altern, dass sich die Zahl der Personen im erwerbsfähigen Alter, die auf je eine Person im Rentenalter entfällt, in vielen Fällen von etwa vier auf zwei halbiert. Das heißt, künftig müssten nicht mehr vier, sondern zwei Beschäftige einen Rentner versorgen.

Aber auch die Entwicklungsländer werden die Auswirkungen der starken Alterung zu spüren bekommen. Bis zum Jahr 2070 wird die Weltbevölkerung zwar noch wachsen und in den nächsten 50 Jahren wird sich die Bevölkerungszahl Südasiens und im südlichen Afrika – trotz Aids – verdoppeln. Dennoch befinden sich viele Entwicklungsländer bereits jetzt im Frühstadium der Anpassung an den Wandel der Altersstruktur. Mit dem Unterschied: In Frankreich dauerte es 115 Jahre, bis der Anteil der älteren Menschen sich von 7 auf 14 % erhöhte. In China wird sich derselbe Prozess in nur 27 Jahren vollziehen. 1950 gab es weltweit auf einen älteren Menschen (65 Jahre und darüber) noch 12 Personen im Erwerbsalter, bis Mitte des Jahrhunderts wird des Verhältnis 1:4 betragen.

Diese historische Umkehr des zahlenmäßigen Verhältnisses zwischen jüngeren und älteren Menschen führt zu einem beispiellosen Strukturwandel, dessen Ziel nur darin liegen kann, dass unsere Gesellschaft die Herausforderungen ergreift und die Chancen nützt.

Als erster Prüfstein, aber bei weitem nicht einziger, entpuppt sich nach und nach das System der sozialen Sicherung in Europa. Die alternde Wohlstandsgesellschaft gerät zunehmend in Verteilungsstress. Vor allem die Alterssicherungssysteme sind aufgrund der Überalterung der Bevölkerung gefährdet, dies vor allem so lange sie im Wesentlichen umlagefinanziert bleiben. Generationengerechtigkeit und Generationensolidarität, bisher Eckpfeiler unserer Gesellschaft, sind bereits heute nicht mehr gegeben.

Die Größe und Altersstruktur jeder Bevölkerung wird bestimmt durch Alter, Geschlecht, Geburten- und Sterberaten sowie Migration. Für die Politik beeinflussbar bleiben Migration und Geburtenrate.

Derzeit liegt die Geburtenrate in den Industrieländern bei durchschnittlich 1,2 Kindern pro Frau. 2,1 Kinder wären notwendig, um den Bevölkerungsbestand aufrecht zu erhalten. Dieses Geburtendefizit könnte durch Migration abgefedert werden. Trotz der gegenwärtig hohen Arbeitslosigkeit darf die Angebotsseite des Arbeitsmarktes auf längere Sicht nicht aus den Augen verloren werden. Arbeitskräfte ermöglichen Wachstumsspielraum und somit Wohlstand. So bräuchte es in Österreich etwa 2.000 zusätzlicher Einwanderer pro Jahr, um die Geburtenrate um jeweils 0,1 Kinder zu erhöhen.

Die Stimmung der gegenwärtig geführten Diskussion um Zuwanderung trübt den Blick in die Zukunft. In Westeuropa wird häufig die „Festung Europa“ zitiert – ein zu errichtendes Bollwerk gegen die anstürmenden Massen, die Hunger, Krieg und Naturkatastrophen entfliehen wollen.

Weltweit lebten im Jahr 2000 rund 175 Millionen Menschen in einem anderen als ihrem Geburtsland. Damit ist die Zahl der Migranten gegenüber 1965 um über 130 % angestiegen. Da sich im gleichen Zeitraum auch die Weltbevölkerung nahezu verdoppelt hat, ist der Anteil der Migranten an der Weltbevölkerung nur von 2,3 auf 2,9 % gestiegen. Das heißt, dass nach wie vor 97 % der Menschheit auch in der globalisierten Welt in ihrem Geburtsland wohnen.

Dennoch sind fast alle Staaten von Migration betroffen: als Herkunfts-, Transit- und/ oder Zielland. Nicht selten treffen auf ein Land alle drei Formen der Wanderung zu. An der Spitze stehen die Vereinigten Staaten von Amerika mit 35 Millionen Migranten, gefolgt von Russland mit 13,3 Millionen, Deutschland mit 7,3 Millionen, der Ukraine mit 6,9 Millionen und Frankreich mit 6,3 Millionen. In Europa gibt es mit insgesamt 56,1 Millionen Migranten weltweit am meisten.

Seit 1945 sind rund 2 Millionen Flüchtlinge nach Österreich gekommen, von denen allerdings nur ca. 650.000 im Land geblieben sind. Seit Ende der achtziger Jahre ist Österreich ein Einwanderungsland. Stellt man zwischen 1991 und 2000 die Zahl der zugewanderten Ausländer den Abgewanderten gegenüber, ergibt sich ein Bevölkerungssaldo von circa 275.000 neuen Mitbewohnern. Insgesamt hat Österreich rund 8 Millionen Einwohner. Heute leben 750.000 Ausländer legal im Land. Damit hat Österreich mit 9,2 % hinter Luxemburg in der EU den höchsten Ausländeranteil an der Gesamtbevölkerung.

Gemäß der Migrationsprognose für die Jahre 2000 bis 2050 der Vereinten Nationen werden zwar auch in Zukunft die bisherigen Migrationströme von den weniger wohlhabenden in die entwickelten Regionen fortbestehen, jedoch dürfte mit bis dahin prognostizierten 230 Millionen Migranten keine allzu drastische Steigerung zu verzeichnen sein. Gemäß den Schätzungen der UN werden bis 2050 rund 2 Millionen Menschen im Jahr aus unterentwickelten in die entwickelteren Regionen der Welt übersiedeln, wobei nur 10 % der Migranten aus den am wenigsten entwickelten Regionen stammen werden.

Fragen, die schon lange bekannt sind

„Der starke Geburtenrückgang der deutschen Bevölkerung seit Mitte der 60er Jahre hat eine neue, folgenschwere Kerbe in den Altersaufbau geschlagen. Es wäre gefährlich, dieser Entwicklung nicht entgegenzuwirken.“ Dieses Zitat aus einer deutschen sozialwissenschaftlichen

Studie aus dem Jahr 1979 zeigt zweierlei auf: Erstens die Themen Bevölkerungsrückgang und Migration sind nicht neu, zweitens Politik und Medien haben bisher wenig getan, sich den bereits abzeichnenden Realitäten zu stellen. Heute fehlen uns nicht nur die Kinder, sondern bald auch die Elterngeneration, die Kinder bekommen kann.

In der gleichen Studie heißt es weiter: *„Es ist ... fast als ein geschichtlicher Glücksfall zu betrachten, dass wir die Möglichkeit haben, durch die Zuwanderung und Einbürgerung von Ausländern den Geburtenrückgang teilweise zu kompensieren. Es kommt darauf an, dass die deutsche Politik, die uns gebotenen Chancen nutzt. Es kommt auch darauf an, dass wir die Aufgabe der Integration der Ausländer bewältigen."*

Auch diese Erkenntnis, dass wir auf Migration angewiesen sind, um den Bevölkerungsrückgang abzufedern, ist nicht neu. Hier unterstützen Politik und Medien sogar Gegenbewegungen. Sich bietende Chancen werden bewusst oder unbewusst vertan, um sich ja nicht eingestehen zu müssen, dass wir eine sämtliche Gesellschaftsbereiche erfassende Zeitenwende erleben. Aus dem Glücksfall wird ein Unglück.

Bis vor wenigen Jahren gab es in Deutschland noch den lauten Zuruf einiger Politiker: „Lieber Kinder statt Inder!". Damals herrschte im IT Bereich noch akuter Fachkräftemangel, der nicht aus den eigenen Reihen, sondern mit Indern rekrutiert werden sollte. Offenbar war das deutsche Bildungswesen nicht in der Lage, zeitgerecht auf die Anforderungen der damaligen Wirtschaft zu reagieren. Im gleichen Zug machte die Politik mit diesem Slogan – recht populistisch – erstmals in größerem Ausmaß auf die bevorstehende demographische Zeitbombe aufmerksam.

Fragen, die sich weiter verschärfen

Die Zeit schreitet voran: Im Jahr 2050 werden diejenigen, die heute 30 Jahre und älter sind, einen Anteil von 14 % der Bevölkerung darstellen, die heute 10 bis 30 Jährigen werden 25 % der Bevölkerung ausmachen, rund 50 % der zukünftigen Gesamtbevölkerung werden aber erst geboren. Die Zeit wird nicht überall gleich genützt. Die amerikanische Wirtschaft beispielsweise wächst unterdessen nachhaltig schneller als die europäische. Die Vereinigten Staaten haben auch mehr Kinder als Europa. Beides hat große Auswirkungen auf die Zukunft: Nach der EU-Studie „Economic and Financial Market Consequences of Ageing Populations" von 2003 werden die Vereinigten Staaten bis zum Jahr 2050 ihren Anteil am Weltsozialprodukt von heute 23 % auf 26 % noch steigern können, während sich der Anteil der Europäischen Union von heute 18 % auf 10 % geradezu halbiert. Damit folgt Europa dem Beispiel Japans, das ebenfalls Gefahr läuft, seinen Anteil von heute 8 % ebenfalls um die Hälfte auf 4 % zu reduzieren. Die Folge ist, dass die Vereinigten Staaten um die Mitte dieses Jahrhunderts bei ungefähr gleicher Einwohnerzahl wie die Europäische Union etwa über zweieinhalb mal mehr Einkommen pro Kopf verfügen werden.

Der hier befürchtete Abstieg Europas und Japans wird begleitet vom Aufstieg Südasiens und Lateinamerikas. Die politische und wirtschaftliche Geographie wird für das Jahr 2050 neu zu definieren sein: Gemäß der UNO-Bevölkerungsprognose des letzten Jahres wird Vietnam größer sein als Russland oder Japan, Pakistan allein wird so groß sein wie die Länder der alten EU 15 zusammen. Multipliziert man diese Bevölkerungen mit den kräftigen Wachstumsraten ihrer Volkswirtschaften von 5 % und mehr, dann erstaunt es nicht, dass die EU-Experten ein Gewicht dieser Länder mit junger Bevölkerung von 39 % am Weltprodukt für 2050 annehmen – gegenüber 25 % heute.

Trost kann man da nur angesichts dieser Erwartungen bei den Hochrechnungen früherer Studien suchen. Eine Studie zu Beginn des 20. Jahrhunderts betreffend den Londoner Stadtverkehr ging davon aus, dass bis 1930 die Stadt in Pferdemist ersticken müsste. Eine nette Anekdote, wenn man bedenkt, wie es wirklich gekommen ist. Auch die Überlegungen der zitierten EU-Studie sind keineswegs in Stein gehauen. Dennoch, um eine eindeutige Aussage werden wir nicht herumkommen, nämlich dass die rasch alternde Bevölkerung einen direkten Einfluss auf die Produktivität der Wirtschaft hat: Die Experten der Studie nahmen großzügig eine gleiche Produktivitätsentwicklung der Arbeitenden wie des Kapitals in allen Ländern an. In den Staaten mit wachsender Überalterung schrumpft indes die Zahl der Arbeitenden – nämlich in der EU und in Japan um jährlich ein halbes Prozent. In den Vereinigten Staaten aber steigt die arbeitende Bevölkerung jährlich um 0,3 %. Der Kapitalstock der Wirtschaft wird in den USA ebenfalls mit einem Prozent jährlich zunehmen, in der EU und in Japan nur mit einem halben Prozent. Offen bleibt, ob die wegen des Alterns rasch zunehmenden Steuer- und Rentenlasten nicht sogar Kapital aufzehren werden. Als Ergebnis aller Annahmen wächst dann eben Amerikas Wirtschaft mit durchschnittlich 2,5 % jährlich und pro Kopf doppelt so schnell wie jene Europas und fast dreimal schneller als jene Japans. Und Köpfe haben die Vereinigten Staaten dann eben auch viel mehr als heute. Dies zusammen zementiert die Entwicklung, wie eben auch der Londoner Stadtverkehr – Pferde hin, Pferdestärken her – der zwischen 1900 und 1930 drastisch zugenommen hat.

Auch die OECD beurteilt in ihrem neuesten Ausblick die Wachstumsaussichten Amerikas und Europas recht unterschiedlich. Weil sich zusätzlich zum höheren kumulierten Wirtschaftswachstum eben die Verdiener pro US-Haushalt zunehmen und die Steuer-Schere weniger abschneidet, hat nach dieser kurzen Zeit jeder amerikanische Haushalt ein weiteres Zehntel mehr verfügbares Einkommen als der europäische!

Da erinnern die Lissabon Ziele der Europäischen Union, bis 2010 zur wettbewerbsstärksten Region der Welt zu werden, schon eher an den Wunsch Crustschows in den 60er Jahren des 20. Jahrhunderts, die Sowjetunion werde den Westen innerhalb von wenigen Jahren wirtschaftlich überholen.

Fragen, die sich nur in einem größeren Zusammenhang lösen lassen

Sowohl „Kinder statt Inder“ beziehungsweise „Inder statt Kinder“ greifen zu kurz.

Noch bedenklicher sind allerdings die derzeit gängigen Lösungsansätze in Österreich wie aber auch in anderen kontinentaleuropäischen Ländern. Frühpensionierungen, vorzeitige Arbeitsfreistellungen und erschwerte Zuwanderung lindern allenfalls kurzfristig die angespannte Arbeitsmarktsituation, verschärfen aber mittel- und langfristig die bestehenden Strukturprobleme. Wir sind sowohl institutionell als auch mental auf die fortschreitende Globalisierung unserer Gesellschaften so gut wie gar nicht vorbereitet. Auch fortgesetzte Nulllohnrunden werden die Arbeitslosigkeit kaum nachhaltig abfangen können.

Albert Einstein sagte 1931: „Man kann ein Problem nicht auf derselben Stufe lösen, auf der es entstand. Man muss sich darüber erheben und auf die nächste Stufe steigen."

Im Grunde genommen wären die Voraussetzungen für eine Entwicklung zum Besseren heute günstiger denn je: Fall des Eisernen Vorhangs, Ende des Kalten Krieges, fortschreitende friedliche Einigung Europas mit gemeinsamer Währung und Überwindung der früheren (tödlichen!) Demarkationslinien, Mobilität, weltweite Kommunikation, globaler Handel und allgemeiner Zugang zu Information und Wissen über das Internet.

Das Internet ist die größte Wissensumverteilung der Menschheitsgeschichte. Wissen ist Macht. Als Konsequenz ergibt sich die historisch größte Machtumverteilung. Diese Entwicklung könnte die Grundlage für eine weitere Demokratisierung sein. Wissen und Bildung sind die Voraussetzungen dafür, dass dieser Prozess zur *Civil Society* gelingen kann.

Zu glauben, die Veränderungen der Gegenwart durch Umstrukturierungen vor allem im Kostenbereich erfolgreich zu bewältigen, wird sich bald als Trugschluss herausstellen. Viel verhängnisvoller als Firmenverlagerungen und Personalfreisetzungen ist das Beharren auf mittlerweile überkommene Spielregeln. Die derzeit geltenden Rahmenbedingungen sind in vielen Bereichen überholt und gefährden somit die notwendigen Anpassungsmaßnahmen. Pensionen, Gesundheitsversorgung sind wie andere Fragen der sozialen Sicherheit zentrale Bereiche für das Funktionieren einer Gesellschaft. Dennoch bedarf es zuerst der Wohlstandssicherung und der

Möglichkeit der Wertschöpfung. Geht uns diese Dynamik verloren, schneiden wir uns den Ast ab, auf dem wir sitzen.

Die Antwort lässt sich nur auf einer anderen, nämlich höheren Ebene finden. Grundsätzlich stellen sich folgende Fragen mit weit reichenden Konsequenzen: Wie gehen wir mit der Dynamik der sich globalisierenden Welt um? Wie sind wir in der Lage, die neuen zur Verfügung stehenden Technologien zu nützen? Wie kanalisieren wir die damit verbundene wünschenswerte Demokratisierung, aber auch Verselbstständigung der Massen, ohne Gefahr zu laufen, dringend notwendige, kurzfristig aber schmerzhafte Strukturreformen nicht entsprechend umzusetzen?

Versuchen wir eine Standortbestimmung für Österreich, aber auch andere kontinentaleuropäische Gesellschaften, zum Beispiel Deutschland, müsste man feststellen, dass noch große Teile der Bevölkerung durch das 19. und 20. Jahrhundert geprägt sind: Seniorität vor Leistung, Unbeweglichkeit vor Flexibilität, Intoleranz vor Offenheit. Hinzu kommt eine, seit den 70er Jahren des vorigen Jahrhunderts kultivierte, mit öffentlichen Geldern unterstützte geradezu unverantwortliche Bequemlichkeit.

Dabei führt gerade diese Nichtbereitschaft sich mit neuen Realitäten konstruktiv auseinander zu setzen immer mehr zu einem Gefühl, dass wir in ein Zeitloch fallen, in dem die Dinge über uns hereinbrechen.

Doch die Zeitrechnung geht weiter. Und mit jedem Jahr des Nichthandelns gehen uns weitere Handlungsspielräume verloren. Die Aufgaben für die Zukunft sind jedoch so bedeutend, dass wir uns zuerst unserer Vergangenheit und Gegenwart stellen müssen. Die großen Zeitfragen der historisch einzigartigen Alterung der Weltbevölkerung und das Zusammenwachsen unserer Erde zu einem *global village* sind unumkehrbare Trends, die das Leben jedes einzelnen sehr bald in fast allen seinen Entscheidungen beeinflussen werden. Entscheidungen leiten sich aber nicht nur aus Sachzwängen, sondern auch aus Erfahrungen und Emotionen ab. Und wahrscheinlich sind gesellschaftliche Fehlentwicklungen häufig anders nicht erklärbar.

Für Österreich und weitere Länder Europas müsste man fragen: Leben wir in einer Gesellschaft, die bereits schon zu bequem für die Zukunft geworden ist, in der Kinder und Ausländer, bald aber auch Alte und Kranke, keinen Platz mehr haben? Sind nicht gerade Kinder und der Kontakt mit neuen Kulturen und Mentalitäten Ausdruck der Vitalität einer Gesellschaft? Wo bleibt die Mobilisierung der Lebensgeister angesichts ungeahnter Möglichkeiten, die unserer heutigen Generation zur Verfügung stehen? Möglichkeiten, die in bisher unterentwickelten Ländern wie China oder Indien bereits genutzt werden.

Die Ursachen für die eigene Unbeweglichkeit liegen in der Vergangenheit

Umbrüche gab es in der Geschichte, garniert mit magischen Jahreszahlen wie 1492, 1789, 1914 immer wieder. Auch heute können wir die Veränderung beziffern, wobei hier sowohl der 9. 11. 1989 als auch der 11. 9. 2001 für die gegenwärtige Zäsur gemeinsam herangezogen werden können. Wie bei einer Wasserscheide – vergleichbar mit der Französischen Revolution – unterliegen die politischen und gesellschaftlichen Ereignisse heute grundsätzlich völlig anderen Spielregeln als noch vor 1989. Der Zusammenbruch des Ostblocks als die eine Seite der Medaille, korrespondiert in vielerlei Hinsicht mit dem 11. September 2001, dem Anschlag auf das World Trade Centre in New York. Beide Ereignisse sind Zeugnisse einer fortschreitenden Pluralisierung in der Gesellschaft und einer zunehmenden Erosion des bisher staatlichen Gewaltmonopols. Das Gleichgewicht des Schreckens entzieht sich dem staatlichen Handlungsspielraum und zumindest das Gewicht des Schreckens lässt sich nunmehr von jedem herstellen, der dazu willens und fähig ist. Hier vollzieht sich aufgrund der neuen technologischen Möglichkeiten eine Machtverschiebung auf Kosten des Staates in Richtung einzelner Gruppierungen, die wie bei Al Kaida terroristischer Natur sein können.

Das vergangene 20. Jahrhundert war für Österreich, abgesehen vom erfolgreichen Wiederaufbau, kein gutes. Zwei Weltkriege, der Verlust eigener Größe und Eliten, vom Herzen Europas zu dessen

Wurmfortsatz (eine Bezeichnung Thomas Bernhards vor gar nicht allzu langer Zeit) und die damit verbundene Orientierungslosigkeit haben dem Land, den Glauben an sich selbst und an das Leben genommen.

Nun, seit 1989 haben sich die Parameter grundlegend geändert und gerade Österreich hat die Möglichkeit, die Verwundungen und Irritationen der jüngeren Vergangenheit zu überwinden. Aber eben der Glaube daran fehlt. Einem erschöpften Körper nach langer Krankheit gleich, kann sich der gesundende Patient noch nicht so richtig freuen und mit seiner wieder erlangten Freiheit umgehen. Zu sehr hat er sich an die Bettwärme gewöhnt, das zu rasche Aufstehen beschert ihm Kreislaufprobleme, ihm wird übel und er setzt sich wieder hin. Anders die Patienten in Ost- und Mitteleuropa, die zwar noch kranker, aber weniger gut versorgt waren. Sie springen auf und freuen sich, dass sie das Krankenhaus verlassen dürfen und sind dankbar, wieder frische Luft zu atmen. Nicht zu unterschätzen ist hier, dass der Geist mehr will, als der Körper kann. Die Langzeitschäden der schweren Krankheit samt zu raschem Aufspringen werden noch spürbar werden.

Regelmäßig wird beklagt, dass wir heute hierzulande zu wenig Visionen hätten. Das mag stimmen. Dabei wird aber übersehen, dass viele Realitäten von heute vor ungefähr 15 Jahren noch Visionen gewesen wären, hätte man sie erlaubt. Bundeskanzler Vranitzky damals: *„Wer Visionen hat, braucht einen Arzt.“* Wer wäre nicht Gefahr gelaufen, einen Arzt zugesprochen zu bekommen, hätte er bereits vor 1989 behauptet, Europa würde sich 15 Jahre später in weiten Teil innerhalb der Europäischen Union mit 450 Millionen Einwohnern und über 500 Volksgruppen wieder finden? Und um nochmals zum Bild langer Verwundung und Krankheit zurückzukehren: Es dauert lange, bis das Herumlaufen ohne Medizin und Rast auch wieder Freude bereitet. Dazu bedarf es einer anschließenden Zeit zur Stärkung und Selbstfindung. Doch diese Zeit nimmt uns der Sog der Globalisierung. Also verschließen wir uns und lehnen innerlich alles Neue ab. Nicht nur in Österreich, hier aber mit besonderer Leidenschaft. Österreich blickt wieder vertrauensvoll in die Vergangenheit.

Dabei war die Vergangenheit der letzten 100 Jahre für weite Teile Europas ohne Zweifel eine Periode des Schreckens und der Katastrophen. Diese sitzen heute noch so tief, dass es immer noch über weite Strecken unmöglich ist, Ursachen und Wirkungen der einzelnen Ereignisse – von der Massenarmut, dem aufkommenden Nationalismus, Massenmorden, Antisemitismus bis hin zur industriellen Vernichtungen von Menschenleben in den Konzentrationslagern des Dritten Reichs – in Beziehung zu bringen. Täter und Opfer verschwimmen, auch angesichts menschenverachtendster Greuel wird eine klare Grenzziehung häufig unscharf gezogen. Dies wurde gerade erst vor kurzem neuerlich durch das Versagen EU-Europas angesichts der ethischen Säuberungen am Balkan wieder deutlich. Das Nichterkennen, dass Nationalismus für Europa Gift ist, dass Intoleranz und Selbstzentriertheit schädlich sind, hat nicht nur viele des ganzen 20. Jahrhunderts und eines Teils unserer Gegenwart beraubt, sondern ist auch drauf und dran uns die Perspektive für die Zukunft zu nehmen. Und dies in einer Zeit ungeahnter neuer Möglichkeiten!

Vision ist im Wörterbuch nicht als Krankheit zu finden, sondern wird als ein in unbestimmter Zukunft vorstellbarer oder wünschbarer Zustand oder ein entsprechendes Idealbild, Traumbild oder Phantasiebild davon definiert. Weiter heißt es, dass in der Unternehmensführung aus der Vision Strategien und Ziele abgeleitet werden. Zurückkommend zu den genannten Beispielen der anstehenden Schwierigkeiten in der Altersversorgung und der Sicherung der Gesundheitssysteme versagen wir derzeit sowohl in der Problemlösung (Beitragserhöhung versus Leistungskürzung) als auch bei der „Unternehmensführung" (kein globaler, zusammenhängender Zugang zu den einzelnen Themen).

Die Globalisierung wird geographisch, allenfalls noch politisch wahrgenommen. So auch dessen Begriffsdefinition: *„Der aus der Ökonomie und Soziologie stammende Begriff Globalisierung dringt nach 1990 in die öffentlichen Debatten, und bezeichnet eine Zunahme der nationenübergreifenden sozialen Beziehungen. Dieser Prozess beginnt schon mit der Entwicklung des Kapitalismus, bekommt aber nach dem Zusammenbruch des Sozialismus eine besondere öffentliche*

Aufmerksamkeit. Mit der Verdichtung der transnationalen Beziehungen geht eine Zunahme der wechselseitigen Abhängigkeiten einher.“ Diese (vorsichtige) Umschreibung reflektiert zwar die allgemeine Wahrnehmung der Globalisierung, führt aber bei der Problemlösung selbst – den anvisierten Zielen und Lösungsstrategien – zu falschen Schlüssen. So auch im Englischen: *Globalization as economic process – growth to a global or worldwide scale.*

Anders die Definition zum Wort *Globalise – broaden, extend, widen.* Hier wird der Begriff nicht auf das Geographische oder Politische reduziert, sondern in seiner Gesamtheit erfasst. Globalisierung ist vielmehr eine Entscheidung im Kopf, eine Art des Denkens, ein Abgehen von *Entweder – Oder* zu *Sowohl – Als – Auch*, ein Bewusstsein für Abhängigkeiten, ein Erkennen dass Ursachen Wirkungen haben und umgekehrt. Im Grunde genommen ein höchst herkömmliches Denken, nämlich dass das Leben in all seinen Facetten zusammenhängt. Nicht nur der Kopf, auch der Bauch. Nicht nur die Analyse, sondern auch die Symbiose. Nicht nur die Funktion, sondern auch das Menschsein mit all seinem Potenzial und Defiziten. Die Komplexität des heutigen Alltags führt uns zurück zu vernetztem Denken. Die Separierung der Begriffe, die Delegierung der Verantwortlichkeiten, die Aufteilung der Rollen und Trennung der Aufgaben stehen in einem krassen Gegensatz zu den immer tiefer reichenden Abhängigkeiten.

Doch der Erkenntnis, dass Rollen und Aufgaben neu zu verteilen wären, stehen handfeste Interessen und häufig die Sorge um den eigenen Machtverlust entgegen. So dringend eine globale Neuausrichtung unter Berücksichtigung sowohl sozialer als auch ökologischer Realitäten ist, es finden sich starke Gegenkräfte, die auf ihren eigenen Vorteil bedacht sind. Die Gewalt in Afghanistan und im Irak als alleinige Antwort auf die Anschläge auf das World Trade Center am 11. September 2001 steht im krassen Gegensatz zur notwendigen Öffnung und Nachforschung, wie es überhaupt dazu kommen konnte. Die Gefahr, dass sich somit die Spirale der Gewalt weiter dreht, und letztlich wiederum die erhoffte Öffnung der Köpfe, Herzen und letztlich Systeme zunichte macht, ist mehr als realistisch.

Globalisierung setzt Bereitschaft zur Veränderung, zur Hinterfragung, voraus. Sie bietet die Chance, Einsteins Lösungsansatz zu befolgen, und das auftretende Problem auf einer höheren Stufe, als derjenigen, auf der es entstand, zu lösen. Globales (interdisziplinäres) Denken erlaubt eine neue Qualität in der Strategie und bei den Zielen. So gesehen kann die Globalisierung in geographischer und politischer Hinsicht nur gelingen, wenn die betroffenen Menschen als Beteiligte einbezogen werden. Dies setzt wiederum vor allem eine Öffnung im Kopf voraus, die auch eine Frage entsprechender Erziehungsarbeit ist. Ohne die Bereitschaft zu generellem Umdenken wird der Wandel nicht gelingen.

Erst wenn wir wissen, woher wir kommen und wer wir sind, können wir beeinflussen wohin wir gehen. Erst wenn wir uns eingestehen, dass wir krank waren, wenn wir die Ursachen des Leidens kennen, haben wir Aussicht auf Genesung. Andernfalls würden sich nicht immer wieder unverarbeitete Traumata aus der Vergangenheit über ganze Völker ausbreiten, wie dies zuletzt in Mittel- und Osteuropa, vor wenigen Jahren eben noch am Balkan auf tragischste Weise geschehen ist.

Europas Vergangenheit ist vielschichtig, kennt gute und schlechte Zeiten. Der Nationalismus mit seiner Reduzierung des Menschlichen auf wenige Eigenschaften wie gemeinsame Region und Sprache hat hier mehr Schaden als Nutzen angerichtet. Die Vorselektierung in der Begegnung auf wenige Kriterien schränken Offenheit und eigene Urteilskraft ein. So ist es auch kaum ein Zufall, dass die Länder Mittel- und Osteuropas mit dem Ziehen ihrer Grenzen und Abschottung ihrer Systeme kulturell und geistig weitgehend verarmten. Für die geographische Mitte Europas gilt, dass mit dem Zusammenbruch des einstigen Vielvölkerstaates Österreich-Ungarn viel an bunter Mannigfaltigkeit durch farblose Monokulturen ersetzt wurde. Offensichtlich fällt es heute schwer, auf den Trümmern ethnisch sehr heterogener Bevölkerungsgruppen an frühere Gemeinsamkeiten anzuschließen.

Die Identität eines Menschen ist die Summe der Merkmale, anhand derer wir uns von anderen unterscheiden. Gerade dies erlaubt eine eindeutige Identifikation. Diese kann nur in der Begegnung mit dem anderen erfolgen. Letztlich ist das Fremde ein Lackmustest zur eigenen Befindlichkeit. Mit den Worten der tschechischen Schriftstellerin: „*Was macht das für einen Sinn, tschechische Musik zu hören, wenn wir in Tschechien sind? Du begreifst nur, dass du in Tschechien bist, wenn du arabische Musik hörst oder meinetwegen mongolische, bengalische, auf jeden Fall etwas völlig anderes.*" Erst die doppelte Entfremdung hilft, zu sich selbst zurückzukehren. Wird diese Begegnung verwehrt, wird die Identifikation uneindeutig. Die Typologie des Mittelmaßes in den Nachkriegs(volks)republiken scheint auch dies zu bestätigen. Herr Karl lässt grüßen.

Mittelmaß führt zu Ideenlosigkeit, Ideenlosigkeit zu Stillstand. Den haben wir jetzt. Systembezogen. Das Leben bahnt sich weiterhin seinen Weg: Jugendliche – davon haben wir zwar immer weniger – reisen und lernen Sprachen. Warum unser System dennoch irgendwie – auf den ersten Blick sogar recht gut – funktioniert? Schließlich haben wir beispielsweise mit dem europäischen Integrationsprozess Transmissionsriemen für die Veränderung erlaubt. Es bleibt nur zu hoffen, dass diese angesichts der systemischen Unvereinbarkeit von Stillstand und notwendiger Veränderung nicht eines Tages plötzlich reißen! Dass Europa nach dem Startschuss zur Selbstfindung am 1. Mai 2004 nicht wirklich feierte, sondern weiterhin in der Krise steckt, ist nur eines der Symptome.

Die Herkunft ist vielschichtig und vielfältig, wie das Leben selbst. Zufälle und Abläufe legen eine bestimmte Prägung fest, die Herkunft ausmacht. Dynamik ist in der Physik die Lehre vom Einfluss der Kräfte auf die Bewegungsvorgänge von Körpern.

Die gegenwärtige wirtschaftliche und gesellschaftliche Entwicklung ist charakterisiert durch neue Technologien, einen tiefgreifenden Strukturwandel und eine weltwirtschaftliche Vernetzung. Die Globalisierung war vor dem Ersten Weltkrieg bereits weit fortgeschritten. Dann folgte die brutale Unterbrechung mit den Schüssen auf den österreichischen Thronfolger in Sarajewo. Die Verantwortlichen der politischen Systeme waren aufgrund ihrer Trägheit und Unaufgeschlossenheit nicht in der Lage, die gesellschaftliche Dynamik zu absorbieren. Zwei Weltkriege brachten in der Zeit von 1914 bis 1945 über dreißig Jahre Zerstörung und Unsicherheit, der Kalte Krieg danach bildete bis 1989 Blöcke bis weit in unsere Gesellschaften hinein. Erst mit dem Fall der Berliner Mauer am 11.9.1989 wurde die Zeitenwende neuerlich eingeläutet. Doch deren Ausgang ist ungewiss. Das US-Ultimatum an Afghanistan 2001 hatte fast die gleiche Tonalität wie das k.u.k. Ultimatum an Serbien 1914.

Die Antworten für die Zukunft sind aufgrund ihrer Vielschichtigkeit und -fältigkeit mehr in der Vergangenheit als in der Gegenwart zu suchen. Zunehmendes globales (ganzheitliches) Denken, mehr Verantwortung und Offenheit gegenüber den Eigenheiten des Lebens sind Eigenschaften, die Veränderung zulassen, einer Bewertung zuführen und Orientierung erlauben. Die Gegenwart steckt den Handlungsrahmen ab, die Erfahrungen aus der Vergangenheit ermöglichen das Ableiten von unterschiedlichen Strategien und Zielen.

Wir sollten nichts unversucht lassen, neue sich abzeichnende Bruchlinien und Konflikte abzuwenden: Weltweiter Terrorismus, Islamisten als neue Totalitaristen, Irakkrieg, hohe strukturelle Arbeitslosigkeit in Europa und Überalterung weltweit. Die Mittelklasse, bisher Garant des westeuropäischen Wohlstandsmodells befindet sich in Erosion. Trends, die kaum so hingenommen werden können und dürfen!

Die Zeitfragen Demographieentwicklung und Zuwanderung sind vital und stehen repräsentativ für eine ganze zusammenhängende Gemengelage. Solange uns hier kein Lösungsansatz gelingt, sollten uns die Katastrophen des 20. Jahrhunderts eine Mahnung sein, die erahnen lassen, wohin gesellschaftliche Entgleisungen auch in Zukunft führen können.

Die derzeitige Zuwanderungsdiskussion ist vor allem durch Ängste und Vorurteile geprägt. Zu viele Menschen fürchten um ihre Lebensgewohnheiten. Nur wenige bringen die Bereitschaft auf, sich mit neuen Kulturen und Menschen im eigenen Land auseinander zu setzen. Selbst die neue Chance Österreichs, alte verwandte

Kulturlandschaften wie zum Beispiel Böhmens, der Slowakei, Ungarns und Sloweniens samt Sprache und Leuten wieder zu entdecken, vermag keine Freude zu erwecken. Dies geht bis zur Selbstverleugnung! Denn im Grunde wäre ein Wiederkennenlernen unserer Nachbarn ein Beitrag zur Selbsterfahrung. Es gibt kaum eine österreichische Familie ohne Vorfahren aus diesen Regionen. Quasi ein spezieller Nachhilfeunterricht zur Öffnung unserer Köpfe! Alles auch musikalisch und baugeschichtlich unterlegt. Ein Spaziergang durch die Innenstädte von Budapest, Prag oder Wien genügt.

Aber die Angst bleibt. Eigentlich mehr eine Angst vor der Lösung unserer Probleme, als vor den Problemen selbst. Denn angesichts der bevorstehenden gravierenden Veränderungen der gesellschaftlichen Strukturen könnte gerade eine kontrollierte, langfristig angelegte Zuwanderung einen wichtigen Beitrag zur Stabilisierung der Bevölkerungszahl leisten. Für die Wirtschaft wird schon bald ohne gezielte Zuwanderung ein dramatischer Mangel an Fachkräften entstehen. Qualifiziertes Humankapital ist ein entscheidender Produktionsfaktor. Ein sehr langer und intensiver Schönheitswettbewerb der westlichen Welt um die Hoch- und Höchstqualifizierten, aber nicht nur um diese, steht bevor. Untersuchungen zufolge nehmen die meisten transnationalen Migranten keine langen Wege auf sich; sie bleiben vielmehr in ihrer angestammten Region und wandern in benachbarte Länder. Gerade Österreich verfügt hier über ein weites natürliches Einzugsgebiet. Der Humus zur Integration unserer Freunde aus den unmittelbaren angrenzenden Nachbarländern ist kulturgeschichtlich vorbereitet.

Dem überalterten Europa bieten sich die Chancen der Globalisierung

Gründe für die weitgehende Reformunfähigkeit unserer kontinentaleuropäischen Gesellschaften sind in einem nicht zu vernachlässigenden Ausmaß sicherlich unsere historischen Erfahrungen im 20. Jahrhundert mit all seinen Katastrophen. Nun ist es aber an der Zeit, diese unglückselige Zeit zu überwinden. Der materielle Wiederaufbau hatte den moralischen Bankrott nicht aufgewogen. Der

Zusammenbruch des Kommunismus mit der Öffnung der Grenzen hat aufgezeigt, wie wenig moralisch gefestigt der europäische Westen ist. Anstelle eine Friedens- und Wohlstandsperspektive mit der Bereitschaft, sich selbst zu verändern, zu entwerfen, versucht der Westen sein System dem früheren Ostblock überzustülpen. Anstatt zu erkennen, dass der Begriff „Zuwanderung" zu kurz greift und „Mobilität" ein Gebot der Stunde wäre, vollziehen die meisten der alten EU 15 Staaten ein immer rigideres Regime gegenüber allen anderen.

Wir können nicht weitgehende Bereiche der Wirtschaft deregulieren, ganze Wirtschaftsbereiche dem harten Wettbewerb der Weltwirtschaft aussetzen, Kapitalströme zur Gänze liberalisieren, wenn wir zeitgleich unsere Gesellschaften abschotten.

Als konkretes Beispiel dazu: Englisch ist heute bereits für das Lower, Middle Management absolute Voraussetzung, um seinen Job bewältigen zu können. Also eine Frage der Arbeitsplatzsicherung. Unlängst hatte ich ein Gespräch mit einem der TV-Chefs des größten deutschen Privatfernsehens und fragte ihn, ob es nicht an der Zeit wäre, Fernsehen in allen europäischen Sprachen zuzulassen, damit die Bevölkerung die Chance bekommt, sich sprachlich zu öffnen. Die Antwort war nicht lizenzrechtlich begründet, sondern dass die Deutschen deutschsprachiges Fernsehen wollten. Das kann stimmen und wird aus Sicht eines deutschen Privatsenders auch lukrativer sein. Wer aber stellt der Bevölkerung unserer Länder das Rüstzeug zur Verfügung, sich für den Alltag, der immer härter wird, fit zu trimmen? Wären da nicht beispielsweise englische Serien à la *East Ender* eine willkommene Hilfestellung? Damit auch diejenigen Englisch unterhaltsam erlernen können, die weder das Geld noch die Zeit für monatelange Auslandsaufenthalte in teuren Privatschulen haben. Das gleiche gilt für romanische oder slawische Sprachen. Auch für Minderheitenprogramme.

Als anderes Beispiel: Wien und Bratislava sind 50 km voneinander entfernt, Wien und Budapest 240 km, Wien und Prag 290 km. Alle näher beziehungsweise gleich weit wie Salzburg. Englisch wird in Ermangelung anderer weit verbreiteter Fremdsprachkenntnisse wohl bald die verbindende Sprache sein. Warum nützen wir nicht diese geographisch begünstigte Lage, unsere Kinder bereits in frühen Jahren zu einer Ostsprache an den Schulen zu ermutigen. Wäre das nicht für unsere nachfolgenden Generationen eine Unterstützung, ihre Position im globalen Wettbewerb entscheidend auszubauen, ihren Horizont und ihr Bewusstsein für die sie umgebende Region zu schärfen. Das wäre nichts Neues. Bereits vor 100 Jahren wurden hier verschiedene Sprachen simultan praktiziert. Es gibt genügend wienerische Ausdrücke, die dies heute noch belegen. Auch hier, diese Entwicklung wird kommen. Die Frage ist nur, ob wir sie aktiv gestalten oder uns überschwemmen lassen. Ob unsere Kinder auch tschechisch und ungarisch sprechen, oder ob wir es unseren tschechischen und ungarischen Freunden überlassen, Westsprachen zu lernen. Derzeit reagieren wir nicht einmal. Dass wir uns nicht sonderlich über die Osterweiterung der EU freuen, ist da nur eine logische Konsequenz. Schleierhaft erscheint auch die Gegenüberstellung des Freudentaumels der europäischen Bevölkerung angesichts des Kriegsausbruches 1914 gegenüber der relativen Gleichgültigkeit gegenüber der historischen Weichenstellung durch die EU-Erweiterung am 1.Mai 2004 in Richtung Frieden, Stabilität und Wohlstand. Dass zu deren Erreichung nach 90 Jahren Krieg, Totalitarismus und Wohlstandsvernichtung in weiten Teilen Europas viel noch erarbeitet werden muss, darf nicht die Sicht auf die Richtigkeit des nunmehr endlich eingeschlagenen Weges verstellen.

Gemeinsame Währung und Europas Wiedervereinigung sind Chancen zum Neuanfang und Überwindung vergangener schwerer Krankheit, die geprägt war durch Nationalismus, Intoleranz und Selbstzentriertheit. Die Halbherzigkeit, mit der diese wichtigen historischen Zäsuren begleitet wurden, ist allerdings beängstigend. Euro ohne wirtschaftspolitische Wachstumsmaßnahmen, EU-Erweiterung ohne maßgebliche Institutionenreform. Das Fehlen entscheidender flankierender wirtschafts- und gesellschaftspolitischer Maßnahmen lassen zu Recht in den Bevölkerungen das Gefühl entstehen, dass man ihre Nöte nicht versteht und ihre Wünsche nach besseren Lebensverhältnissen übergeht.

Konsequent verschließen sich viele Mitbürger den neuen Trends im Alltag: Keine Kinder zur Vermeidung möglicher wirtschaftlicher

Verarmung (dabei geht es nicht um den Verzicht auf ein Ferienhaus, sondern darum, ob ich morgen noch einen Job habe) und keine Ausländer als Reminder einer ohnedies aus den Fugen geratenden Welt.

Hier versagt die Politik beträchtlich. Die Weichen für die Zukunft (Freihandel, EU-Erweiterung und Euro) werden gestellt, das Rüstzeug dazu aber wird verweigert (zum Beispiel Zustand der Bildung), und, noch schlimmer, die Mobilisierung der Menschen, die notwendigen Entscheidungen mit Leben auszufüllen, bleibt aus. Dies könnte nämlich auch dazu führen, dass die derzeitige *Classe politique* nach völlig neuen Kriterien ausgesucht würde. Freihandel bedingt Mobilität, EU-Erweiterung kulturelle Vielfalt, der Euro Chancengleichheit in wichtigen wirtschaftspolitischen Fragen. Das politische Establishment ermöglicht zwar aus Vernunftgründen diese wichtigen Schritte, betreibt aber kaum nach Einführung Etikettenschwindel: „Brüssel ist schuld!" – wie eine Kindern unliebsame Gouvernante, der man so ziemlich alles unterschieben kann. Und wenn das nicht reicht, dann haben wir noch das Ausland vor der Haustüre, Schwarzarbeiter im Land, die Zuwanderung, die Globalisierung, den Neoliberalismus.

Aber wir scheitern ja bereits an den Begriffen. Wir sprechen von Zuwanderung oder Einwanderung ohne auch an die Chancen der Mobilität zu denken. Wir sehen nicht die Vorteile eines bestmöglichen Ressourceneinsatzes, sondern bauen unsere Systeme zu undurchdringlichen und diffusen Festungen aus. Inhalte politischer Debatten sind Pensionen und Krankenversorgung. Wo bleiben die Kinder, die Familien, die Erwerbstätigen, die Wirtschaft, die Wertschöpfung, das Vorsorgen für die Wechselfälle des Lebens wie eben auch Alter und Krankheit? Nein, zwei Millionen Pensionisten sind schon fast eine politische Mehrheit, mit der sich Wahlen gewinnen lassen. Hier entscheidet langfristig eine momentane Mehrheit über eine noch größere Mehrheit. Eigentlich undemokratisch.

Dabei ginge es gar nicht um das Auseinanderdividieren der Generationen, sondern nur darum, dass man die Grundlagen zur Wohlstandssicherung erlaubt und dies nicht dem freien Spiel der

Kräfte überlässt. Dass unter den gegenwärtig repressiven Bedingungen die Wirtschaft auch immer mehr zu drastischen Maßnahmen wie Stantortverlagerung und Arbeitsplatzabbau greift, ist schädlich, aber nachvollziehbar. Langfristig könnten wir bald alle zu den Verlierern gehören. Wenn das Gleichgewicht der österreichischen Nachkriegszeit abhanden gekommen ist, warum arbeiten wir nicht an einer neuen Balance auf europäischer und globaler Ebene (um nochmals auf Einsteins Ratschlag zurückzukommen)? Wo bleibt hier Österreichs Beitrag?

Tatsächlich ist Österreich in den letzten 15 Jahren zum Einwanderungsland geworden. Zuwanderung wird in der Öffentlichkeit aber nach wie vor als zeitlich begrenzte Ausnahme verstanden und nicht als Chance einer ökonomisch zwar wachsenden, demographisch aber schrumpfenden Gesellschaft. Dabei könnte das Verständnis Österreichs als Einwanderungsland zu einer neuen Identifikation führen.

Auch der Begriff Heimat löst ambivalente Reflexe aus: Heimat als ein Sicherheit verbürgendes Gefühl, sich auszukennen? Oder Heimat geprägt durch ein Klima der gegenseitigen Offenheit und des Respekts, das zwar für das Funktionieren einer Gesellschaft um die Notwendigkeit gemeinsamer Spielregeln weiß, aber gleichzeitig genügend Spielraum für deren Weiterentwicklung zulässt?

Versuche Begrifflichkeiten wie Heimat an „Blut und Boden“ zu binden und das Beschwören des Geistes der „Umvolkung“ als Vokabel der Politik sind ungeeignet, Österreichs reichhaltigem kulturellen Erbe, seiner Geschichte und Geographie zu entsprechen.

Heimat als Werterahmen gemeinsamer Sitten und Lebensstile ist dann gefährdet, wenn deren Symbole und Verständigungszeichen von der eigenen Jugend nicht mehr angenommen werden und Zuwanderern unzugänglich sind. Hier bedarf es einer dringenden Öffnung und Weiterentwicklung der Codes. Integration kann keinesfalls erzwungen werden, entweder sie wird angenommen oder abgelehnt.

Heimat entsteht in erster Linie, wo menschliche Wärme möglich ist. Die Vitalität einer Gesellschaft hängt von deren Offenheit, Toleranz und Vielfalt ab. Österreich hat dazu die historischen Erfahrungen sowohl im Guten als auch im Schlechten gemacht und ist aufgrund seiner Größe gefordert. Der Schriftsteller Richard Swartz stellt die Frage, ob Österreich vor 1914 das bessere Europa war und bezweifelt, dass Demokratie und Marktwirtschaft jenen archaischen Kitt ersetzen können, der vor fast hundert Jahren seinen Dienst aufgegeben hat. Visionen sind gerade in Umbruchszeiten schon allein der Orientierung wegen wichtig. Österreich könnte sich gemeinsam mit seinen Nachbarn aktiv als Westen des Ostens und als Osten des Westens in die Globalisierung einbringen.

Um die Beklommenheit und alten Ängste vor dem neuen Europa zu nehmen, bedarf es frischer Lebensgeister, die uns heute weitgehend fehlen. Mit dem momentanen Zustand Österreichs oder Deutschlands wäre wohl kaum der Wiederaufbau nach dem Zweiten Weltkrieg gelungen. Wobei wir heute vergleichbar gefordert sind. Beleben wir unsere Gesellschaft mit Nachwuchs und Zuzug! Lernen wir wieder zuzuhören! Werden wir mobiler und globaler. Vor allem im Denken und Beurteilen. Kirchen, Verbände und politische Parteien sind wieder gefragt.

Ein bisschen Globalisierung funktioniert genauso wenig wie ein bisschen schwanger sein. Ein Schnelligkeitswettbewerb lässt sich mit einem Fiaker gegenüber einem Porsche kaum gewinnen. Da hilft auch kein wildes Peitschen auf die Pferde und Schimpfen über den Porsche.

So wie uns die Balance der Nachkriegsjahre verloren gegangen ist, so bieten sich heute wiederum etliche Chancen, an einem neuen Gleichgewicht zu arbeiten. Eine sich aus den komparativen Vorteilen ergebende internationale Arbeitsteilung verlangt nicht nur nach einem effizienteren Ressourceneinsatz, sondern ermöglicht auch einen größeren Wohlstand. Kaputtsparen ist hier nicht die Antwort, sondern eine weltweite Integration vormals getrennter Volkswirtschaften zur Erfüllung der wechselseitigen Bedürfnisse. Dazu gehörten, wie innerhalb der EU erfolgreich umgesetzt, der freie Verkehr von Kapital und Arbeit. Die Ausbreitung von Technologien und Fertigkeiten ermöglichen nicht nur eine höhere Produktivität, sondern sie tragen zu einer Steigerung der Realeinkommen und zu mehr Wirtschaftswachstum bei. Diese sind die Voraussetzung für bessere Chancen auf ein abwechslungsreiches und interessantes Leben für möglichst viele Menschen.

Die Geschichte zeigt, dass Länder, die sich dem Weltmarkt öffnen, schneller wachsen als solche, die sich abschotten. Bereits während des neunzehnten Jahrhunderts und bis zum Beginn des Ersten Weltkriegs gab es eine zunehmende internationale wirtschaftliche Integration. Die Bewegungsfreiheit der Bürger war dabei fester Bestandteil der Freihandelsordnungen. Die Menschen konnten sich auf der Suche nach Arbeit tatsächlich frei hin und her bewegen. Auch diese Praxis wurde mit dem Sommer 1914 zunichte gemacht und danach nicht mehr wiederhergestellt. Zwar hatte nach 1945 die schrittweise Liberalisierung des Handels und des Kapitalverkehrs in den OECD-Staaten den Wiederaufbau und den wirtschaftlichen Aufholprozess Westeuropas beschleunigt, das GATT-Regelwerk mit seinen Regeln der Nichtdiskriminierung und der Reziprozität die Liberalisierung des Handels gefördert, dennoch wirkt der Freihandel der Nachkriegszeit heute schmal und mechanisch. Die Globalisierung von heute unterscheidet sich von der Weltwirtschaft bis zu Beginn des 20. Jahrhunderts unter anderem auch durch die radikale Öffnung Chinas und Indiens. In beiden Ländern zusammen leben 40 % der Menschheit. Es ist ohne weiteres möglich, dass die Entwicklung dieser beiden Staaten mit dem Aufstieg der USA zu einer wirtschaftlichen Weltmacht im späten neunzehnten Jahrhundert vergleichbar sein wird.

Die Idee des Freihandels sollte daher die Enge der Nachkriegszeit verlassen. Die Außenhandelstheorien der Nachkriegszeit als „gemischte Systeme", Freihandel als „Liberalismus von oben" durch technische Instrumente begleitet, vergessen, dass Freihandel nicht Goodwill, sondern ein Element einer ganzen Ordnung effizienten Wirtschaftens ist. Die Globalisierung der Gesellschaften des 21. Jahrhunderts, die über neue Technologien wie das Internet verfügen, benötigt einen „Liberalismus von unten". Aufgrund der Dynamik ist nahe liegend, dass die Öffnung der Grenzen für Menschen nur schrittweise und behutsam erfolgen kann. Politische Geduld und Einfallsreichtum, verbunden mit Verantwortung gegenüber längeren Zeiträumen, sind gefragt.

Zur Bewältigung der anstehenden Aufgaben bedarf es eines neuen Gleichgewichts, eingebettet in einen entsprechenden ordnungspolitischen Rahmen. Dass dieser sowohl national als auch international neu adaptiert, wenn nicht in weiten Bereichen erst neu geschaffen werden muss, stellt eine Herausforderung dar, um die wir nicht herumkommen.

Nützen wir unsere Zeit für eine bessere Welt. Im Unterschied zu unserer Eltern- und Großelterngeneration hätten wir heute die Chance dazu. Wir müssen bereit sein, aus der Vergangenheit die richtigen Lehren zu ziehen. Damit die Welt von gestern die Welt von morgen wird, ohne nochmals in Brüche zu gehen. Sowohl technologisch, im Hinblick auf Wohlstandssicherung für möglichst viele, als auch politisch mit einer ungleich mündigeren Bürgergesellschaft als noch zu Beginn des 20. Jahrhunderts, hätten wir heute die Grundlagen dazu.

Schlüsselwort Fairness

Globalisierung im Denken und in der Umsetzung kann nur gelingen, wenn wir offen und fair sind. Offen gegenüber den anstehenden Notwendigkeiten (Chancen und Risiken), fair bei der Beantwortung neu entstehender Verteilungsfragen. Es geht nicht darum, einen stagnierenden „Kuchen" zu verteilen, sondern einen neuen „Kuchen" schmackhafter und größer zu „backen". Falsche Zutaten wie beispielsweise Intoleranz, Bequemlichkeit und Abschottung können nicht nur den Kuchen verderben, sondern auch zu nachhaltigen Vergiftungen führen.

Nützen wir die sich bietenden Chancen, noch haben wir die Zeit dazu. Nach den meistens nur oberflächlich umgesetzten Anpassungen während der 90er Jahre, müssen wir jetzt unsere Gesellschaften von innen neu ausrichten und konsolidieren. Eigenverantwortung lediglich unter dem Gesichtspunkt für einen Ausweg aus der unfinanzierbaren und überbordenden Versorgung durch den Staat zu propagieren, greift zu kurz. Zwar klingt Eigenverantwortung als Emanzipation des Bürgers vom Staat gut, aber dabei darf nicht vergessen werden, dass diese von verschiedenen Bedingungen abhängig ist. Dazu gehören Einkommen und Bildung, Wissen und Willen, aber auch die soziale Verantwortung. Ist nämlich der (berechtigte) Aufruf nach mehr Eigenverantwortung nicht mit der Aufforderung nach sozialer Verantwortung verbunden, folgen Entsolidarisierung und destruktiver Egoismus, die Ursachen für die Trends wie zum Beispiel Geburtenrückgang und erschwerter Zuzug von Ausländern sind. Eine Lösung auf der Ebene des Problems zu suchen, wird uns nicht weiterhelfen. „Kinder und Inder" alleine werden nicht unsere Bereitschaft zur Veränderung wettmachen können. Diese Bereitschaft bringt notwendige neue Impulse und erspart uns eine schädliche und gehässige Generationen- und Ausländerdebatte. Mit den Worten Wilhelm Röpkes: *„Internationalismus fängt, ebenso wie Wohltätigkeit, zu Hause an."* Oder anders: Der Umbau zu einer gerechteren Gesellschaft beginnt bei uns zuhause. Gemeinsam und nicht gegeneinander. Keine Kinder und keine Mobilität kommen einem Stillstand in der Entwicklung sehr nahe. Im Grunde geht es um einen vernünftigen und maßvollen gesellschaftlichen Rahmen (Steuer- und Familienpolitik, Bildung, Forschung und Entwicklung, Migration), der, je kurzfristiger der von den meisten verfolgte Nutzen ist, mittel- und langfristigen Schaden abwendet und Perspektiven für möglichst viele Menschen eröffnet.

Zusammenfassung:
Globalisierung als neue Qualität des Denkens
Migration und Demographie
als Chance für ein neues Österreich

Wir leben in einer Zeit des allgemeinen Umbruchs. Veränderungen in der Politik und ungeahnte technologische Möglichkeiten stellen uns vor völlig neue Herausforderungen. Historisch einzigartig Trends wie Alterung und Geburtenrückgang lassen gar keine andere Möglichkeit zu, als derzeit bestehende Gesellschafts- und Sozialsicherungssysteme von Grund auf neu zu überdenken.

Aber anstatt die kommenden Entwicklungen als Chance anzunehmen, verharren wir in Debatten über „Pensionen" und „Gesundheitsvorsorge", ohne zuvor über die Möglichkeiten der Wertschöpfung und Wohlstandsschaffung zu sprechen. Nicht nur Erziehung und Bildung kommen zu kurz, der Nachwuchs fehlt.

Die Rückkehr Österreichs in die geographische Mitte Europas wird von Abschottung und innerer Abwehr begleitet. Dabei kann es sich nur um eine Frage der Zeit handeln, bis die kritische Masse der Verlierer dieser politischen Haltung die Mehrheit stellt. Allerdings mit dem hoch zu bezahlenden Preis, dass aus „Fünf vor Zwölf" „Fünf nach Zwölf" geworden ist. Dabei waren die Chancen es besser zu machen, noch nie so günstig.

Globalisierung als neue Qualität des Denkens, als neue Qualität der Entscheidungen, aus „Entweder Oder" ein „Sowohl als Auch" zu machen, anstatt zu trennen zu verbinden. Aus der Blockadehaltung, bedingt durch die Erfahrung zweier Weltkriege und des folgenden Kalten Krieges, in eine Zeit der Möglichkeiten und Vielfalt zu wechseln, fällt vielen schwer. Dabei wird an Besitzständen festgehalten, die längst Erosionen unterworfen sind. An den Beispielen Nachwuchs und Mobilität zeigt sich, wie verharrend und unbeweglich unsere kontinentaleuropäischen Gesellschaften sind. Frischzellenkuren wie der Euro oder die Erweiterung der Europäischen Union werden entweder nicht genützt oder nur zögerlich angenommen. Die nationalen Politiken tragen wesentlich dazu bei, das Bild widersprüchlich und diffus zu halten.

Entscheidend für das erfolgreiche Nützen der Zukunftschancen ist, dass wir das Leben annehmen, dass Arbeit einen positiven Stellenwert hat, identitätsstiftend und bereichernd ist. Arbeit darf nicht als Trennlinie zwischen den Privilegierten und Benachteiligten herhalten, Arbeit gibt es solange genügend, solange Nachfrage und Mangel bestehen. Beides haben wir in vielen Bereichen. Nur müssen wir es auch zulassen und nicht wegkontingentieren.

Im Gegenteil: Ein offensiver Maßnahmenkatalog zum sorgfältigen Umbau der Gesellschaft wäre dringender denn je. *Politisches*

Change Management zur Umkehr in Politikbereichen wie Bevölkerungsnachwuchs und Mobilität sind längst Gebot der Stunde. Flexible Einwanderungsbestimmungen, von Geschichte und Interessen geprägt wie beispielsweise in Australien oder Kanada längst Realität, sind dringend vonnöten. Doch Migration alleine wird nicht ausreichend sein. Sie ist nur ein Teil einer Gesamtstrategie, in der die Bereiche Bildung und Forschung, Gesundheit und Soziales, Familien, Umwelt und Infrastruktur sowie Steuern einen ebenso bedeutenden Platz einnehmen.

Aber eines steht außer Frage: Wir brauchen mehr, nicht weniger Globalisierung – begleitet durch einen neuen ordnungspolitischen Rahmen mit den Zielen: Freiheit, Sicherheit und Wohlstand.

Vom Grenzlandsyndrom zur mitteleuropäischen Öffentlichkeit

Wege in den Lebens- und Politikraum Mitteleuropa

Thomas Goiser

Einleitung

Mehr als 15 Jahre sind seit dem Fall des Eisernen Vorhangs nun vergangen, aus potenziellen Frontstaaten wurden Partner. Wenn man darüber nachdenkt, erscheint einem der Zeitraum für die grundlegenden Umwälzungen, die darin stattgefunden haben, unglaublich kurz und die Leistungen dieser Länder in jenen Jahren umso großartiger. Spätestens mit dem EU-Beitritt der Reformstaaten braucht es nun einen Informations- und Kommunikationsprozess, der Verständnis schafft, der aus dem meist „freundlichen Nebeneinander" der Gesellschaften Mitteleuropas ein „Miteinander und Füreinander" macht.

Eine europäische Politik, die die nationale Innenpolitik schrittweise ablöst, sich so zur eigentlichen Innenpolitik wandelt und Herausforderungen, die nur gemeinsam zu bewältigen sind – wie die Planung und Steuerung qualifizierter Zuwanderung nach Europa, die Bekämpfung des Terrorismus und die Abwendung von Bedrohungen der Ökosysteme – lassen sich nämlich in einer auf regionaler Ebene offenen und mehrsprachigen Gesellschaft leichter lösen.

Wien und Bratislava sind die beiden EU-Hauptstädte mit der kürzesten räumlichen Distanz, Sarajewo ist von Wien etwa so weit entfernt wie Bregenz. Es wird nun – neben dem gemeinsamen Wirtschaftsraum – Zeit für einen gelebten Kultur- und Geistesraum Zentraleuropa.

Was unsere Lebensgewohnheiten und unsere Lebensumfelder angeht, leben wir in Mitteleuropa ziemlich ähnlich, ob wir jetzt die Organisation der Arbeitswelt, den Aufbau der Städte, den Medienkonsum oder das Rechtssystem vergleichen. Vor allem im Berufsleben arbeiten wir mehr und mehr zusammen, immer öfter zumindest international orientiert. Auch Teile der Ausbildung erleben wir im Ausland – mit der Einschränkung, dass es hauptsächlich die akademische oder die Ausbildung in internationalen Unternehmen ist.

Dieses Mittel- bzw. Zentraleuropa ist ein vielsprachiger Lebensraum, die ansässige Bevölkerung hat Deutsch, Kroatisch, Romanes, Ungarisch, Slowakisch, Tschechisch, Polnisch oder Slowenisch als Muttersprache. Vor allem die junge Generation dieser Länder hat zumindest Englischkenntnisse. Dazu kommen noch die Sprachen zugewanderter neuer Minderheiten (meist Türkisch oder Bosnisch/Kroatisch/Serbisch).

Es soll hier darum gehen, wie aus einer politisch gemeinten strategischen Partnerschaft eine neue Nachbarschaftlichkeit werden könnte. Es bietet sich ein integrierender Ansatz bestehend aus bildungs-, medien- und demokratiepolitischen Elementen an, gepaart mit Erfindergeist, gutem Willen und besonderen Formen wirtschaftlicher Kooperation.

Dazu braucht es beim Einzelnen noch Neugier auf das und Freude am Fremden, das so fremd auch wieder nicht ist. (Für Skeptiker: Das Wiener Telefonbuch hilft bei der Überzeugungsarbeit; darin kann man Unmengen verdrängter Internationalität finden, wenn auch unter historisch anderen Vorzeichen).

Gerade bei den Zuwanderern in Österreich, die als „Gastarbeiter" kamen, findet man spätestens jetzt – in der zweiten und dritten Generation – spannende Parallelkulturen, eine eigene Kultur- und Medienszene. Auch diese Eindrücke helfen, den Weg zu einer „mitteleuropäischen Öffentlichkeit", um die es hier im weitesten Sinne gehen soll, zu skizzieren.

Aber auch in anderen Feldern finden sich interessante Phänomene: Vor der „Wende", in den damals kommunistischen Diktaturen, waren es die von außen einstrahlenden Sender des ORF, nördlich von Österreich das deutsche Fernsehen – ob öffentlich-rechtlich oder privat – oder das US-amerikanische Radio Free Europe, das den Menschen hinter dem Eisernen Vorhang Informationen aus der freien Welt vermittelte.

Nach der Wende entwickelten sich einzelne interessante Medienprojekte wie die „Baltic Times“, die seit Anfang der 90er-Jahre in einer englischsprachigen Ausgabe für Estland, Lettland und Litauen erscheint, oder der Pester Lloyd – die deutschsprachige Zeitung in Budapest. Auch mit der Financial Times Deutschland und ihrer profunden Europa-Berichterstattung sind erste Ansätze zur stärkeren medialen Integration bemerkbar.

Exemplarisch – und zur Unterstützung der folgenden Gedanken – sollen hier noch einige Daten aus der Umfrage der Österreichischen Gesellschaft für Europapolitik über die Nachbarschaft in der Grenzregion Niederösterreich-Slowakei bzw. Niederösterreich-Tschechien angeführt werden: 2004 gaben beispielsweise 50 % als Grund für Kontakte zu Slowaken Treffen mit Freunden an, 28 % gesellschaftliche, 23 % berufliche mit Kollegen und 14 % geschäftliche. In der Grenzregion zu Tschechien sieht es betreffend Kontakten mit Tschechen ähnlich aus: 45 % freundschaftliche, 24 % gesellschaftliche, 25 % berufliche und 20 % geschäftliche Kontakte.

Bei der Frage, auf welchen Gebieten die Gemeinden auf beiden Seiten der Grenze zusammenarbeiten sollten, kamen für die Slowakei folgende Antworten (für Tschechien jeweils in Klammer): Kultur: 80 % (78 %), Wirtschaft 80 % (77 %), Tourismus 77 % (78 %), Sport 65 % (69 %) und auf Vereinsebene 56 % (63 %).

Was Sprachkenntnisse angeht, schätzt man ihre Bedeutung auf österreichischer Seite durchaus als hoch ein: In der Grenzregion zur Slowakei halten sie 34 % für „sehr“ und 38 % für „etwas“ wichtig, in der Grenzregion zu Tschechien schätzen 31 % Sprachkenntnisse der Nachbarsprache als „sehr“ und 42 % für „etwas“ wichtig ein. Ob sich die Einschätzung der Bedeutung dann in konkreten Maßnahmen zum Fremdsprachenerwerb äußert, ist allerdings eine andere Frage (die wir uns ALLE stellen sollten).

Sieht man sich die Statistik des BMBWK über Fremdsprachenunterricht im österreichischen Regelschulwesen an (neueste Daten von 2001/02), erfährt man Folgendes: Knapp 3.500 Schülerinnen und Schüler lernen Slowenisch, mehr als 2.500 Kroatisch, etwas mehr als 850 haben Ungarischunterricht am Stundenplan, nahezu 430 Tschechisch und etwa 150 Slowakisch. Dem stehen mehr als 1.132.000 Schülerinnen und Schüler gegenüber, die Englisch lernen. Zugegeben: Die Tendenz ist steigend, aber derartige Angebote können nicht schnell genug ausgebaut werden. Die regionale Verteilung der Unterrichtsangebote entspricht meist der unmittelbaren Nachbarschaft zum jeweiligen Land und seiner Sprache. In der Erwachsenenbildung lässt sich ein kleiner Boom bei Kursen in den Sprachen der neuen EU-Mitglieder feststellen.

Gleichzeitig gibt es in Westungarn Pläne zur Einrichtung eines dreisprachigen (!) Elite-Gymnasiums.

Unter dem Eindruck der Nachwehen der Europawahlen 2004 kam es zumindest ansatzweise zur Anerkennung der Bedeutung einer künftigen europäischen Öffentlichkeit.

Der österreichische EU-Kommissar Franz Fischler sprach Ende Juni von der Notwendigkeit einer von der EU herausgegebenen Online-Tageszeitung. Auch einzelne Parlamentarier wollen sich dieses Themas annehmen, was immerhin einen Anfang bedeuten könnte.

Doch die Rezeption unserer Welt ist nach wie vor von nationalen Medien und nationaler Politik geprägt. Derzeit. Das muss nicht so bleiben. Hier soll nun versucht werden, die Chance auf ein „Zusammen-Wachsen“ (im Doppelsinn) zu skizzieren. Aber: Vor der gemeinsamen Sehnsucht steht die Sehnsucht nach dem Gemeinsamen, die dieser Beitrag auch ein bisschen wecken will. In diesem herausfordernden Prozess wird es die Rolle der Politik und aller in ihr Tätigen sowie der Zivilgesellschaft sein, Orientierung zu geben, als direkter Ansprechpartner stärker als bisher zur Verfügung zu stehen, hie und da Ermunterung durch Symbole zu geben und in einigen Fällen Prozesse voran zu treiben und legistische Weichenstellungen vorzunehmen.

Auf dem Weg zu mehr Europa

Die „Zeros“ waren nach den „Nineteennineties“ eine spannende Zeit: Zwischen 2000 und 2010, vor allem aber nach 2004, veränderte sich die politische Tektonik des alten Kontinents und die Einstellungen der Bürger zu ihm. Besonders stark war dieser Wandel in der Mitte Europas zu spüren, im pulsierenden Völkervieleck zwischen Prag, München, Mailand, Zagreb und Budapest. Inmitten dieses Städterings lagen Wien, die alte Residenzstadt, und Bratislava, das aufstrebende Zentrum des jungen Staates Slowakei. Es war der „Frühling Europas“, wie man später sagte, ein strahlender Morgen, vor allem jener des 1. Mai 2004, als die EU gleich um zehn Staaten wuchs.

Kurz nach dieser EU-Erweiterung legte der Österreich-Konvent einen neuen Verfassungsentwurf vor. Nach diesem hatten Länder, Städte und Gemeinden das ausdrückliche Recht zur Kooperation mit Gebietskörperschaften in benachbarten Ländern und zur Regionenbildung mit ihnen im Sinne einer immer stärkeren europäischen Einigung.

Länder und Gemeinden nahmen diese neue Kompetenz gerne wahr, und so entstanden innerhalb weniger Jahre eine Reihe interessanter Projekte – vom Brückenbau-Fest über den Grenzfluss mit (damals noch) Wehrpflichtigen über gemeinsame Feriencamps für Kinder, regionale grenzüberschreitende Parallelwährungen, hin zum Aufbau umfassender gemeinsamer Katastrophenschutzstrukturen wie Feuerwehren in Grenzstädten oder die Koordination von Spitals- und Pflegekapazitäten.

Einige besonders eifrige Regionalpolitiker beriefen zur gegenseitigen Information und zum besseren Kennenlernen regelmäßig gemeinsame Landtage mit ihren Nachbarn ein. In Workshops wurden gemeinsame Projekte angedacht und schließlich umgesetzt. Bald folgte die jeweils gesamtstaatliche Ebene. Nicht nur die Regierenden, sondern auch „einfache“ Parlamentarier pflegten über Partei- und Staatsgrenzen hinweg intensive Kontakte und erarbeiteten miteinander und abgestimmt politische Lösungen für die Herausforderungen Mitteleuropas.

Eine der größten war die demographische Entwicklung, vor allem im ländlichen Raum. Die Angst vor einer großflächigen Ausdünnung war vor allem in den nie allzu dicht besiedelten Grenzregionen im Osten und Norden Österreichs zu spüren. Nachdem 2005 eine sehr erbittert geführte Diskussion über die Erhaltung(swürdigkeit) oder mögliche Schließung kleiner Schulen begonnen hatte, handelte die österreichische Regierung rasch und ließ in Abstimmung mit den Nachbarländern einen Masterplan erstellen: Aus allen österreichischen Schulen sollten bis 2020 „Kommunale Bildungs- und Betreuungszentren" werden. In diesen wurde neben dem Schulunterricht und der Nachmittagsbetreuung für insgesamt doch immer weniger Schüler auch Fremdsprachenunterricht für die Bevölkerung abgehalten, der sich bald großer Beliebtheit erfreute. Nun gingen die Schulverwaltungen einen Schritt weiter und boten flächendeckend auch Internetkurse für jene an, die bisher noch nicht die Gelegenheit hatten, sich mit diesem Medium vertraut zu machen. Das war leicht, da die Schulen bereits zu diesem Zeitpunkt durchgehend über Breitbandanschlüsse verfügten und auch die Lehrer durch hervorragende Weiterbildung auf dem neuesten Stand waren. Flankierend kamen moderne Telelearning-Angebote zum Einsatz, für die Österreich in ganz Europa Bewunderung erntete.

Diese Maßnahmen waren natürlich – nachdem die anderen mitteleuropäischen Länder gleichzogen – nur durch Lehreraustausch innerhalb Mitteleuropas denkbar. Das führte dazu, dass die Zeit des verpflichtenden Unterrichtspraktikums verdoppelt wurde, wovon die Hälfte im Ausland stattfinden musste. Dafür hatten die Junglehrerinnen und -lehrer keinen Sozialdienst zu leisten, der im Lauf des folgenden Jahrzehnts die Wehrpflicht schrittweise ablöste.

Die Idee, auch in Österreich flächendeckend zweisprachige Kindergartenerziehung (Muttersprache und Englisch) anzubieten, stieß anfangs auf wenig Gegenliebe. Aber die Erfolge in mehreren Nachbarländern führten dazu, dass die Kindergärten innerhalb von nur fünf Jahren völlig auf dieses System umgestellt wurden. Mittlerweile beginnt der Unterricht in der zweiten lebenden Fremdsprache für alle Kinder in Mitteleuropa in der ersten Klasse Volksschule, ab der dritten Klasse stehen drei Fremdsprachen auf dem Stundenplan. Oft lernen Eltern und Kinder so gleichzeitig dieselben Sprachen.

Ermutigt durch diese Erfolge wagten die mitteleuropäischen Staaten zur EU-Präsidentschaft Österreichs einen Vorstoß und setzten gemeinsam ein Europäisches Rahmenprogramm für Kultur- und Medienförderung durch. Ähnlich wie in der Forschungsförderung wurden bei diesem ab 2009 nur internationale Projekte gefördert, an denen Partner aus mindestens drei EU-Staaten beteiligt sind. Unmittelbar nach Beschluss dieses Programms (es trägt übrigens den Namen „AMADEUS") setzte ein weltweit beachteter Gründungsboom bei gemeinsamen Medien- und Kulturinitiativen ein. Die mitteleuropäischen Staaten konnten von dem – von ihnen angeregten und durchgesetzten – Programm am meisten profitieren.

Etwa um diese Zeit setzten auch die Bestrebungen zur Gründung eines Universitätsverbundes ein, dem sich nahezu alle öffentlichen und privaten Hochschulen anschlossen. Ziel dieser Kooperation war die internationale Abstimmung der Lehrinhalte, wobei man durchaus Profilierung zuließ und bewusst förderte. Dennoch war in den meisten Grundlagenfächern der einzelnen Studienrichtungen der Lehrstoff innerhalb weniger Jahre vereinheitlicht. So wurde beides ermöglicht: Der Wettbewerb der Bildungseinrichtungen in Forschung und Lehre sowie die Mobilität der Studierenden, die darauf noch rasanter zunahm.

Auch wenn die Bevölkerungszahl in den kommenden Jahrzehnten spürbar zurückging, hatten die Universitäten keine Nachwuchsprobleme: „Lebenslanges Lernen" war von allen Staaten gemeinsam bearbeitet worden und durch ein einheitliches Credit-System auf jeder Bildungsstufe völlig transparent.

Auch die Massenmedien wurden von der Entwicklung mitgerissen: Der Riesenerfolg der gemeinsamen Casting-Show „Euromania" der mitteleuropäischen TV-Sendeanstalten (bei der es nicht um Geld, sondern um Nachwuchsbands ging) führte bereits 2006 zur Gründungsidee der gemeinsamen Fernsehanstalt Mitteleuropas. An ihr beteiligten sich die öffentlich-rechtlichen, die Privatsender und private Investoren zu je einem Drittel. Das Programm war etwas populärer gehalten als das des Vorbilds „arte", dennoch wurden dort auch gemeinsame Nachrichten, Diskussionssendungen, Übertragungen aus dem EU-Parlament etc. geboten. Mit der

Umstellung auf digitales terrestrisches Fernsehen 2011 konnten alle Bürger Mitteleuropas diesen Sender empfangen, die gleichzeitige Übertragung via digitaler Satelliten machte nahezu weltweiten Empfang möglich. Eine neue Technologie ermöglichte den Wechsel der Sprache im Audio-Kanal oder die Einspielung von Untertiteln. Auch damit konnten die Sprachkenntnisse der Bevölkerung gefestigt und verbessert werden.

Bald wurde eine gemeinsame Fachhochschule für Journalismus und Medienproduktion eröffnet, in der eine neue Generation von Mediengestaltern mit dem nötigen speziellen Hintergrundwissen und den handwerklichen Fähigkeiten zur Arbeit an grenzüberschreitenden Projekten ausgebildet wurde. Als erste größere Projektarbeit entstand daraus eine Internet-Plattform zur Information und Diskussion über relevante politische Themen des gemeinsamen Lebensraums. Diese wird immer noch von Studierenden aller Universitäten genutzt und befüllt. Das Internet-Portal erhielt im zweiten Jahr seines Bestehens den neu geschaffenen „Preis für die Stärkung europäischen Bewusstseins“ namens „EuroPEOPLE“, der vom Europäischen Parlament vergeben wird.

Nach einer zwischen allen mitteleuropäischen Staaten akkordierten Änderung der Lizenzierung von privaten Rundfunk- und TV-Programmen wurden jene Sender bei der Auswahl für eine Zulassung bevorzugt, die mehr Programminhalte von mitteleuropäischer Relevanz aufweisen konnten. Durch gezielte Um-Koordinierung der Sendefrequenzen versuchte man im Gegensatz zu früher, eine möglichst große Einstrahlung in das benachbarte Ausland zu erzielen. So konnte die Zahl der Hörer und Seher im Ausland vervielfacht werden. Im Radio versuchten sich mehrsprachige Programme, konnten sich aber nicht halten. Einzig ein österreichisches Jugendradio hatte durch sein englischsprachiges Programm die Chance, größere Hörerschichten zu erreichen. Das alles war aber noch vor der bald darauf einsetzenden technologischen Revolution.

Denn aus Handy, MP3-Player, Kamera, Notebook, tragbarem Radio, PDA (und wie all diese Geräte hießen) hatte sich etwa um

2010 das „Digital mobile Device" entwickelt, ein Gerät, das man auch als Bankomat- und Bürgerkarte verwenden konnte, in dem Rezepte und Notfalldaten gespeichert waren, etc. Mit diesem war es möglich, im Stau auf der Autobahn, in U-Bahnen, in Pausen etc. digitale Medieninhalte zu konsumieren. Besonders beliebt waren Nachrichten (vor allem Sport), Börsenkurse, Musik (Radio oder on-demand) und nicht zuletzt spezielle Sprachkurse.

Die Printmedien zogen dieser Entwicklung ebenfalls nach: Aus gemeinsamen Zeitungsbeilagen der bereits in ganz Mitteleuropa tätigen großen Verlagshäuser entstanden nach und nach eigene Zeitschriften, die vorerst nur in der jeweiligen Landessprache angeboten wurden, für Abonnenten im Internet allerdings auch in allen anderen Fassungen abrufbar waren.

Einen völlig neuen Weg ging ein neu gegründetes, sehr aufwändig gestaltetes politisches Monatsmagazin für Mitteleuropa, dessen Autoren ihre Beiträge in zwei selbst gewählten Sprachen veröffentlichten. Weil die Redaktion so viel Wert auf die Ästhetik des gedruckten Worts legte, gab es weitere Übersetzungen nur als Audio-on-Demand Service. Die Überlegung der Herausgeber dahinter war folgende: Das Betrachten des – manchmal unverständlichen – Originaltexts bei gleichzeitigem Hören der Übersetzung schärft das Verständnis für die Ausdrucksweise in der jeweiligen Sprache.

Ein traditionsreicher Verlag wagte sich schließlich an die Herausgabe einer „Tageszeitung für Mitteleuropa", die innerhalb weniger Jahre zu einem der angesehendsten Medien der Welt wurde.

Erstmals wurden zwei Städte mit einem gemeinsamen Konzept – Bratislava und Wien – als „twin.city 2010" Europäische Kulturhauptstadt. Das war genau der richtige Zeitpunkt, denn kurz davor waren endlich (!) die hochrangigen Verkehrsverbindungen zwischen den beiden Städten fertig entwickelt worden. In einem Hochgeschwindigkeitszug konnte man die Distanz zwischen den beiden Städten in nur 20 Minuten überbrücken – die Zeit, die man in der Regel zu Stauzeiten für den Weg zwischen zwei Wiener Gemeindebezirken braucht. Der Erfolg dieses Vorhabens führte zur gemeinsamen Bewerbung von Ljubljana und Zagreb für die Weltausstellung 2018. Dieses Event kam für den aufstrebenden Wirtschaftsraum gerade recht; im Rahmen dieser Feiern stellte Bosnien und Herzegowina seinen Beitrittsantrag zur Europäischen Union.

Selbst die Wahlen zum Europäischen Parlament veränderten sich rapide: Nach dem Schock der niedrigen Wahlbeteiligung und der Aufregung über überraschende Ergebnisse 2004 traten 2009 fast alle Parteien als europäische Parteien bzw. Wahlbündnisse an, 2014 erhielten fraktionslose Nationalisten nur mehr vereinzelte Mandate. Durch ihr gemeinsames Auftreten stärkten die Parteien den europäischen Gedanken, Agitation „gegen Brüssel" war um diese Zeit nahezu undenkbar geworden.

Auf Initiative einer 35-jährigen EU-Kommissarin, die für Jugend, Bürgerinformation, Kultur & Bildung zuständig war, gelang 2017 der Durchbruch: Für die Wahlen zum Europäischen Parlament 2019 waren alle EU-Bürger ab 16 Jahre wahlberechtigt. Dafür wurden in jedem Mitgliedsland die Wahlgesetze entsprechend geändert. Auch dieser Entschluss war durch das Bewusstsein um die demographische Entwicklung gefördert worden, gerade die jungen Menschen müssten Europa erleben, um ihre Chancen zu sehen und wahrnehmen zu können. Diesem Argument schlossen sich alle Mitgliedstaaten an, und so kam es, dass sie der Jugend auch mehr politische Angebote machten und jüngere Kandidaten präsentierten. Das europäische Parlament von 2019 war schließlich das jüngste in der Geschichte.

Zur Euro-Einführung in Slowenien, Ungarn, Tschechien und der Slowakei 2010 wurde parallel zu den Münzensätzen der jeweiligen Länder eine gemeinsame 1-Euro-Sondermünze aufgelegt. Diese setzte sich schließlich durch, auch wenn den Österreichern ihr „Mozart" ziemlich am Herzen lag. Großbritannien schloss sich diesem Motiv schließlich an, als der Euro dort 2018 das Pfund ablöste, denn die gerade laufende Diskussion über die Monarchie hätte für die gemeinsame Währung sonst keinen guten Start bedeutet.

Etwas früher, bereits im Jahr 2015, beendete die mitteleuropäische Historikerkommission die Redaktionsarbeit für die gemeinsamen Geschichtsbücher. Auf dieses Projekt hatte man sich geeinigt, nachdem man 2007 gemerkt hatte, dass einige Ressentiments zwischen den Bewohnern der Mitgliedstaaten aus der Erziehung und dem Unterricht kamen. Unterrichtsinhalte waren auch bisher schon „objektiv" vermittelt worden, allerdings immer „national-objektiv".

Durch den großen Anteil gemeinsamer mitteleuropäischer Geschichte in nationaler Deutung, die lange Zeit der Besatzung und kommunistischer Diktatur in vielen Staaten und die manchmal zähe Aufarbeitung elementarer geschichtlicher Ereignisse in den (wiederum nationalen) Medien, entschlossen sich die Staaten gemeinsam den Weg zu mehr Toleranz über Ausbildung der jungen Generation zu gehen. Ein erster, zaghafter Versuch in diese Richtung war bereits im Schuljahr 2004/05 gut gegangen, allerdings im historisch wenig umstrittenen Raum Salzburg-Bayern.

Vor dem Trend des stärkeren Zusammenwachsens machte auch die Populärkultur nicht Halt – beispielsweise die Filmproduktion. Dort hatte die Monarchie noch eine Chance: Der erfolgreichste Kinofilm in der zweiten Dekade unseres Jahrhunderts war die Trilogie: „Sissi – Tragödie einer Kaiserin", ein ganz ordentliches Remake diverser alter Klassiker aus dem vorigen Jahrhundert. Jedenfalls schluchzten länderübergreifend hunderttausende Menschen zur gleichen Zeit in den Kinos, der Filmverleih warb mit zehn Heiratsanträgen, die nach der Uraufführung des ersten Teils stattgefunden haben sollen. (Acht der zehn Paare aus sechs Nationen sind übrigens immer noch verheiratet.) Als besonders erfolgreich erwies sich ein Director's Cut des Films, bei dem die Schauspieler in Originalsprache (mit Untertiteln) zu hören waren, und das Publikum schmolz beim Anblick der polyglotten Sissi dahin. Im Jahr darauf – ich denke, es war 2016 – erhielten auffallend viele Babys die Namen „Elisabeth" und „Franz" (allerdings wiederum in den jeweiligen Landessprachen).

Einige Jahre später wurden erste gemeinsame, grenzüberschreitende Plebiszite für Fragen, die eine gesamte Region betreffen, abgehalten. Die Besonderheit dieser Volksbefragungen war, dass vor der Abstimmung eine Stimmgewichtung für jede beteiligte Teilregion nach der Bedeutung der Entscheidung erhoben wurde. Dazu bediente man sich einer Kommission aus Wissenschaftern. Auch die Abwicklung dieser Plebiszite war vergleichsweise einfach: Sie erfolgte per e-Voting in den ehemaligen Schulen, die mittlerweile in ganz Europa zu kommunalen Bildungs-, Begegnungs- und Betreuungszentren geworden waren.

Wie weit die mitteleuropäische Öffentlichkeit bereits erstarkt war, zeigt sich daran: Als ein Ministerpräsident Ende 2028 in einem Hintergrundgespräch mit Journalisten den Austritt aus der EU in Erwägung zog, musste er nach einem medialen Aufschrei und Demonstrationen in mehreren Hauptstädten zurücktreten.

Die österreichische Volkszählung 2031 wurde gewissermaßen (aus Sicht des Ministeriums für Innere Sicherheit, Zuwanderung und Integration) zum „Fiasko“: Eine Bürgerinitiative, die vorwiegend aus Ehepaaren mit verschiedenen Staatsbürgerschaften bestand, hatte via Internet dazu aufgerufen, sich zur Volksgruppe der „Zentraleuropäer“ zugehörig zu bekennen. Immerhin 25 % kamen dieser Aufforderung nach, was bei der Regierung kurz für Verstörung sorgte. Nach heftigen Diskussionen beschränkte man sich in einer zweiten Runde der Volkszählung auf die Erhebung der Selbsteinschätzung der Sprachkenntnisse der Bürger.

Eine europäische Legende

Schließlich möchte ich noch eine Anekdote erzählen, von der niemand außer den Astronauten weiß, ob sie wahr ist: Als in der Nacht vom 8. auf den 9. Mai 2045 um 0 Uhr die Menschen in den Hauptstädten Europas anlässlich des Jubiläums „100 Jahre Frieden in Mitteleuropa“ die Europahymne sangen, hörte man sie ohne akustische Verstärkungsmaßnahmen auf der internationalen Raumstation.

(Anmerkung des Verfassers: Es muss sich um eine – wenn auch schöne – Legende handeln, schließlich ist im Vakuum die Übertragung von Schallwellen nicht möglich).

Die Sonne scheint durch das Fenster.
Sie weckt mich auf.
Mein Bett ist ganz zerwühlt.
Ich muss einen aufregenden Traum gehabt haben.
Es ist ein strahlender Morgen im Frühling Europas.

Zusammenfassung:

Im zusammenwachsenden Europa könnte Mitteleuropa eine Vorreiterrolle bei der zwischenstaatlichen Zusammenarbeit spielen und auch eine gemeinsame Identität der in diesem Raum lebenden Menschen aufbauen.

Die Voraussetzungen dafür sind sehr gut: Gemeinsame Lebensgewohnheiten, eine über weite Strecken gemeinsame – oft unterschiedlich interpretierte – Geschichte bzw. Kultur und die unmittelbare räumliche Nähe verhältnismäßig vieler kleiner und mittlerer Staaten.

Im vorhergehenden Beitrag werden – aus der Position einer gedachten Zukunft – mögliche Maßnahmen aus verschiedenen Politikbereichen angeführt, die die Entstehung einer mitteleuropäischen Zivilgesellschaft unterstützen könnten.

Politische Grundlagen/Demokratie/Partizipation

- Bessere, umfangreichere und wahrhaftige Kommunikation der europäischen Politik in den Mitgliedstaaten
- Umfassende Vernetzung der Regierungen, Parlamentarier und Beamten
- Überlegungen zu Partizipationsmodellen für die betroffene Bevölkerung an Projekten, die sich in mehreren Mitgliedstaaten auswirken
- Senkung des Wahlalters bei EU-Wahlen auf 16 Jahre europaweit

Infrastruktur

- Rascher Ausbau der hochrangigen Verkehrsverbindungen zu den Nachbarstaaten von Österreich aus
- Umfassende Wiedererrichtung von Anschlüssen an historische Verbindungen auf regionaler Ebene (insbesondere Grenzübergänge!)

Bildung/Wissenschaft

- Umfassender Zugang zu Angeboten zum Fremdsprachenerwerb und Zugang zu Internet-Verbindungen mit hoher Bandbreite – sowohl im schulischen Bereich, als auch (im Sinn lebenslangen Lernens) für Erwachsene aller Altersgruppen
- Austausch von Lehrenden zur Beschleunigung des Aufbaus von Sprachenunterricht in den Sprachen der Nachbarländer
- Hochschulkooperationen für bessere Durchlässigkeit der nationalen Bildungssysteme, Studierendenmobilität, Schwerpunktbildung und mehr Wettbewerb
- Evaluierung, inwieweit Stereotype über Staaten durch den Schulunterricht vermittelt werden, Koordination von „kritischen" Unterrichtsinhalten zwischen betroffenen Staaten

Kultur/Medien

- Änderung der Lizenzierungsbestimmungen für privaten Rundfunk- und TV-Programme – Berücksichtigung von Programminhalten von mitteleuropäischer Relevanz
- Noch stärkere Berücksichtigung zwischenstaatlicher Zusammenarbeit in der Förderung von Film- und Fernsehproduktionen
- Supranationale Leitprojekte im Kulturbereich (z. B. Ausstellungen) mit Ausstrahlungswirkung
- Initiativen auf EU-Ebene für ein EU-Rahmenprogramm für Kultur- und Medienförderung
- Intensive Nutzung neuer Technologien für grenzüberschreitende, mitteleuropäische Medien – vor allem durch die öffentlich-rechtlichen Rundfunkanstalten.

Es war Zeit, Position zu beziehen!

Kunst- und Kulturförderliches Umdenken

Anja Hasenlechner

Zurück aus der Zukunft

Reisen wir rund 50 Jahre in die Vergangenheit. Der Beginn des 21. Jahrhundert war gekennzeichnet von politischen und gesellschaftlichen Umbrüchen, deren Konsequenzen nicht abzuschätzen gewesen sind. In dieser Zeit entwickelten – damals zeitgenössische – Künstler Positionen, Denkweisen und Manifeste, die pointiert auf unsere veränderten Lebensbedingungen reflektierten und uns den Spiegel der Realität vors Gesicht hielten. Diese Postulate in Form von autonomen künstlerischen Arbeiten, standen im krassen Gegensatz zu Ignoranz, verkrusteter Tradition und dem Unwillen sich auf veränderte Gegebenheiten einzulassen, sich den Anforderungen und Bedürfnissen sämtlicher Generationen zu stellen und sich darauf zu verlassen, dass die Sonderrolle Österreichs als „Insel der Seeligen" in einem internationalen Kontext ohnehin nicht angetastet werden konnte.

Diese tradierte und wenig reformfreudige Agitationsweise – einige kompromisslose Konzepte und Initiativen ausgenommen – schaffte eine Kunst- und Kulturpolitik der Tradition, aber beeinflusste auch Tendenzen im privaten Kunstsponsoring, das sich zu einem großen Teil auf die Unterstützung von Orten des Bewahrens und Musealisierens – medial breit kommuniziert – zurückzog. Im Schönen und im Guten, kombiniert mit einem wohl dosierten Kunstskandal seine Befriedigung findend, den Erfolg durch Anerkennung bei breiten Publikumsschichten suchend, dominierten Inszenierungen ohne einen Bezug zur damaligen Gegenwart und Festivals, die eher Sportveranstaltungen glichen. Besucherzahlen und Medienpräsenz galten als maßgebliche Kriterien, wenn überlegt wurde, welche kulturelle Aktivität gesponsert werden sollte. Kunst wurde auf ihre ökonomische Verwertbarkeit reduziert, wie Peter Noever, Direktor des Museums für angewandte Kunst in Wien im Jahr 2000 formulierte: „Das aber kann sich als kurzsichtig erweisen: Kunst ist vor allem eine Investition in die Zukunft einer Gesellschaft, und die entscheidende Instanz sind dabei die Künstler und ihre Produzenten, nicht das Publikum."

Sowohl öffentliche wie private Kunstförderung musste am Beginn des 21. Jahrhunderts den Mut haben, sich komplexen und kontroversiellen Werken und künstlerischen Initiativen zu stellen. Eine derartige Vorgehensweise forderte Verantwortungsbewusstsein, persönliche Größe und mentale Großzügigkeit und hatte jede Form der selbstgefälligen Beurteilung und Unterstützung von Projekten, die allein mit den persönlichen Erfahrungswerten und Geschmacksurteilen kompatibel waren zu negieren. Nur durch absolute und uneingeschränkte Offenheit gegenüber zeitgenössischen künstlerischen Positionen und dem individuellem Eingeständnis, sich einem Lernprozess initiiert durch Kunst zu stellen, konnte es zu einer Optimierung von staatlicher wie unternehmerischer Förderkompetenz kommen. Unter den Experten herrschte Einigkeit: Förderer, Mäzene und Sponsoren waren ein relevanter Faktor für das kulturelle Selbstverständnis eines Landes. Diese Persönlichkeiten und Institutionen waren somit aufgerufen, sich zu entscheiden, ob sie Projekte der Erkenntnis oder belanglose und beliebige Produktionen unterstützten und ob sie bereit waren, von international anerkannten Experten und Fachleuten beraten, relevante gesellschaftspolitische Arbeit zu leisten. Und es war Arbeit, sowohl für den produzierenden Künstler, den Sponsor sowie das Publikum, das sich abseits von „Provokation" und „Skandal" Rufen mit Notwendigem auseinandersetzte und Räume betrat, die nicht durch Mainstream definiert waren.

Sponsoring durch Private, Unternehmen und kapitalkräftige Großkonzerne nahm – durchaus vorhersehbar – einen immer bedeutenderen Stellenwert sowohl im Wirtschafts- als auch im Kulturbereich ein. Private Zuschüsse ergänzten verstärkt öffentliche Mittel, da öffentliche Gelder nur begrenzt vorhanden waren. Kunstsponsoring hatte bewiesen, dass es ein effektives Instrument der Unternehmenskommunikation sein konnte und hatte sich in den letzten Jahren des 20. Jahrhunderts zu einem komplexen Marketingphänomen entwickelt. Es bot zahlreichen Unternehmen die Möglichkeit, ihre Kommunikationsziele am Markt zu erreichen sowie eine subtile Produktdifferenzierung, eine effiziente Zielgruppenansprache und eine entsprechende Imageverbesserung zu erzielen. Kunden erwarteten von einem Unternehmen neben einem Engagement im Umwelt- und Sozialbereich Impulssetzungen im kulturellen Bereich. Dies „zwang" Unternehmen, auf derart gestaltete gesellschaftliche Bedürfnisse zu reagieren und soziale sowie gesellschaftliche Verantwortung zu übernehmen. Die Unterstützung von kultureller Arbeit wurde somit immer mehr Teil des unternehmerischen Selbstverständnisses.

Generell handelte es sich beim Sponsoring um die Zuwendung von Finanz-, Sach- oder Dienstleistungen durch einen Sponsor an einen Gesponserten, sozusagen die Gewährung von Leistung und Gegenleistung, wobei feststand, dass der Sponsor die künstlerische Arbeit kommunikativ nutzen konnte. Kultursponsoren investierten mehrheitlich in Theater, die bildende Künste, Musik, Literatur und Film. Oft war es nicht eindeutig festzumachen, welches Motiv, das zu einer Unterstützung von künstlerischen Positionen führte, beim Förderer im Vordergrund stand. In vielen Fällen ist es eine Kombination von altruistischen Kulturförderungsmotiven und einer starken Hinwendung zu werblichen Möglichkeiten gewesen.

Um für den Sponsor eine Intensivierung seiner Tätigkeit gewährleisten zu können, war es notwendig, dass Kunstsponsoring nicht allein aus Image- oder werblichen Gründen durchzuführen. Der Förderer musste sich seiner gesellschaftlich-relevanten Rolle durch das Schaffen von Orten der Auseinandersetzung mit zeitgenössischer Kunst, bewusst sein. Es ging nicht darum, weltweit vermarktbare Events als Teil globaler Markenstrategien zu schaffen – unter dem Deckmantel des kulturellen Engagements – sondern im Sinne der Kunst zu handeln: Das war der Kulturauftrag, dem sowohl öffentliche wie private Förderer folgen sollten.

Also war Nachhaltigkeit gefordert, gepaart mit intellektuell motivierter Unterstützung und programmatischem Weitblick. Sowohl den Sponsoren, den Marketing- und PR-Abteilungen sowie den Kunstberatern wurde vernetztes und diskursives Denken abverlangt, damit Kultursponsoring als ein Kommunikationsinstrument im Unternehmen eingesetzt werden konnte. Kunstsponsoring wurde als Treiber gesehen, um die Effizienz der Unternehmenskommunikation weiter zu steigern. Denn durch prägnante und glaubwürdige Kommunikation war das Entscheidungsverhalten der Konsumenten in der durch Informationsüberfluss geprägten Medienwelt des frühen 21. Jahrhunderts positiv zu beeinflussen. Aber über diese Möglichkeiten und Strategien hinaus sollten das reale Interesse an der und der Mut für die Auseinandersetzung mit Kunst stehen, auch wenn diese auf den ersten Blick oft unverständlich, diffizil und befremdend erschien. Nur durch Innovation und Offenheit gegenüber Neuem, der Negation von Tradiertem, Bequemem, Bekanntem und angenehm Gewohntem konnte ein Kunstsponsoringprojekt erfolgreich sein und internationale Reputation erfahren.

Denn jedes Wirtschaftsunternehmen war für die Öffentlichkeit nicht nur eine wirtschaftlich definierbare Größe, sondern eine Persönlichkeit mit einer Identität. Die Bereitschaft eines Unternehmens sich im kulturellen Bereich zu engagieren, bedeutete, dass künstlerische Aussagen in die Unternehmenskommunikation eingebettet werden mussten. Der Einsatz anderer Kommunikationsinstrumente war im Idealfall systematisch zu kombinieren und zu optimieren. Dieses Vorgehen intendierte aber auch, dass sämtliche Sponsoringmaßnahmen widerspruchsfrei im Verhalten des Unternehmens nach innen und nach außen ausstrahlten – nur dann konnte es zu einem Erkenntnis stiftenden Prozess kommen, der auch das unternehmerische Leitbild prägte. Bei der Analyse von Sponsoringmodellen war zu einem großen Teil festgestellt worden, dass Unternehmen das Fördern von Innovation, Kreativität und die Auseinandersetzung mit der jeweiligen Gegenwart offenbar nicht in ihre unternehmerischen Leitbilder integrierten. Zu oft wurde in Projekte investiert, die ohnehin unumstritten waren und eine breite Publikumsresonanz besaßen.

Was hatte gefehlt? Gefragt war, sich mehr der Herausforderung des Neuen und Visionärem zu stellen. Gefragt war, Kunst als öffentliches Gut mit einem ihr eigenen Options- und Existenzwert zu sehen. Gefragt war, zu akzeptieren, dass Individuen allein durch das reine Angebot von Kunst und Kultur Nutzen erfahren. Diese Positionen galt es aber auch zu schützen.

Kunst hatte über die Jahrhunderte hinweg stets und hat nach wie vor durch ihren Vermächtniswert positive Auswirkungen auf nachkommende Generationen. Nicht nur der Prestigewert von Kunst, der durch eine Sponsoringaktivität auf ein Unternehmen abfärbt, darf ausschlaggebend für ein Engagement im Kunstbereich sein, sondern das wichtigste Kriterium von Kunst ist ihr Innovationswert für uns alle: Künstlerisches Schaffen ist Weiterentwicklung der Kreativität und Innovationskraft einer Gesellschaft. Genau dieses Phänomen wurde in den letzten fünfzig Jahren mehr und mehr der Ausgangspunkt für die Überlegungen von Sponsoren.

Zum besseren Verständnis sollten wir uns fragen, wie das Kunst- und Kultursponsoring am Beginn des 21. Jahrhunderts ablief. Am Anfang jedes Sponsorings stand ein Planungsprozess, wobei der Sponsor entschied, optimalerweise beraten von Fachkräften, in welchen Bereich (bildende Kunst, darstellende Kunst, Musik, Tanz, Medien, Film, Multimedia, Kreativwirtschaft) oder in welche Organisationsform oder Institution seine Unterstützung fließen und welche Zielgruppe angesprochen werden sollte. Das intellektuelle Kapital sowie das Image des Gesponserten sollten sich im Rahmen der Sponsoringaktivität auf den Sponsor übertragen. Wobei sich das Ansehen, das ein Projekt in der Kunstszene vorweisen konnte, nicht immer mit den medial vermittelten „Imagewerten“, die von Massenmedien oder bedingt Informierten transportiert wurden, deckte. Hier lagen eindeutig die Problematik des Sponsorings und die Fallstricke für seine Entscheidungsträger: Denn das Eingeständnis, dass die Wertigkeit von künstlerischen Positionen nur von Experten definiert werden konnte, erforderte Selbstreflektion des eigenen Kunstverständnisses fern von jeder persönlichen geschmacklichen Prägung und Präferenz. Darüber hinaus war gleichsam Respekt gegenüber der Kunst als eine Form der Spezialisierung gefragt, wie sie jeder anderen Fachrichtung diskussionslos zugestanden wurde. Die Wertigkeit von künstlerischen Positionen, das Ausmachen ihrer internationalen Anerkennung sowie das Erkennen des Potenzials bestimmter künstlerischer Aussagen konnte allein von Fachkräften definiert werden, der Sponsor hatte durch diese Empfehlungen die Möglichkeit, sein Wissen über Kunst, Gesellschaft und den Status quo der Gegenwart zu vertiefen. Es wurde zunehmend empfohlen, dieses Angebot anzunehmen und gegen „die Angst etwas falsch zu machen" bei der Auswahl der Aktivitäten massiv anzukämpfen. Hohe Glaubwürdigkeit, Reputation und respektable Sympathiewerte zu besitzen, gingen konform mit dem Selbstverständnis, Kenntnis und Erkenntnis zu vermitteln. Allein Faktoren wie Erinnerung, Bekanntheit und Zufriedenheit zu transportieren, war zuwenig und entsprach nicht den Anforderungen, die an Sponsoren und Förderer gestellt wurden.

Kunstsponsoring war und ist weiterhin kein Gegengeschäft, sondern eine Aufgabe und eine Herausforderung. Denn Kunst braucht weder Gönner noch Förderer, um zu existieren, aber unsere Gesellschaft benötigt Persönlichkeiten, Unternehmer, Visionäre, die es als selbstverständlich erachten, Rahmenbedingungen zu schaffen, wo Positionen und Gegenpositionen bestehen und wirken können. Inhaltliche wie gesellschaftspolitische Auswirkungen und Infragestellungen mit eingeschlossen.

Viele Köche und ein Einheitsbrei?

Blickt man auf die österreichische Geschichte der Kunstförderung am Ende des 20. Jahrhunderts zurück, so war die österreichische Kunst- und Kulturlandschaft in Finanzierungsfragen weiterhin zu einem großen Teil abhängig von den Programmen der Gebietskörperschaften. Erst ab den 80er Jahren wurde überhaupt über die Möglichkeit des unternehmerischen Sponsorings nachgedacht. Begründet war dieses starke Engagement des Staates in der politischen Besetzung der Regierungen durch die SPÖ, welche über Jahre allein die Regierung führte und die Auffassung vertrat, dass sich hinsichtlich Kultur die Rolle des Bundes nicht nur auf die Festlegung der gesetzlichen Rahmenbedingungen zu beschränken hätte, sondern mittels staatlicher Förderung die Freiheit von Kunst und Kultur auch gesellschaftskritisch zur Entfaltung kommen könne. Kultur diente eben nicht nur der Bestandsicherung sondern konnte als Steuerungsinstrument auf kulturellem, sozialem und politischem Gebiet verstanden werden. Dieses Modell fußte auch auf der Überlegung, dass Kulturschaffende gezwungen waren, falls die finanzielle Unterstützung durch den Staat nicht gewährt wurde, die Kosten ihrer Produktionen auf die Rezipienten umzuwälzen: Kunstkonsum wäre dann – im Extremfall – nur einer kleinen Elite möglich.

Erste Änderungen dieser Situation ergaben sich mit der Regierungsbeteiligung der ÖVP, welche die Regierungsgeschäfte gemeinsam mit der SPÖ ab dem Jahr 1986 führte. Die ÖVP vertrat für den Bereich Kulturfinanzierung eine zur SPÖ konträre Position: Nicht der Staat allein sollte sich um die Finanzierung von Kunst und Kultur verantwortlich zeigen, sondern die Wirtschaft sollte an ihre gesellschaftliche Verantwortung erinnert werden und sich ebenso finanziell einbringen.

Spannend und umstritten blieb auch stets die Frage der Kompetenzaufteilung im Kulturbereich in Österreich. Während der Regierung Schüssel II, die im Frühjahr 2003 angelobt wurde gab es beispielsweise folgende Ressortaufteilung: Das Bundesministerium für Bildung, Wissenschaft und Kultur war neben Angelegenheiten das Schulwesen und die Wissenschaft betreffend, für Museen, den Denkmalschutz, die Österreichische Nationalbibliothek, die Phonothek sowie die Hofmusikkapelle zuständig. Weiters wurden die Volksbildung, die Angelegenheiten der schulischen, wissenschaftlichen, kulturellen, kirchlichen Stiftungen und Fonds organisiert sowie die Förderung von Schul- und Kulturfilmen. Das Bundeskanzleramt wiederum war für die Angelegenheiten der Kunst und der Bundestheater zuständig, das Bundesministerium für auswärtige Angelegenheiten zeichnete sich für den internationalen kulturellen Austausch verantwortlich. Die Ursachen dieser Kompetenzaufteilung lagen stets im machtlüsternen Zugang zur Verwaltung und dem ohnmächtigen Zugang zur Gestaltung von Kunst und Kultur. Die Aufteilung der Kulturkompetenzen warf bezüglich ihrer Effizienz und Übersichtlichkeit immer wieder die Frage einer Zusammenlegung der Kunst- und Kulturagenden auf. Eine ganzheitliche Sichtweise wollte oder konnte die Politik jedoch nicht entwickeln.

Der zuständige Staatssekretär Morak begründete beispielsweise im Rahmen einer Sitzung des Bundesrates die unterschiedlichen Verantwortungsbereiche im März 2000 folgendermaßen: „Die Anbindung der Auslandskulturpolitik an das Außenministerium sei jedenfalls als sinnvoll zu erachten, denn nur durch diese sachlich nahe liegende Verknüpfung sei es der österreichischen Auslandskultur möglich, im Rahmen der begrenzt zur Verfügung stehenden Mittel solch beachtliche Leistungen zu erbringen. Die Ansiedlung von Museen, Denkmalschutz und Nationalbibliothek im Unterrichtsministerium habe sich bewährt und solle insbesondere im schwierigen Umstellungsprozess der österreichischen Bundesmuseen hin zu selbständigen Anstalten keine Änderung erfahren. Die Zuteilung der zeitgenössischen Kunst und Kunstförderung – gemeinsam mit den Medien – in den Antwortungsbereich des Bundeskanzlers schließlich, sei als gewinnbringend für die Kunst anzusehen, da gerade im Hinblick auf die EU die Zusammenfassung von Kunst und Medien in einer Hand Vorteile bringe. Die frühere Kompetenzregelung, wonach Kunst, Sport und Europaagenden dem Staatssekretär im Bundeskanzleramt übertragen wurden, haben bei Kunstschaffenden oftmals den Eindruck erweckt, dass durch diese Zusammenfassung von inhaltlich sehr unterschiedlichen Kompetenzen die Kunst nicht die ihr zuständige Beachtung gefunden habe."

Die Meinungen, ob die Aufteilung der Kulturagenden auf mehrerer Ministerien und das Bundeskanzleramt sinnvoll war oder ob es doch einer Zusammenlegung der zahlreichen Kompetenzgebiete und damit die Gründung „Superkunstministeriums" bedurfte, gingen auseinander. Seitens der „IG Kultur Österreich – Interessensgemeinschaft der freien und autonomen Kulturarbeit" bestand die Forderung nach einem Ministerium für Kunst, Kultur, Medien und Kommunikation. Im Rahmen des Weißbuches zur Reform der Kulturpolitik in Österreich aus dem Jahr 1999 wurde die Gründung eines Kulturministeriums vorgeschlagen, das sämtliche kulturelle Arbeitsbereiche in einem Haus vereinen sollte. Das Weißbuch regte weiters an, dass das so genannte Bundesministerium für Kultur und Medien folgende Verwaltungseinheiten repräsentieren sollte: Sektion für Kunstangelegenheiten, Abteilung für Medienangelegenheiten und Publizistikförderung, kulturpolitische Sektion – Auslandskultur, Kunstuniversitäten, Kultur- und Kunstangelegenheiten, Nationalbibliothek, Bundesdenkmalamt, Phonothek, Hofmusikkapelle und Telekommunikation. Dieses Ministerium hätte Kompetenzbereiche von vier verschiedenen Stellen, dem Bundeskanzleramt, dem Außenministerium, dem Verkehrsministerium sowie dem Unterrichtsministerium vereint. Laut Weißbuch wären durch eine derartige Zusammenlegung Synergien zu erschließen und eine stärke Vertretung der Kulturangelegenheiten zu erreichen gewesen. Die dunkle Seite der Medaille wäre in einer potentiell verstärkten Bürokratisierung von Kunst sowie eine monopolistische Einflussnahme einzelner Zuständiger in einem „Superkunstministerium" zu suchen gewesen. Die Aufsplitterung hatte damals nur einen bescheidenen Vorteil, dass durch die Einbindung von zahlreichen unterschiedlichen Bundesstellen und den dort agierenden Verantwortlichen kulturellen Initiativen eine bestimmte Unbegrenztheit gelassen wurde.

Weg mit der provinzielle Macht und Ohnmacht

Der gordische Knoten wurde schlussendlich durchtrennt. Abseits der hemmenden Strukturen musste und sollte in Hinblick auf langfristige Entwicklungen Kunst und Kultur ein integrativer Teil der österreichischen wie europäischen Positionierung werden. Gerade die jüngeren Generationen sahen in der Kunst- und Kulturförderung – ebenso wie im verstärkten bildungspolitischen Engagement – eine vorteilhafte Investition in die gesamte Gesellschaft zu. Zahlreiche Reformen sowohl für das öffentliche Förderwesen als auch Initiativen für den privaten Umgang mit Sponsoringaktivitäten waren notwendig. Das öffentliche österreichische Förderungswesen am Beginn des 21. Jahrhunderts war von zahlreichen Schwachstellen geprägt. Es bestand die dringende Notwendigkeit, staatliche Förderung auf jeden Fall mit privaten Förderungsformen zu kombinieren und für diese Interaktion wurden Strukturen, Instrumente sowie Qualitäts-Kontrollorgane geschaffen. Grundlage dafür bot eine Österreich-Agenda für Kunst- und Kulturpolitik, eine neue Form eines kulturpolischen Weißbuches, die auf zeitgemäße Fragen und Problemstellungen reagierte.

Das letzte Weißbuch war 1997 vom damaligen Bundeskanzler Viktor Klima in Auftrag gegeben worden. Als Basis diente damals der Erfahrungsaustausch von Kunst- und Kulturexperten, die über die Reformnotwendigkeiten der Kunstverwaltung und Kulturförderung reflektierten. Verschiedenste Themenbereiche wurden behandelt, unter anderem die grundsätzlichen Aufgaben und Möglichkeiten der öffentlichen Kunstverwaltung, die Erfahrungen mit und die Kritik an der österreichischen Kunstverwaltung, konkrete detaillierte Verbesserungsmöglichkeiten sowie internationale Beispiele öffentlicher Kulturverwaltungen und mögliche Modelle öffentlichen Kulturmanagements

Die Österreich-Agenda für Kunst- und Kulturpolitik verfolgte andere Ziele. Sie versuchte, eine Reform der Kulturpolitik zu entwerfen und die verstärkte Integration von privaten Förderern in das österreichische Kunst- und Kulturleben an zudenken. Zentrale Inhalte waren Voraussetzungen und Ziele, Verwaltungsfragen, die Absetzbarkeit von Kunstankäufen sowie zeitgemäße Anforderungen an die österreichische Kulturpolitik.

Als Autoren der Agenda wurden Experten eingeladen, die einer jüngeren Generation von Künstlern und Kulturschaffenden angehörten, und damit sicherstellten, dass innovative und die Gegenwart betreffende Impulse in das Buch integriert wurden. Die Österreich-Agenda für Kunst- und Kulturpolitik offerierte nicht nur Ideen zur Gestaltung der zukünftigen Kulturpolitik, sondern diente mit ihren visionären Ansätzen als Wegweiser und setzte langfristige kulturpolitische Maßstäbe.

Die Aussage des Weißbuches Kulturpolitik aus dem Jahr 1997, „die österreichische Kulturpolitik steht in einem ständigen Kampf um die Herstellung eines Gleichgewichtes zwischen Ausgaben verschlingendem, aber hochprofitablen kulturellem Erbe und der wesentlich kostengünstigeren, aber um vieles weniger gewinnbringenden zeitgenössischen Kunst“ war auch zehn Jahre später weiterhin als gegeben zu sehen und es wurde überprüft, inwieweit ein massiver Schwerpunktes im zeitgenössischen Kunstbereich gesetzt werden konnte, der auch die Förderung von qualitativ hochwertigen Projekten im regionalen Bereich zum Thema haben sollte.

Auf europäischer Ebene kam es zu einem Ausbau der „Artists in Residence-Progamme“ des Bundeskanzleramtes. Im Rahmen dieser Initiative wurden in Österreich Gastateliers und Ateliers im Ausland angemietet, die in Kombination mit monatlichen Stipendien auf Vorschlag von Jurys freiberuflich bildenden Künstlern und Fotographen zur Verfügung gestellt wurden. Dabei handelte es sich um eine Maßnahme zur Verbesserung des internationalen Erfahrungsaustausches und der Festigung von relevanten „Kunstnetzwerken“. Der Einfluss der EU auf den Kulturbereich hatte durch die Einführung einer gemeinschaftsrechtlichen Kulturkompetenz stark zugenommen. Kunst- und Kulturförderung wurde aufgrund der erweiterten Befugnisse der EU als privilegierte Zwecksetzung der Gemeinschaft gesehen.

Das heute, im Jahr 2050 vorherrschende, auch finanziell gleichwertige Nebeneinander und Miteinander der beiden Förderformen „öffentlich“ und „privat“ konnte nur im Ringen um eine qualitativ hochwertige und international anerkannte Kulturverantwortung im Zusammenspiel von Staat, Unternehmen und Privatpersonen in Österreich verwirklicht werden. Dieser Aufgabe hatten sich die Verantwortlichen über die Jahre hinweg zu stellen. Sponsoringmaßnahmen wurden zunehmend nicht allein aufgrund ihrer PR-Tauglichkeit und Werbewirksamkeit gesetzt. Es zählte zum Selbstverständnis des einzelnen Sponsors, sich der Verwirklichung neuer Projekte zu widmen, innovative Ideen zu unterstützen und sich nicht allein von zeitgeistig bedingten Imagewerten und temporären Bekanntheitsgraden leiten zu lassen.

Sponsoren unterstützen heute – gemeinsam mit kompetenten und weit blickenden Beratern aus der Kunstszene – Vorhaben, die komplex und nicht gefällig zukünftig einen hohen künstlerischen Wert aufweisen, der manchmal gegenwärtig nur einer kleinen, informierten Gruppe verständlich ist. Die Verantwortung der Förderer besteht darin, allen gesellschaftlichen Schichten dieses intellektuelle Know-how nicht vorzuhalten. Eine einseitige Narkotisierung der breiten Masse mit Großveranstaltungen, Megaschauen und simpler Kunstanimation hat dramatisch abgenommen. Sponsoren haben gelernt, dass sie bei ihrem Engagement nur gewinnen können. Die

Öffentlichkeit hat Investitionen privater Geldgeber stets positiv gesehen. Unternehmern wurde und wird in Fragen der Kunst- und Kulturförderung weitaus mehr Kompetenz als öffentlichen Stellen zugeschrieben. Somit ist es möglich, dass Unternehmen Verantwortung mit Finanzkraft und Idealismus mit gesellschaftlicher Verpflichtung verbinden.

Auch im öffentlichen Bereich hat sich viel geändert: Es wurde rechtzeitig erkannt, dass zuviel öffentliche Förderungen eine Gefahr des starren staatlichen Regulierens, die Willkür eines anonymen Beamtenapparates sowie die zu starke Beeinflussung des Lebensbereiches Kunst durch bestimmte Ideologien birgt. Die Öffentlichkeit forderte eine hohe Wachsamkeit gegenüber der staatlichen Fördergewalt. Private Förderer wurden verstärkt ermutigt, sich einzubringen, um mit ihren Interessen und Einschätzungen einen Gegenpol zum „Kulturstaat" einzunehmen. Alles unter der Prämisse der Auseinandersetzung und des Zulassens höchster qualitativer Ansprüche. In der Folge wurden Fachjurys und Beirate verjüngt, mit international anerkannten Fachleuten ergänzt und oft jährlich ausgetauscht, um Pluralität der Entscheidungsfindungen zu gewährleisten und einseitige Lobbybildungen zu verhindern.

Am Ende näherte man sich einer allgemein anerkannten Position, die Karl-Heinz Strassl einmal formulierte: *„Kultur ist nicht Luxus, Kultur ist die Seele einer Gesellschaft."* oder wie Richard von Weizsäcker zu sagen pflegte: *„Kultur ist Ausdruck für die Art, in der wir miteinander umgehen."*

Zusammenfassung:

In den nächsten Jahren ist es erforderlich, neue Strategien, Methoden und Instrumente im Bereich der staatlichen sowie der unternehmerischen Kunst- und Kulturförderung zu implementieren, um den Anforderungen unserer Zeit nachhaltig und qualitativ hochwertig zu entsprechen. Ziel muss es sein, eine langfristige Entlastung des staatlichen Subventionswesens durch ein intelligentes privatwirtschaftliches Kunst- und Kulturengagement zu erreichen.

Unternehmen sind gefordert, Kunst- und Kultursponsoring nicht allein als Marketingmaßnahme zu begreifen. Gefragt sind Wirtschaftstreibende, die durch die Einbindung ihres Unternehmens in die Weltwirtschaft und deren globale Strukturen und Problemstellungen auch eine „moralische" und „idealistische" Komponente in ihrem Firmenleitbild integrieren. Nicht nur die Gewinne auf kommerzieller Ebene zählen, sondern auch die Bereitschaft, soziale Denk- und Lösungsansätze zuzulassen und zu leben.

Prozesse des freien und uneingeschränkten Denkens und Handelns können nur durch die Auseinandersetzung mit Kunst eingeleitet werden. Kunst ist eine einzigartige Kraft, die in ihrer Subversivität, in ihrer Diskursfähigkeit, in ihrer Negation der Instrumentierbarkeit und in ihrer unabhängigen Reflexion über das Leben in all seinen Facetten per se bestehen kann. Kunst braucht keine Unterstützung, aber Unternehmen brauchen Kunst, um sich weiterzuentwickeln. Sie sind verpflichtet, Rahmenbedingungen für die Konzeption von Visionen zu schaffen – nur dann kann unternehmerisches Kunstsponsoring, das bedingungslos Relevanz und Qualität vertritt, Konzepte der staatliche Kunstförderung unterstützen und in weiterer Folge auch ersetzen.

Ein großer Vorteil des unternehmerischen Kunst- und Kultursponsorings gegenüber dem staatlichen ist die Flexibilität. Wirtschaftliches Denken ist flexibles Denken und entspricht kreativen Strukturen. Entscheidungsträger die in unternehmerischen Strukturen arbeiten, müssen ständig auf Veränderungen unserer Zeit reagieren und sich mit Neuem und Unbekanntem auseinandersetzten. Unternehmer sind offener, zukunftsorientierter und risikobereiter als staatliche Entscheidungsträger, die über Jahre – wenn nicht sogar Jahrzehnte eingesetzt – oft pragmatische, einseitige und einem persönlichen Geschmacksurteil untergeordnete Entscheidungen treffen.

Bei der Kunstförderung steht wie bei der Führung eines Unternehmens Fortschrittlichkeit und Nachhaltigkeit im Vordergrund – ein ständiges Reagieren auf die Gegenwart – gepaart mit einem antizipativen Gestalten der Zukunft. Vorraussetzung für ein produktives unternehmerisches Kunst- und Kultursponsoring ist, dass Unternehmer bereit sind, gesellschaftliche Entwicklungen und Tendenzen, auch wenn diese kontroversiell sind, im Rahmen von Kunstprojekten eine Bühne zu geben. Das Feld darf nicht Marketingexperten und Werbestrategen überlassen werden, sondern die Freiheit der Kunst muss in jeder Form ihrer Ausführung und ihres Ausdrucks unterstützt werden.

Ein sinnstiftendes Kunst- und Kultursponsoring kann nur von nachhaltig denkenden und engagierten Unternehmern übernommen werden, die Individualität und Selbstbestimmung nicht nur ihren Konsumenten predigen, sondern auch in ihren eigenen Strukturen leben; Unternehmer, die nicht nur auf die Stärkung ihrer Marke im öffentlichen Raum setzen, sondern bewusst Geld für Kunst der Rolle der Kunst wegen in die Hand nehmen.

Kunst muss ein Teil des unternehmerischen Selbstverständnisses sein. Die Entscheidung für die Unterstützung von spezifischen Kunstinitiativen sollte im Idealfall gemeinsam mit internationalen Kunstexperten gefällt werden, um Antiquiertem und Tradiertem vorzubeugen und qualitativ hochwertige Partnerschaften zu entwickeln. Kunst darf nicht als dekoratives Element sowohl im bildenden, darstellenden oder Musikbereich verstanden werden. Die Dimensionen sind viel umfassender: Kunst- und Kultursponsoring ist für Unternehmen eine moralische Verpflichtung, um soziale und politisch Denkanstösse zu transportieren. Damit kann und wird die Wirtschaft einen entscheidenden Beitrag zur fruchtbringenden und nutzenstiftenden Weiterentwicklung unserer Gesellschaft leisten. Wenn sich heute hunderte Firmen im *International Directory of Corporate Art Collections* wieder finden, dann spricht das für Quantität. In den nächsten Jahren wird jedoch über das pure Engagement hinaus das Bekenntnis zur Qualität der Inhalte und Positionen im Vordergrund stehen – und da sind wir erst am Anfang einer Entwicklung. Österreich hat eine lange Reise vor sich!

Frischzellenkur nach Lissabon!

Österreichs Wirtschaft im Jahre 2050

Patrick Voller

Einleitung

Die österreichische Bundesregierung hat in den vergangenen Jahren daran gearbeitet, Österreich wettbewerbsfähiger zu gestalten und gut für die Herausforderungen der Zukunft aufzustellen. Pensionsreformen, höheres Bildungsniveau, Zunahme der Unternehmensneugründungen, starke Exportwirtschaft, geringe Arbeitslosigkeit, Umweltschutz und eine hohe Lebensqualität, um nur einige Beispiele zu nennen.

Demographie- und eng damit verbundene Wirtschaftsprognosen zeigen aber für das Jahr 2050 ein bedrohliches Szenario für Österreich und die gesamte Europäische Union, falls die Politiker nicht rasch und richtig handeln. Was bedeutet es für das Unternehmertum und die österreichische Wirtschaft, wenn im Jahr 2050 ein Drittel der Bevölkerung über 60 Jahre alt sein wird?

Die EU kann auch scheitern. Es gibt keine Garantie, weder für ein Vorankommen des europäischen Integrationsprozesses, noch für eine positive demokratische Entwicklung. Auch für die Irreversibilität des europäischen Projekts gibt es keine Garantie. Vielfach werden von der Europäischen Gemeinschaft Bedingungen aufgestellt, die dann aber nicht eingehalten werden. Die Europäische Union und vor allem die letzte und bisher größte Erweiterungsrunde ist sicherlich die richtige Antwort auf die Globalisierung. Die Erweiterung war ein überfälliger wirtschaftlicher Normalisierungsprozess. Die zunehmende wirtschaftliche Verflechtung gilt als Erfolgsstory eines friedlichen Europas.

Auch wenn Österreich zu den Nettozahlern in der Europäischen Gemeinschaft zählt, dürfen vor allem die jüngeren Generationen das Friedenskonzept und die europäische Solidargemeinschaft nie aus den Augen verlieren. Der Europäische Integrationsprozess war vor einigen Jahren noch leichter zu argumentieren, da wesentlich mehr Europäer der Kriegsgeneration aktiv am Wirtschaftsleben teilnahmen. Mit dem kontinuierlichen Rückgang dieser Bevölkerungsschicht wird es immer schwieriger, den Menschen die EU als Friedensidee nahe zu bringen. Wir sollten uns immer wieder folgende Frage vor Augen führen: Wie viel kostet eine Minute Frieden in Europa? Was ist uns eine Minute Frieden wert?

Dieser Beitrag versucht aufzuzeigen, wo die großen Knackpunkte für die Wirtschaft liegen und wie wir sie lösen können.

Schwachpunkte der österreichischen Wirtschaft sind beispielsweise die unterdurchschnittlichen Forschungs- und Entwicklungsausgaben in der EU, die schlechte Einbindung älterer Menschen in den Arbeitsmarkt, der Rückgang von Unternehmensinvestitionen, die hohe Steuerbelastung, eine zu starre Regelung der Berufszugangsrechte und hohe Kostenineffizienzen aufgrund der Mehrfach-Sozialversicherungssysteme. Genau hier müssen die österreichischen Politiker ansetzen. Eine Frischzellenkur für die österreichische Wirtschaft steht an.

Wachstum in Gefahr: Wirtschaftsentwicklung 2050

Die rasch alternde Bevölkerung wird in Österreich und den anderen EU-Staaten in den kommenden Jahrzehnten massive Wirtschafts- und Finanzprobleme schaffen. Explodierende Budgetdefizite und weniger Wachstum begründet durch Pensionsausgaben sind vorhersehbar. Renommierte Chefökonomen großer europäischer Banken warnen vor einem jährlichen Rückgang des Wirtschaftswachstums um 0,4%, blieben Reformen sowohl auf dem Arbeitsmarkt, als auch der Pensions- und Einwanderungsregelungen aus. Die Ausgaben für Pensionen würden von derzeit 10% auf 28% des Bruttoinlandsprodukts (BIP) im Jahr 2050 steigen, die Budgetdefizite um bis zu sieben Prozent.

Die Alpenrepublik wird zur Altenrepublik. Die Zahl der Erwerbstätigen pro Pensionisten wird sich bei einer Fortsetzung des derzeitigen demographischen Trends (niedrigere Geburtenrate und längere Lebenserwartung) bis 2050 mehr als halbieren. Kamen in der Europäischen Union der 15 im Jahr 2000 noch 4,16 Personen im erwerbsfähigen Alter (15 bis 64 Jahre) auf eine Person im Pensionsalter (über 65 Jahre), werden es im Jahr 2050 nur noch 2,05 Personen sein. In Österreich ist der Rückgang noch größer, nämlich von 4,23 auf 1,85 Erwerbstätige pro Pensionist – alles natürlich Annahmen *ceteris paribus.* Die skandinavischen Länder befinden sich in einer besseren Situation, dank geeigneteren Kinderbetreuungseinrichtungen sowie einer familienfreundlicheren Gesellschaftsstruktur und können somit auf eine höhere Geburtenrate bauen als ihre südlicheren Nachbarn.

Die wirtschaftlichen Auswirkungen dieser Entwicklung sind dementsprechend dramatisch. Da die EU-Staaten aufgrund der explodierenden Pensionsausgaben entweder sparen oder höhere Budgetdefizite in Kauf nehmen müssen, wird das potenzielle jährliche Wirtschaftswachstum der EU von derzeit 2% bis 2050 auf wahrscheinlich weniger als 1% fallen.

In Folge wird das wirtschaftliche Gewicht der Union in der Welt nahezu halbiert werden und der Anteil an der gesamten Weltproduktion von derzeit 18% auf 10% fallen, während jener der USA von 23% auf 26% steigen wird.

Diese Prognose ist, vor allem in Hinblick auf das Lissabon-Ziel der Europäischen Union, bis zum Jahr 2010 zum wettbewerbsfähigsten und dynamischsten wissensbasierten Wirtschaftsraum in der Welt zu werden, der fähig ist, ein dauerhaftes Wirtschaftswachstum mit mehr und besseren Arbeitsplätzen und einen größeren sozialen Zusammenhalt zu erzielen, ein mehr als dramatisches Alarmsignal. Österreich und die gesamte Europäische Union müssen daher alle Hebel in Bewegung setzen, um diese Probleme in den Griff zu bekommen, besonders im Wettbewerb mit langsamer alternden Gesellschaften wie der der USA.

Gefragt ist ein *„policy-mix"* für Österreich um die Erwerbstätigen länger im Arbeitsprozess zu halten und mehr Personen auf den

Arbeitsmarkt zu bringen. Eine wichtige Frage in Bezug auf Wirtschaftswachstum und Arbeitslosigkeit wird die Verlängerung bzw. Verkürzung der Wochenarbeitszeit sein. Hier gilt es für österreichische Politiker eine Gratwanderung zwischen ökonomischer Sinnhaftigkeit und sozialer Verträglichkeit zu vollführen.

Zukunftsvision und Handlungsempfehlung

Derzeit sieht es so aus, als werden Österreich und die EU die Wirtschafts- und Beschäftigungsziele der Lissabon-Erklärung klar verfehlen, wenn wir die gemeinsamen Bemühungen um mehr Anpassungsfähigkeit, um ein größeres Arbeitskräfteangebot und um mehr Investitionen in Humankapital nicht intensivieren.

Die aktuelle Konjunkturschwächung fördert die Arbeitslosigkeit. Die rasche Alterung der Gesellschaft erschwert zudem die Fähigkeit Europas, wettbewerbsfähig zu bleiben und in Zukunft sogar eine noch höhere Beschäftigung und größeres Wirtschaftswachstum zu erreichen. Österreich und Europa benötigen daher mehr und produktiver arbeitende Menschen. Folgende politische Anstrengungen scheinen daher notwendig:

1. Mehr Anpassungsfähigkeit auf Seiten der Arbeitnehmer und der Unternehmer

Sozialpartner, Unternehmer und Arbeitnehmer müssen ihre Fähigkeit, Veränderungen zu antizipieren, auszulösen und zu absorbieren ausbauen, um mehr Arbeitsplätze schaffen und besetzen zu können. Wesentliches Element dabei wird sein, Unternehmensgründungen noch viel mehr zu fördern und den Abbau der administrativen und regulativen Barrieren der Neugründungen zu forcieren. Ein besserer Zugang zu Finanzierung und Beratungsdiensten muss parallel dazu geschaffen werden.

Investitionen in Forschung und Entwicklung müssen durch gesetzliche und steuerliche Anreize gefördert werden. Der bessere

Schutz von Eigentumsrechten und ein förderlicheres steuerliches Umfeld sind nur zwei Beispiele dieser Kategorie. Auch die Anwendung gemeinsamer Normen muss Österreich im europäischen Binnenmarkt noch intensiver verfolgen.

Der österreichische und europäische Arbeitsmarkt müssen flexibler werden. Diese Flexibilität liegt sowohl im Interesse der Arbeitgeber als auch dem der Arbeitnehmer. Kinderbetreuung und die Pflege von Angehörigen muss kompatibler gemacht werden. Die Sozialpartner sind aufgerufen, die im Rahmen der Standardarbeitsverträge mögliche Flexibilität auszuschöpfen oder neue Richtlinien zu schaffen. Zu befürchten ist, dass ein doppelter Arbeitsmarkt entsteht, in dem „Insider" von einem hohen Beschäftigungsschutz profitieren, während eine wachsende Anzahl an „Outsidern", wenn überhaupt, mit schlechteren Arbeitsverträgen eingestellt werden. Die Politiker stehen vor der Herausforderung eine gute Balance zwischen Flexibilität und Sicherheit zu finden. Ein verstärkter Einsatz von Zeitarbeitsfirmen, sowie mehr Teilzeitarbeit und flexiblere und schlanke soziale Sicherungssysteme sind Meilensteine auf dem Weg in das Jahr 2050.

2. Arbeitsmarkt attraktiv gestalten

Österreich muss Arbeit zu einer echten Option für alle machen! Die Erwerbsbeteiligung muss gesteigert und der Arbeitmarkt für mehr Menschen attraktiv gemacht werden. Österreich hat im Vergleich zu anderen EU-Mitgliedsstaaten eine hohe Gesamtbeschäftigungsquote und eine verhältnismäßig hohe Beschäftigungsquote von Frauen. Die Beschäftigungsquote von älteren Arbeitnehmern ist jedoch sehr niedrig. Das Beschäftigungswachstum darf sich in Richtung 2050 nicht noch weiter verlangsamen und den negative Trend der Arbeitslosenzahlen gilt es umzukehren.

Die Politiker sind aufgefordert, umfassende Strategien für das aktive Altern zu entwickeln: Einerseits ist die Inanspruchnahme des vorzeitigen Ruhestands zu verringern. Andererseits sind Anreize für eine längere Erwerbstätigkeit zu gewährleisten: Sowohl durch Anpassung der Arbeitsbedingungen als auch durch besseren Zugang zur Weiterbildung.

Das aktive Altern kann nur dann erfolgreich in die Gesellschaft integriert werden, wenn es von einem radikalen Politik- und Kulturwandel, weg von der Förderung des vorzeitigen Ruhestandes, begleitet wird. Dies gilt es durch folgende Maßnahmen umzusetzen: Schaffung von gesetzlichen und finanziellen Anreizen für längeres Arbeiten, für die Einstellung und Weiterbeschäftigung älterer Arbeitnehmer und die Sicherstellung der Ausbildung für alle Altersgruppen, vor allem für gering qualifizierte und ältere Arbeitnehmer. Arbeiten mit 60 muss die Norm werden!

Die weitere Erhöhung des Frauenbeschäftigungsanteils muss durch den Einsatz folgender Maßnahmen forciert werden: Schaffung von mehr Kinderbetreuungseinrichtungen, Prüfung der Auswirkungen der Kinderzulagen, Verhinderung des geschlechtsspezifischen Lohngefälles und der sektoralen und beruflichen Segregation sowie die Schaffung von Betreuungseinrichtungen für Kinder und ältere Menschen, die dem Bedarf von erwerbstätigen Frauen angepasst sind.

Um den Weg der Menschen in den Arbeitsmarkt zu erleichtern, muss Österreich die Arbeitslosigkeits-, Nichterwerbstätigkeits- und Niedriglohnfallen beseitigen. Die Herstellung des Gleichgewichts zwischen Steuern und Sozialleistungen, vor allem bei Niedriglohnempfängern, steht dabei im Vordergrund.

Nicht zuletzt wird Österreich auch einsehen müssen, dass einer viel besseren Integration von Einwanderern durch die Förderung von Unternehmensgründungen durch Einwanderer viel mehr Aufmerksamkeit gewidmet werden muss und auch umzusetzen ist.

3. Wirksamer in Menschen investieren

Um auch noch über das Jahr 2050 hinaus konkurrenzfähig in Europa zu sein, müssen die österreichischen Politiker schon heute mehr in die Qualifikationen der Österreicherinnen und Österreicher investieren. Viele potenzielle Arbeitnehmer sind aufgrund zu geringer oder falscher Qualifikationen nicht in den Arbeitsmarkt integriert. In Bezug auf den fortschreitenden technologischen Wandel, wird jene Marktwirtschaft profitieren, welche dafür sorgt, dass neben einem höheren Bildungsniveau auch das „lebenslange Lernen" in Österreich Realität wird. Die Aufgabe der Politiker ist es, den Bedarf an Qualifikationen möglichst rasch und präzise zu antizipieren. Es gilt, kreative Kostenbeteiligungssysteme, zum Beispiel auf sektoraler oder regionaler Ebene, um deren Finanzierung zu ermöglichen, zu finden. Vor allem Österreich ist aufgerufen, in den Zugang zur Ausbildung und Weiterbildung – insbesondere von gering qualifizierten Zuwanderern – zu investieren.

4. Reform der Beschäftigungspolitik

„Reformpartnerschaften" wird das Schlagwort für die Umsetzung dieser Maßnahmen sein. Regierungs- und Oppositionspolitiker, sowie Sozialpartner müssen die Unterstützung und Beteiligung der verschiedenen Betroffenen mobilisieren und die Öffentlichkeit vom Reformbedarf überzeugen. Reformen als Überlebensstrategie für alle Teile der Gesellschaft.

5. Verstärkter Export als Problemlösungsansatz

Der Export ist einer der wichtigsten Säulen der österreichischen Wirtschaft. Er ist der Motor der Konjunktur. Waren- und Dienstleistungsexporte machen zusammen mehr als 50% des österreichischen BIP aus. Ein Prozent Warenexportsteigerung bedeutet rund 10.000 neue Arbeitsplätze. Dienstleistungsexporte von 1.000 Euro ziehen Warenexporte von rund 7.000 Euro nach sich. Direktinvestoren, sowohl „outgoing" als auch „incoming", schaffen und sichern Arbeitsplätze.

Die österreichische Wirtschaft, als kleine und offene Volkswirtschaft, hat die politische Erweiterung der Europäischen Union zum 1. Mai 2004 wirtschaftlich schon lange vorweggenommen.

Insgesamt wurden im Jahr 2003 16,6 Mrd. Euro aus Österreich in die zehn neuen Beitrittsländer investiert. Österreich ist der führende Investor in Slowenien (32%) und Kroatien (29%). In der Slowakei, in Ungarn und der Tschechischen Republik belegt Österreich den 3. Rang. Unter den besten zehn ausländischen Investoren findet sich Österreich, auch Bulgarien (4) und Rumänien (7). Gerade in diesen beiden Ländern steckt noch viel Potenzial und Aufholbedarf für die österreichische Wirtschaft.

6. Europa braucht eine konzertierte Wirtschaftspolitik

Europa soll bis zum Jahr 2010 zum wettbewerbsfähigsten wissensbasierten Wirtschaftsraum der Welt avancieren. Derzeit deuten aber alle Prognosen darauf hin, dass Europa gegenüber den USA weiter an Boden verliert. Daher braucht Europa auch eine konzertierte Wirtschaftspolitik vor allem in den Bereichen Geld- und Währungspolitik, Budget- und Fiskalpolitik, Lohnpolitik sowie Strukturpolitik.

Diese wird im Rahmen des Europäischen Systems der Zentralbanken (ESZB), worin auch Österreich durch den Gouverneur der Österreichischen Nationalbank (ÖNB) vertreten ist, von der Europäischen Zentralbank (EZB) in Frankfurt bestimmt. Vorrangiges Ziel ist die Geldwertstabilität, welche im Wesentlichen durch eine entsprechende Zinspolitik bewirkt wird. Dabei versucht man die Inflationsrate in der EU unter 2% zu halten, um den Wert von Ersparnissen und Renten zu sichern und ein dauerhaft niedriges Zinsniveau gewährleisten zu können. Das derzeitige Ziel der EZB ist das Erreichen der Preisstabilität. Eine wachstumsunterstützende Geldpolitik, wie sie die Federal Reserve Bank der USA betreibt, könnte grundsätzlich auch ein Modell für Europa sein.

Der Europäische Stabilitäts- und Wachstumspakt führte zu einer Konsolidierung der Haushalte der meisten EU-Mitgliedsstaaten einerseits und zur Stabilität des Euros andererseits. Die Einhaltung der 3%-Defizitobergrenze ist ökonomisch sinnvoll und haltbar, auch wenn dies zu Sparmaßnahmen zu zyklisch ungünstigen Zeitpunkten führen kann. Zusätzlich wären aber verstärkte Kontrollmöglichkeiten auf Seiten der Europäischen Kommission gefordert, um die Budgetpolitik der einzelnen Mitgliedstaaten beeinflussen zu können. Beispielsweise die Verhinderung prozyklischer Maßnahmen im Aufschwung. Andererseits sollte es im Interesse Europas liegen, eine Diskussion über eine allfällige „Sonderbehandlung" der Ausgaben für Forschung und Infrastruktur zu führen.

Es bedarf zudem einer modernen Steuerpolitik. Die Steuerbelastung der europäischen Bürger und Unternehmen muss dramatisch gesenkt werden. Eine Steuerharmonisierung auf Europäischer Ebene könnte eine Nivellierung nach oben implizieren und ist aus diesem Grund sicherlich nicht wünschenswert. Vielmehr kann Europa durch eine Art „Steuerwettbewerb" profitieren. Bestes Beispiel hierfür ist die Einführung eines *flat-tax* Modells in der Slowakei und die darauf folgende Körperschaftssteuersenkung in Österreich von 34% auf 25%. Das Beispiel besticht durch die Tatsache, dass der slowakische Wirtschaftsstandort dadurch extrem an Attraktivität gewonnen hat. Bescheinigt unter anderem durch die sehr hohe Ansiedlungsdichte von Autoproduzenten. Auch für den österreichischen Wirtschaftsstandort zeigt sich, im Sinne eines Dominoeffekts, ein ähnliches Szenario. Österreich erscheint derzeit dynamischer, wendiger und wirtschaftsfreundlicher als der Nachbar Deutschland. Daher verlegen vor allem bayrischen Firmen immer öfter ihren Sitz nach Österreich.

Eine weitere wesentliche Messlatte für Österreich und Europa im Jahre 2050 wird die Ausgabenquote sein. Die öffentlichen Ausgaben im Verhältnis zum Bruttoinlandsprodukt (BIP) müssen in Europa sobald als möglich auf ein Maximalniveau von 40 Prozent kommen. Gefordert ist eine *max-tax* von 40%. Experten identifizieren einen negativen Zusammenhang zwischen Ausgabenquote, Wirtschaftswachstum und Produktivitätswachstum. Aufgrund von Marktverzerrungen und negativen Anreizen, ausgelöst durch eine Übersteuerung, nehmen die nachteiligen Auswirkungen der staatlichen Ausgaben (ab einem gewissen Zeitpunkt) zu. Zusätzlich kommt es zu einem „*Crowding out*", also einem Verdrängen, privater Investitionen. Die meisten OECD-Staaten weisen – wie Österreich – öffentliche Sektoren über der optimalen Größe auf.

Die Lohnpolitik unterliegt in der EU nach wie vor nationalem Recht. Eine Verlagerung der diesbezüglichen Zuständigkeiten ist im Moment nicht vorgesehen und auch nicht erstrebenswert. Die Lohndifferenzierung ist mitunter eine wichtige Voraussetzung für den Aufholprozess benachteiligter Regionen. Lohnpolitik muss weiterhin sozialpartnerschaftlich und produktivitätsorientiert auf die regionalen Verhältnisse abgestimmt werden.

Das von der EU Kommission für Europa gesteckte „Lissabon Ziel" ist sehr ambitioniert und zweckmäßig. Es steht außer Zweifel, dass jedes Mitgliedsland seinen Beitrag leisten muss, um nur annähernd dieses Ziel erreichen zu können. Der Rolle der Klein- und Mittelbetriebe wird für die wirtschaftliche Zukunft Europas eine wesentliche Funktion zukommen. KMUs sind das wirtschaftliche Rückgrad Europas und auch der soziale Grundpfeiler der Mittelschicht und der Familienbetriebe. Dies hat die Europäische Kommission bereits erkannt und mit dem „Aktionsplan: Europäische Agenda für unternehmerische Initiative" im Detail aufgezeigt. Hierin wird veranschaulicht, welche Maßnahmen und Strukturverbesserungen im Bereich der Klein- und Mittelbetriebe für die kommenden Jahre notwendig sein werden.

7. Erweiterung als Ausweg aus der demographischen Falle

Die wirtschaftliche Integration und Annäherung der zehn neuen EU-Mitgliedsländer wird mindestens einer Generation bedürfen. Bis dahin sollte der Beitritt Kroatiens, Rumäniens und Bulgariens wirtschaftlich vorbereitet werden, ohne dabei die Beitrittsbedingungen aufzuweichen. Die derzeit noch bestehende „Lücke" in Europa könnte dadurch geschlossen werden.

Die neuen Beitrittsländer waren und sind die große Chance für Österreich und die EU. Der Europäische Rat hat im Dezember 2004 über eine Eröffnung der Verhandlungen mit der Türkei, die viele Jahre dauern werden und deren Ausgang ungewiss ist, entschieden. Wie bei vorangegangenen Erweiterungsrunden dürfte es auch im Fall der Türkei zu einer viel geringeren Einwanderung in andere EU-Staaten kommen, die erst nach Ablauf einer längeren Übergangsfrist einsetzen würde. Zu einem späteren Zeitpunkt könnte jedoch der aufgrund des Geburtenrückgangs erforderliche Bedarf an Arbeitskräften durch die meist höher qualifizierten Einwanderer aus der Türkei, geschätzt auf 2,7 Millionen, verteilt auf ganz Europa, gedeckt werden.

Die österreichische Wirtschaft muss auch weiterhin die Avantgarde einer politischen und kulturellen europäischen Integration sein. Die Unternehmen dürfen den Wettbewerb nicht scheuen, sondern müssen sich auf ihre Stärken wie Ausbildung und Innovationsfreudigkeit konzentrieren! Marktnischen zu finden und grenzüberschreitende Partnerschaften zu festigen und auszubauen ist die Überlebensstrategie für viele Betriebe, vor allem in den Grenzregionen.

Zusammenfassung:

Der Weg zu einer florierenden Wirtschaft im Jahre 2050 ist lange und beschwerlich. Die Modernisierung von Unternehmen in den neuen Mitgliedsländern zur Erfüllung der EU-Standards erfordert große Investitionen, vor allem in den Bereichen Umwelt und Infrastruktur. Hier können österreichische Betriebe einerseits kreativ sein und sich behaupten, anderseits das eigene, weltweit anerkannte Know-how in diesen Branchen voll nutzen und vorantreiben. Boomende Wirtschaftsbereiche wie Wellness, Gesundheit, Altenbetreuung oder e-Commerce müssen noch stärker gefördert werden.

Auch steuerlich ist es innerhalb des europäischen Rechtsgefüges möglich, sich von anderen Ländern abzuheben und Investitionen anzuziehen. Als bestes Beispiel dafür dient Luxemburg, das auch im Rechtsrahmen der Europäischen Union als Land sehr erfolgreiche Standortpolitik betreibt.

Das Finden von Partnern in Asien, allen voran in China, stellt gerade für Klein- und Mittelbetriebe, eine große Herausforderung dar. Nichtsdestotrotz ist auch dies eine KMU-Überlebensstrategie, denn mit der zunehmenden technologischen Vernetzung rückt auch der Wirtschaftsraum Asien näher.

Am europäischen Horizont lauert ein Schuldenberg. Die demographische Entwicklung gepaart mit der Nichtfinanzierbarkeit des europäischen Sozialmodells werden in Zukunft eine große Herausforderung für die österreichische Wirtschaft darstellen. Griechenland, Frankreich und Deutschland überschreiten schon seit Jahren die 3%-Defizitgrenze. Angesichts dieser Vorausschau ist die Einhaltung des Stabilitäts- und Wachstumspaktes umso wichtiger geworden. Vielleicht müssen die Maastricht-Kriterien sogar noch verschärft werden, statt an eine Aufweichung der vieldiskutierten 3%-Defizitgrenze zu denken. Denn ein hohes Defizit heute bedeutet höhere Steuern morgen!

Wenn Österreich sein Sozialsystem nicht noch radikaler den Realitäten anpasst, droht das gesamte europäische Sozialmodell zu implodieren. In Deutschland haben Regierung und Opposition im Hartz-IV-Prozess zumindest schon ein Grundverständnis für die ernste Problemlage gezeigt.

Österreichs Wirtschaft ist unmittelbarer Teil der Gesamtwirtschaft der Europäischen Union. Als kleine und offene Volkswirtschaft ist daher der Blick nach Europa für die wirtschaftliche Zukunft Österreichs umso wichtiger. Als Folge müssen Österreichs Interessen in Brüssel noch intensiver wahrgenommen werden. Es scheint immer klarer zu werden, dass Europa das Ziel, im Jahr 2010 der wettbewerbsfähigste und dynamischste Wirtschaftsraum der Welt zu sein, nicht erreichen wird. Jetzt, in der Halbzeit, müssen wir feststellen, dass sich die Schere im Vergleich zur USA weiter geöffnet hat, statt sich zu schließen. Europa und somit auch die österreichische Wirtschaft müssen froh sein, wenn wir bis 2010 unsere derzeitige Position im internationalen Vergleich nicht verschlechtern. Realismus ist gefragt: Europa darf sich mit unrealistischen Zielen nicht lächerlich machen.

Andererseits ist es wichtig, sich auf wenige Punkte der Lissabon-Agenda zu einigen um konkrete Fortschritte erzielen zu können. Eine Konzentration auf Wettbewerbsfähigkeit ist unerlässlich. Die Dienstleistungsrichtlinie, die fast die Hälfte aller Services in Europa abdeckt, muss rasch und wirtschaftsfreundlich umgesetzt werden.

REACH, die neue europäische Chemikaliengesetzgebung darf die Wettbewerbsfähigkeit nicht schwächen. Der Binnenmarkt muss lückenloser funktionieren und einige Märkte, wie zum Beispiel der europäische Energiemarkt, sind noch weit von einer funktionierenden Liberalisierung entfernt.

Österreich muss sich im Umfeld seiner unmittelbaren Nachbarn und innerhalb der europäischen Familie behaupten, um am Weg ins Jahr 2050 wettbewerbsfähig zu bleiben. Europa wiederum, und hier muss Österreich mitgestalten, braucht internationale Partner in Ost und West, um im internationalen Wirtschaftskonzert den Ton angeben zu können.

Die Zukunft des Staatshaushaltes

Ein neues leistungsorientiertes
Steuer- und Abgabensystem

Gottfried Haber

Staatshaushalt und Steuersystem

Nicht erst seit dem Aufkommen der immer wieder aktuellen Diskussionen über Sinn oder Unsinn strenger Bestimmungen zur Eindämmung des Schuldenstandes bzw. der Neuverschuldung des öffentlichen Sektors der Euro-Länder (EU-12) ist die Thematik „Staatshaushalt" von allgemeiner Bedeutung. Schon in den siebziger Jahren des 20. Jahrhunderts war die wirtschaftspolitische Diskussion von der Frage nach der Wertigkeit des Zieles „ausgeglichener Haushalt" bestimmt. Untrennbar damit verbunden war von jeher die Frage nach der Ausgestaltung des Steuer- und Abgabensystems, also der Einnahmenseite des Budgets. Damals legte die österreichische Politik – auch in Anbetracht der wirtschaftlichen Rahmenbedingungen der Ölpreisschocks – ein Bekenntnis zu umfangreichen aktiven ausgabenseitigen wirtschaftspolitischen Maßnahmen ab, bewusst auch auf die Gefahr hin, dadurch eine steigende Verschuldung des öffentlichen Sektors herbeizuführen. Die entsprechenden Aussagen des damaligen Bundeskanzlers Bruno Kreisky sind noch heute wohl bekannt („Ein paar Milliarden Schulden mehr bereiten mir weniger schlaflose Nächte als ein paar hundert Arbeitslose") und haben die Budgetpolitik der letzten 30 Jahre nachhaltig mitbestimmt.

Der Staatshaushalt (oder genauer: der so genannte „Budgetsaldo des Staatshaushaltes") ergibt sich definitionsgemäß aus zwei fundamentalen Größen: Den Staatseinnahmen (hauptsächlich Steuern, Abgaben, Gebühren) und den Staatsausgaben (insbesondere öffentlicher Konsum wie z. B. die Ausgaben des Staates für Löhne und Gehälter öffentlich Bediensteter; öffentliche Investitionen; Transferzahlungen des Staates an private Wirtschaftseinheiten wie Haushalte oder Unternehmen ohne Gegenleistung).

Damit wird klar, warum er von so zentraler Bedeutung in der wirtschaftspolitischen Diskussion ist: Ein positiver Budgetsaldo bedeutet, dass die Einnahmen die Ausgaben übersteigen. Der Spielraum im Rahmen der Budgetpolitik bestimmt direkt den Spielraum des (insbesondere durch entsprechende Ausgaben zu realisierenden) staatlichen Leistungsspektrums und die dazugehörige finanzielle Belastung der Bürger. Staatsschulden können als Puffer dienen, um kurzfristig eine Ausweitung der Leistungspalette ohne Erhöhung der Steuern durchführen zu können, bzw. um Steuern zu senken, ohne gleichzeitig die öffentlichen Leistungen kurzfristig reduzieren zu müssen.

Da ein Großteil der Staatsschuld Verbindlichkeiten gegenüber privaten inländischen Wirtschaftssubjekten (Haushalten und Unternehmen) darstellt, ist eine Verschuldung des öffentlichen Sektors per se nicht von Haus aus bedenklich. Die Schulden bestehen primär „gegenüber den Bürgern selbst" und stellen so überwiegend keine Schuldnerposition gegenüber dem Ausland sondern eine Art „Vorgriff auf künftige Wirtschaftsleistung" dar. So betrachtet, bedeuten Staatsschulden eine Umverteilung der Last von der derzeitigen auf die künftigen Generationen. Werden die Schulden allerdings zu groß, so schwindet der Spielraum der Budgetpolitik, da dann ein größerer Teil der verfügbaren Budgetmittel allein für Zinszahlungen aufgewendet werden muss. Daher ist eine langfristig stabile Entwicklung der Staatsschulden unabdingbar, wodurch auch das grundsätzliche Erfordernis eines ausgeglichenen Haushalts entsteht („Nulldefizit"). Die oben genannten Umverteilungseffekte der Staatsschuld bewirken auch den engen Zusammenhang mit dem (für die Aufbringung der erforderlichen öffentlichen Mittel und die Umverteilung zuständigen) Steuersystem.

Der Staatshaushalt in Österreich

Der österreichische Staatshaushalt war im Zeitablauf unterschiedlichen Entwicklungstrends unterworfen. Obwohl die Haushalte der Länder und Gemeinden für den Haushalt des Gesamtstaates ebenfalls von Relevanz sind, liegt das Hauptaugenmerk bei der Budgetpolitik zumeist auf dem Bundeshaushalt ohne nachgeordnete Gebietskörperschaften (Länder und Gemeinden). Da die Budgetpolitik der Länder und Gemeinden keinesfalls ein einheitliches Bild aufweist und quantitativ auch nur von geringerer Bedeutung für den Haushalt des Gesamtstaates ist (der Bund trägt im Schnitt der letzten Jahre rund das Dreifache zum Budgetsaldo bei, wie alle Länder und Gemeinden zusammen – seit 1996 erzielen die Länder und Gemeinden aber sogar Überschüsse), sollen hier kurz drei wichtige Indikatoren der österreichischen Budgetpolitik auf Bundesebene dargestellt werden: Die Entwicklung der Verschuldung des Zentralstaates (der Finanzschulden des Bundes), des Nettobudgetüberschusses und des Primärüberschusses des österreichischen Bundesbudgets.

Es zeigt sich deutlich, dass die österreichische Staatsverschuldung bis in die Mitte der siebziger Jahre hinein relativ stabil war. Die dann folgenden Angebotsschocks in Form der Ölkrisen, in Verbindung mit einer geringeren Gewichtung der Budgetziele, ließen in der Folge die Staatsverschuldung von rund 10 % des Bruttoinlandsprodukts (BIP) auf deutlich über 60 % (Spitzenwert: 69,2 % des BIP im Jahr 1995) ansteigen. Im Jahr 1975 wurde die Staatsschuldenquote ausgehend von unter 10 % deutlich erhöht und stieg bis 1988 stetig an, wobei sie in diesem Jahr bereits eine Höhe von 47 % erreichte. Dies entspricht einem durchschnittlichen jährlichen Wachstum der Staatsschuldenquote um etwa 2,64 Prozentpunkte. In den späten achtziger und frühen neunziger Jahren war die Staatsschuldenquote bei etwa 48 Prozent kurzfristig konstant, während sie Mitte der neunziger Jahre wieder zu steigen begann. Erst Ende der neunziger Jahre zeichnet sich im Zusammenhang mit den Kriterien des Stabilitäts- und Wachstumspakts (SWP) auf europäischer Ebene eine Konsolidierung des Haushaltes ab (zieht man allerdings den Schuldenstand des gesamten öffentlichen Sektors in Österreich heran, wie es für die Maastricht-Kriterien erforderlich ist, so liegt die österreichische Staatsschuld deutlich über dem Maastricht-Kriterium einer Staatsschuldenquote von 60 Prozent).

Die zeitweilige Stabilisierung der Staatsschuldenquote des Bundes wurde durch restriktive fiskalpolitische Maßnahmen (wie höhere Einnahmen aufgrund von Privatisierungen und andere nur einmalig wirksame Maßnahmen wie Steuererhöhungen) bewirkt und nur in geringem Ausmaß durch strukturelle Reformen der Staatsausgaben, wie dies für eine nachhaltige Stabilisierung erforderlich wäre, möglich. Internationale Studien belegen die Bedeutung von Ausgabensenkungen für die nachhaltige Sanierung öffentlicher Budgets.

Die Entwicklung der Finanzschulden des Bundes in Österreich hängt eng mit der Entwicklung des Nettosaldos sowie des Primärsaldos des Bundesbudgets zusammen.

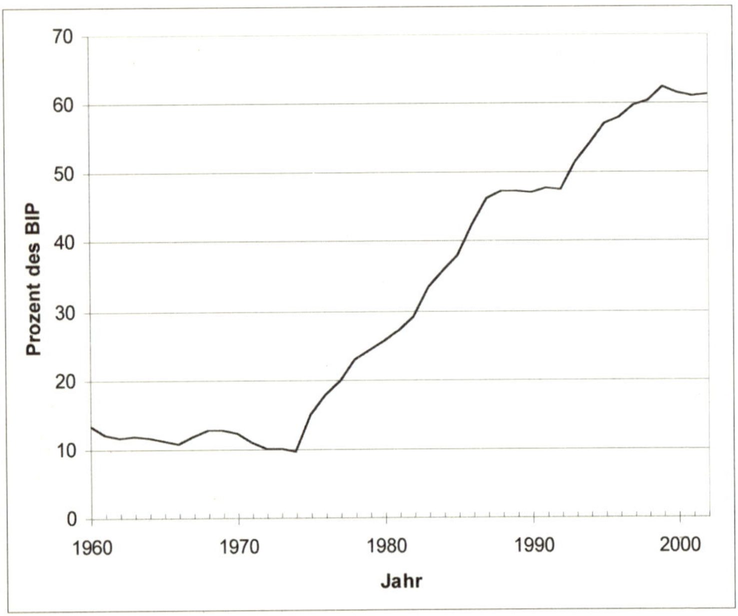

Abbildung 1: Verhältnis der Finanzschulden des Bundes zum BIP (Staatsschuldenquote, in %)

Im Bereich der Neuverschuldung werden folgende Begriffe unterschieden, die sich im Wesentlichen wie folgt von einander unterscheiden:

- Bruttosaldo: ist die Differenz zwischen Einnahmen und Ausgaben

- Nettosaldo: wird ausgehend vom Bruttosaldo ermittelt, indem die Schuldentilgungen von den Ausgaben abgezogen werden

- Primärsaldo: ergibt sich aus dem Nettosaldo, wenn die Zinszahlungen auf die Staatsschuld nicht als Ausgaben gerechnet werden – er stellt also in gewisser Weise den operativen Erfolg des öffentlichen Sektors dar ohne Schuldentilgungen und ohne Zinsendienst und repräsentiert somit den Handlungsspielraum zum Bestreiten der Staatsausgaben

Die Kenngrößen Nettosaldo und Primärsaldo entwickeln sich etwa entsprechend dem Konjunkturzyklus, wobei der Nettobudgetsaldo des Bundes (im Verhältnis zum BIP) bis in die siebziger Jahre fast 0 war. Mit dem Einsetzen des Ölpreisschocks 1974 sinkt die Budgetsaldoquote (das Verhältnis des Nettobundesbudgetüberschusses zum BIP) auf etwa -4,5 % in den Jahren 1975 und 1976, wo sie mit zeitweiligen Verbesserungen bis zur Mitte der neunziger Jahre verbleibt.

Der zweite Ölpreisschock zu Beginn der achtziger Jahre führte sogar zu einer weiteren Verschlechterung auf ein Budgetdefizit von etwa 5,3 % des BIP im Jahr 1983. In der zweiten Hälfte der achtziger Jahre erfolgte eine vorübergehende Senkung des Nettobudgetdefizits im Verhältnis zum BIP, doch war dieses Defizit auch in dieser Zeit nie unter der späteren Maastricht-Grenze von 3 Prozent des BIP. Einer weiteren vorübergehenden Erhöhung des (immer noch negativen) Nettobudgetsaldos in den frühen neunziger Jahren folgte eine weitere Verschlechterung bis 1995.

Diese war zum Teil durch fiskalpolitische Maßnahmen bedingt, da in dieser Zeit die Wirtschaftspolitik insbesondere die Ausgaben für Transferzahlungen deutlich erhöht hatte. Um die Maastricht-Kriterien zu erfüllen, mussten einige dieser Transfers in den Jahren seit 1995 wieder zurückgenommen werden (die bekannten „Sparpakete").

Bemerkenswert ist jedoch, dass in Österreich (im Gegensatz zu anderen europäischen Staaten) in keinem dieser Jahre ein Budgetdefizit unter 2 Prozent des BIP erreicht werden konnte, geschweige denn das Budget ausgeglichen oder gar ein Überschuss erzielt werden konnte.

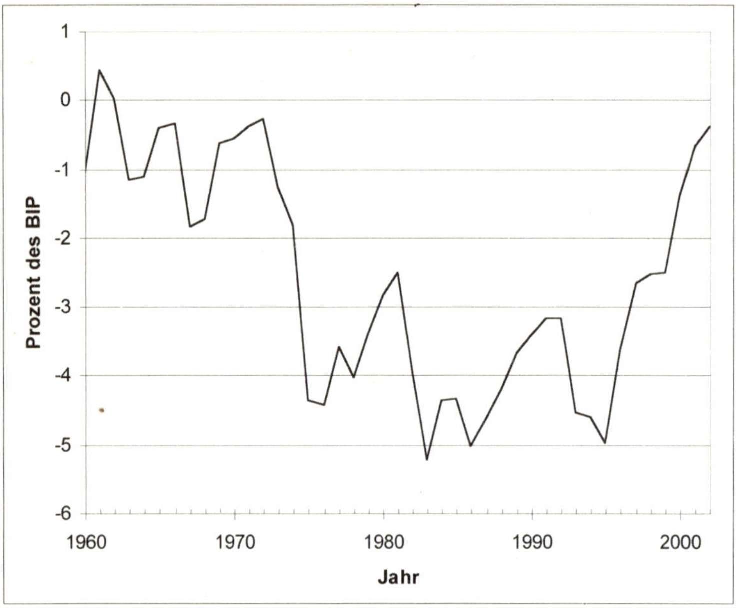

Abbildung 2: Verhältnis des (Netto-) Budgetsaldos zum BIP (Budgetsaldoquote, in %)

Die Entwicklung des Primärsaldos in Österreich (wieder Bundesbudget, im Verhältnis zum BIP) verläuft ähnlich wie jene des Nettobudgetüberschusses. Einbrüche in den Rezessionen in der Mitte der siebziger und zu Beginn der achtziger Jahre sind ebenso deutlich ersichtlich wie die Auswirkungen der Transfers in den neunziger Jahren und die Rezession in der ersten Hälfte der neunziger Jahre. Immerhin hat Österreich durch die „Sparpakete" im Bundesbudget seit 1997 einen primären Budgetüberschuss erreicht. Primärüberschüsse sind eine notwendige Bedingung für eine nachhaltige Fiskalpolitik. Dieses Ziel wird auch durch den Stabilitäts- und Wachstumspakt (SWP) und durch die entsprechenden Budgetprogramme, die auf diesem Element des EU-Vertrags beruhen, gefordert. Allerdings ist eine weitere Erhöhung des Primärüberschusses des Bundesbudgets erforderlich, wenn eine Umkehrung der Entwicklung der Staatsschuldenquote erreicht werden soll.

Derzeit wird dieses Ziel jedoch nicht mit entsprechender Priorität verfolgt.

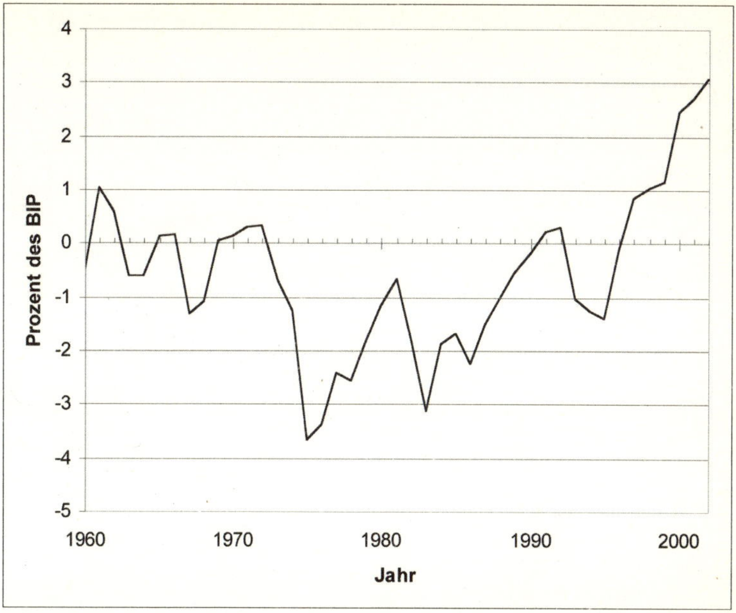

Abbildung 3: Verhältnis des Primärsaldos zum BIP (Primärsaldoquote, in %)

Im Jahr 2003 betrug die Verschuldung des öffentlichen Sektors nach Maastricht 65 % des BIP. Der Primärüberschuss betrug 2 % des BIP, dieser wurde durch die (trotz des niedrigen Zinsniveaus aufgrund der absoluten Höhe der Schulden) beachtlichen Zinszahlungen von 3,1 % des BIP in ein Nettodefizit von 1,1 % des BIP verwandelt.

Das österreichische Steuersystem

Das österreichische Steuersystem beruht wie die meisten Steuersysteme moderner marktwirtschaftlicher Wirtschaftssysteme darauf, dass die Besteuerung an mehreren Stellen im Wirtschaftskreislauf erfolgt.

Rund 13,4 % des BIP macht das Aufkommen an direkten Steuern aus (insbesondere die Einkommensteuer inkl. Lohnsteuer, Körperschaftsteuer und Kapitalertragsteuer), 15,3 % des BIP werden aus indirekten Steuern aufgebracht (insbesondere Umsatzsteuer), Sozialversicherungsbeiträge schlagen mit rund 16,6 %, übrige Einnahmen mit rund 5 % des BIP zu Buche. Insgesamt machen die Staatseinnahmen somit gut die Hälfte (rund 50,5 %) des BIP aus.

	Laufende Einnahmen						Vermögens-einnahmen	Staatseinnahmen insgesamt (6 + 7)
	Steuern			Beiträge zur sozialen Sicherheit	übrige laufende Einnahmen	insgesamt (3 bis 5)		
	direkte	indirekte	insgesamt (1 + 2)					
	in % des BIP							
	1	2	3	4	5	6	7	8
1994	11,3	15,5	26,8	17,3	8,1	52,3	0,1	52,4
1995	12	15,2	27,2	17,4	7,6	52,2	0,2	52,5
1996	13,1	15,4	28,5	17,5	7,2	53,2	0,2	53,4
1997	13,5	15,8	29,3	17,4	5,7	52,4	0,3	52,7
1998	13,6	15,6	29,2	17,2	5,6	52	0,1	52,2
1999	13,4	15,8	29,1	17,2	5,6	52	0,3	52,3
2000	13,3	15,4	28,6	16,9	5,5	51	0,2	51,3
2001	15,1	15,3	30,4	16,7	5	52,1	0,2	52,3
2002	14	15,4	29,4	16,5	5,1	51	0,2	51,2
2003	13,4	15,3	28,7	16,6	5	50,3	0,2	50,5

Quellen: OeNB, Statistik Austria, BMF. Abbildung 4: Struktur der Einnahmen des öffentlichen Sektors (in % des BIP)

Die Steuerquote war in den letzten 10 Jahren leicht rückläufig (um rund 1,9 Prozentpunkte von 52,4 % des BIP im Jahr 1994, auf 50,5 % des BIP im Jahr 2003) und kann im internationalen Schnitt als nach wie vor relativ hoch bezeichnet werden. Die Senkung dieser Kenngröße stellt ein erklärtes Ziel der österreichischen Wirtschaftspolitik dar.

Vision 2050 – Bausteine eines leistungsfähigen und leistungsorientierten Steuersystems

Ein Steuersystem, das leistungsfähig und zukunftsorientiert sein soll, müsste eine Reihe von Aspekten abdecken, die teilweise geringe, teilweise aber auch grundlegende Änderungen des Gesamtsystems erforderlich machen würden.

Ökonomen sind sich im Wesentlichen darüber einig, dass ein Steuer- und Abgabensystem fünf wünschenswerte Eigenschaften aufweisen sollte:

- Effizienz: Das Steuersystem sollte die effiziente (optimale) Verwendung von Ressourcen im gesamtwirtschaftlichen Produktionsprozess nicht negativ beeinflussen.
- Administrierbarkeit: Die Kosten der Verwaltung sollten ein Minimum betragen.
- Flexibilität: Das Steuersystem sollte schnell und einfach auf geänderte Rahmenbedingungen reagieren, in einigen Fällen auch von selbst („automatische Stabilisatoren").
- Transparenz: Jeder Bürger sollte in der Lage sein zu verstehen, wie viel er wofür beiträgt. Auf diese Weise kann auch das politische System besser die Präferenzen der Bürger abbilden.
- Gerechtigkeit: Das Steuersystem sollte in der Behandlung einzelner Steuerpflichtiger „fair" sein, wobei die Frage nach der Definition selbstverständlich eine auf gesamtgesellschaftlicher und politischer Ebene zu beantwortende ist.

In diesem Abschnitt werden daher einige Gestaltungsmerkmale des Steuer- und Abgabensystems, die in Zukunft von großer Bedeutung sein werden, herausgegriffen und in ihrer Problematik dargestellt.

1. Effizienz und Gerechtigkeit

Aus gesamtwirtschaftlicher Sicht ist zu beachten, dass das Steuersystem vorwiegend zur Erfüllung von drei Hauptaufgaben herangezogen wird:

- Aufbringen von Mitteln für den öffentlichen Sektor
- Umverteilung zwischen unterschiedlichen Bevölkerungsgruppen
- Steuerungsfunktion (z. B. Umweltabgaben …)

Aus den fundamentalen Hauptsätzen der Wohlfahrtsökonomik, die eine Grundlage der modernen Finanzwissenschaft darstellen, kann abgeleitet werden, dass die Frage der (Um-)Verteilung unabhängig von allen anderen Aufgaben des öffentlichen Sektors gelöst werden kann. Das bedeutet, dass die Frage der Maximierung des „Kuchens insgesamt" und jene der „Verteilung des Kuchens" konzeptionell getrennt werden können und eigentlich auch müssen (siehe dazu weiter unten).

In der Wirtschaftstheorie wird kaum bezweifelt, dass jegliches Steuersystem mit Umverteilungsaufgaben zusätzlich Verzerrungswirkungen entfaltet, die über negative Anreizwirkungen die Effizienz des Wirtschaftssystems reduzieren. Lediglich eine Kopfsteuer (gleicher Steuerbetrag für alle Bürger) wäre effizient. Die Kopfsteuer wäre aber aus Überlegungen in Hinblick auf Umverteilungsziele und Gerechtigkeit in einem realen Steuersystem natürlich undenkbar. Proportionale oder (wie in fast allen europäischen Staaten übliche) progressive Steuersysteme verringern die gesamtwirtschaftliche Leistung in jedem Fall, da für besonders produktive Personen die Leistungsanreize reduziert werden. Die Frage, wie scharf nun die Umverteilung durch ein konkretes Steuersystem sein soll, ergibt also einen Zielkonflikt zwischen (Verteilungs-)Gerechtigkeit und Effizienz, der ebenso wie die grundsätzliche Frage nach dem Gerechtigkeitsbegriff (z. B. Bedarfs- oder Leistungsgerechtigkeit) nur im Rahmen eins gesellschaftlichen Konsens mit Hilfe eines Werturteils entschieden werden kann. In den letzten Jahren wurde der Begriff „Anreizkompatibilität" in die Diskussion eingeführt: Er bezeichnet die Eigenschaft eines Systems von Rahmenbedingungen, ausreichend motivierende Elemente zu enthalten, um gesellschaftlich erwünschtes Verhalten zu fördern und unerwünschtes Verhalten zu reduzieren, ohne Gebote oder Verbote aussprechen zu müssen.

Die Höhe der Abgabenquote in Österreich bewegt sich im oberen Bereich der OECD-Staaten – sie ist einerseits mit den hohen sozialen Standards in Österreich begründet, andererseits aber auch mit dem in Europa verbreiteten Phänomen, dass Budgetkonsolidierungen der Vergangenheit vorwiegend einnahmenseitig (durch Steuererhöhungen) erfolgt sind. Dabei ist jedoch zu beachten, dass ein unter der Bezeichnung „Laffer-Kurve" bekanntes Phänomen auftreten kann: Höhere Steuersätze führen nicht unbedingt zu höheren Steuereinnahmen des öffentlichen Sektors.

Dies liegt an den oben genannten Anreizwirkungen und lässt sich an einem einfachen Beispiel verdeutlichen: Beträgt der Steuersatz hypothetisch 0%, so werden selbstverständlich keine Steuereinnahmen entstehen. Bei 100 % Besteuerung auf die Bemessungsgrundlage allerdings auch nicht, da dann keine Anreize mehr bestehen, die besteuerte ökonomische Aktivität zu verfolgen. Zwischen diesen Extrempunkten steigt daher das Steueraufkommen bei steigenden Steuersätzen zunächst an, ab einem gewissen „optimalen" Steuersatz wird es durch Rücknahme der Leistungsbereitschaft auf gesamtwirtschaftlicher Ebene jedoch wieder reduziert. Wo nun Österreich in diesem Zusammenhang steht, kann mangels empirischer Überprüfbarkeit nur schwer beurteilt werden (dies wäre ein „Ausprobieren" verschiedener Steuersätze, ohne dass die besteuerten Wirtschaftssubjekte eine zeitliche Verteilung der Bemessungsgrundlage zur Minimierung der Steuerlast betreiben können). Dennoch steht der zukünftige Entwicklungstrend von der Richtung her fest, da fast alle europäischen Staaten eine Reduktion der Abgabenquote anstreben.

Die Verteilungswirkungen des Steuersystems sind aufgrund der hohen Komplexität der Einzelelemente in vielen europäischen Staaten kaum mehr durchschaubar – leider zählt auch Österreich zu diesem Kreis. Dazu kommt, dass das Steuer- und Abgabensystem durch so viele Einzelbestimmungen geprägt ist, dass selbst das Ausnützen von Absetzmöglichkeiten und anderen Steuervergünstigungen für viele Bürger ohne fachkundige Unterstützung nur eingeschränkt möglich ist. Ein modernes Steuersystem müsste jedenfalls für den (halbwegs interessierten) Bürger die Möglichkeit beinhalten, auch ohne Wirtschafts- oder Jusstudium Abgabenerklärungen oder andere Angelegenheiten im Zusammenhang mit Steuern und Abgaben selbst durchzuführen.

Die Finanzverwaltung geht in diesem Bereich im Rahmen der e-Government Aktivitäten bereits in die Richtung einer Vereinfachung der Verwaltungsprozesse für den Bürger. Selbstverständlich darf nicht außer Acht gelassen werden, dass auch der Zugang zu derartigen Technologien nicht allen Bürgern gleichermaßen zur Verfügung steht – auch im Zusammenhang mit der Effizienz des

Steuersystems sind also weitere Maßnahmen zur Förderung von leistungsfähigen privaten Internetzugängen einer der Grundpfeiler eines modernen Steuer(verwaltungs)systems.

Dennoch ergibt sich derzeit vor allem für Unternehmen das Problem, dass mit unterschiedlichen Stellen parallel abgerechnet werden muss (z. B. Finanzamt, Sozialversicherungsträger für die Angestellten, Sozialversicherungsträger für die eigene Sozialversicherung des Unternehmers, Stadtkasse/Gemeindekasse).

Ein modernes Steuersystem darf nur eine Schnittstelle zum Steuerzahler haben, über die alle fiskalischen Angelegenheiten abgewickelt werden können.

Vision 2050:

- Senkung der Steuer- und Abgabenquote von über 50 % des BIP auf 40 %.
- Reduktion der wichtigsten Steuersätze und des Spitzensteuersatzes, um Leistungsanreize zu schaffen.
- Abschaffung von Bagatell-Steuern und Fokussierung auf die Besteuerung von ein oder zwei ökonomischen Größen (z. B. Einkommen und Konsum bzw. Wertschöpfung).
- Transparenz für den Bürger (z. B. Jahresübersicht, die alle Transfers und alle Steuer- und Abgabenzahlungen auflistet).
- Alle Steuer- und Abgabenangelegenheiten können vom Bürger über eine zentrale „Staatskasse" abgewickelt werden. Nur eine Schnittstelle Bürger/Staat.

2. Nachhaltigkeit

Einen besonderen Stellenwert im Rahmen des Steuersystems nimmt auch die Frage der Nachhaltigkeit, also der langfristigen Sicherung der wünschenswerten Eigenschaften dieses Systems, ein. Nachhaltigkeit bedeutet für den Bürger erhöhte Planbarkeit und Sicherheit in Bezug auf zukünftige Entwicklungen.

Da das Steuer- und Transfersystem naturgemäß eine besonders enge Verknüpfung mit dem Konsum- und Investitionsverhalten in einem Land aufweist, können immer wieder stattfindende kleine bis mittlere Änderungen des Steuersystems zu einer Destabilisierung von Erwartungen und damit zu unnötigen Schwankungen im Verhalten der privaten Wirtschaftssubjekte führen. Zwar ist in der Literatur auch nach Jahrzehnten keinesfalls entschieden, ob sich z. B. Transfers an private Haushalte unmittelbar auf den Konsum auswirken oder Menschen dazu neigen, ihren Konsum über den gesamten Lebenszyklus hin zu planen und zu glätten und die Auswirkungen von Steuergeschenken oder Sparpaketen daher nur begrenzt sind.

Veränderungen des Steuersystems führen jedoch unweigerlich zu einer Änderung des verfügbaren Einkommens zumindest in Bezug auf die Zeitstruktur dieses Einkommens und verändern (verzerren) auf diese Weise die ökonomischen Entscheidungen der Betroffenen.

Aber auch im Sinne des oben besprochen Themenbereichs „Gerechtigkeit" scheint es sinnvoll, einmal die erforderliche Mühe in die Entwicklung eines grundlegend neuen Steuersystems zu investieren und damit Rahmenbedingungen zu schaffen, die für die nächsten Jahrzehnte oder zumindest für die nächste Dekade stabil sein werden. Dies schließt selbstverständlich die Möglichkeit kleiner Anpassungen des Systems an veränderte Rahmenbedingungen keinesfalls aus.

Ein weiteres Problem, das von einem umverteilenden progressiven Steuersystem gelöst werden muss, ist das Phänomen der „kalten Progression". Da Inflation nichts anderes als einen Anstieg des Preisniveaus ist, werden bei progressiven Grenzsteuersätzen die Durchschnittssteuersätze im Zeitablauf immer höher, sofern keine korrigierenden Eingriffe vorgenommen werden. Diese schleichende Progression erhöht aber nicht nur kaum merklich die Steuerbelastung der Bürger, sondern reduziert auch die Reaktionsfähigkeit und die Verteilungswirkung des Steuersystems. Ein nachhaltiges Steuersystem muss also Elemente enthalten, die die Progressionsstufen automatisch an Veränderungen des allgemeinen Preisniveaus anpassen. Da heute Steuerbeträge kaum noch „händisch" ausgerechnet werden, stellt dies auch administrativ kein Problem dar und könnte sich z. B. in einer Bindung aller relevanten betraglichen Grenzen an den Verbraucherpreisindex (VPI) darstellen.

Für die Nachhaltigkeit erforderlich ist selbstverständlich auch die Dimensionierung der Einnahmen und der Ausgaben des öffentlichen Sektors derart, dass langfristig ein ausgeglichenes Budget erzielt wird. In die öffentliche Diskussion müsste verstärkt die Tatsache eingebracht werden, dass „der Staat" letztlich nichts verschenken kann, sondern alle Ausgaben in irgendeiner Form aus Steuermitteln finanzieren muss. Auch die kurzfristige Pufferung übermäßiger Ausgaben führt langfristig zur Notwendigkeit von Steuererhöhungen (aus heutiger Sicht auf dem international hohen Niveau der Staatsaktivität).

Eventuell könnte das Problembewusstsein der Bürger dadurch erhöht werden, dass ein Teil der Einkommensteuer/Lohnsteuer an den Budgetsaldo des Vorjahres gekoppelt wird: Je höher also die Neuverschuldung, desto höher ein bestimmter variabler Anteil der Steuerlast für den Einzelnen. Selbstverständlich müssten diese Zahlen auch im Steuerbescheid oder bei der Arbeitnehmerveranlagung transparent und an prominenter Stelle kommuniziert werden.

Damit würde es auch eine weitere Rückkoppelung zur Politik geben. Die Bürger würden die künstliche Trennlinie der Finanzen zwischen „Staat" und „Privatbereich" weniger stark wahrnehmen und besser verstehen, dass eine Verschuldung des öffentlichen Sektors letztendlich zu Lasten der (zukünftigen) Bürger eines Landes geht.

Vision 2050:

- Wertanpassung der Steuerklassen bei der Einkommensteuer (z. B. gekoppelt an den Verbraucherpreisindex) sowie jeweils Rundung auf die Hunderter-Stelle.
- Nachhaltige Redimensionierung der Transfers und „Garantie" dieser Transfers über längere Perioden (z. B. jeweils 3 oder 5 Jahre).
- Garantierte Steuersätze und Definitionen der Bemessungsgrundlagen über längere Periode (z. B. jeweils 3 oder 5 Jahre).

- Variable Steuerelemente, die direkt und transparent an das Budgetdefizit des Vorjahres geknüpft sind („Defizitsteuer"): Bewusstseinsbildung, Funktion der automatischen Stabilisierung des Staatshaushaltes, Rückkoppelung an die Politik.

3. Bemessungsgrundlagen und Tarife

Die endgültige Steuerbelastung ergibt sich aus dem Zusammenspiel von Bemessungsgrundlage und Tarifen. Das Steuersystem legt damit im Wesentlichen folgende Rahmenbedingungen fest:

- Was wird besteuert?
- Wie hoch ist die Steuerbelastung einzelner ökonomischer Aktivitäten?

Für den durchschnittlichen Bürger entsteht oft der Eindruck, dass es für jedes und alles eine entsprechende Steuer oder Abgabe gibt. Auch wenn dieser Eindruck nicht ganz von der Hand zu weisen ist, stellen doch die Einkommensbesteuerung (Einkommensteuer, Lohnsteuer, Körperschaftsteuer) sowie die Konsumbesteuerung (Umsatzsteuer) die Eckpfeiler des österreichischen Steuersystems dar (siehe oben).

Aus wirtschaftswissenschaftlicher Sicht wird hier an mindestens zwei Stellen im Wirtschaftskreislauf besteuert, wobei die Verteilungswirkungen der einzelnen Steuern nicht immer ganz klar sind. Viele kleine Bagatellsteuern sollten in ihrer Kosten-Nutzen-Relation noch einmal überdacht werden. Im Prinzip ist ökonomisch auch ein Steuersystem denkbar, bei dem nur eine einzelne Steuer (meist wird hier die Einkommensteuer genannt, da dabei die Treffsicherheit in Bezug auf verteilungspolitische Ziele am größten ist) existiert, und das durchaus Effizienzvorteile mit sich bringen könnte. Im europäischen Kontext zeichnet sich aber ab, dass die Verbrauchssteuern (Umsatzsteuer, Mineralölsteuer) derzeit nicht wegzudenken sind. Aus fiskalischer Sicht muss auch angemerkt werden, dass Verbrauchssteuern den Vorteil haben, dass hier Steuervermeidung und -hinterziehung weniger leicht möglich sind (außer im großen Problemfeld „Pfusch" = u. a. Hinterziehung der Umsatzsteuer). Aus diesem Grund erscheint eine derartig signifikante Systemumstellung aus heutiger Sicht nicht sehr realistisch.

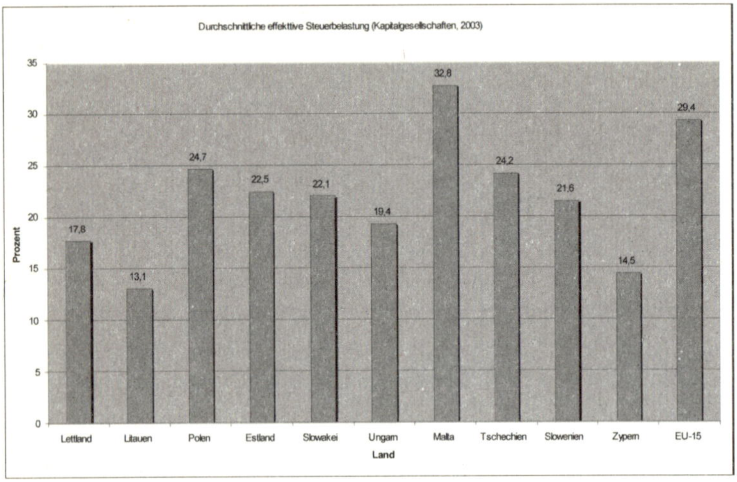

Quellen: ZEW, Ernst/Young.
Abbildung 5: Effektive Steuerbelastung von Kapitalgesellschaften im Vergleich der neuen EU-Länder mit der EU-15

Von großer Bedeutung ist auch der internationale Steuerwettbewerb. Durch die EU-Osterweiterung hat die Bedeutung dieser Thematik insofern weiter zugenommen, als es nun Länder in unmittelbarer geografischer und wirtschaftlicher Nähe Österreichs gibt, bei denen die effektive Steuerbelastung geringer ist. Ein gutes Beispiel ist die effektive Besteuerung auf die Einkünfte von Kapitalgesellschaften, bei der Ungarn, die Slowakei, Tschechien und Slowenien deutlich unter dem EU-15-Durchschnitt liegen. Zusammen mit geringeren Kosten vor allem im Bereich der Arbeitskosten (u. a. durch geringere Lohnnebenkosten aufgrund geringerer lohnabhängiger Steuern und Abgaben) ergeben sich hier durchaus beachtlichen Nachteile für den Standort Österreich. Aus diesem Grund werden Fragen der Tarife und Bemessungsgrundlagen vorwiegend nicht im autonomen Bereich der österreichischen Wirtschaftspolitik zu treffen sein, sondern für Österreich international mehr oder weniger vorgegeben sein.

Vision 2050:
- Harmonisierung der österreichischen Steuern mit dem EU-Umfeld.
- Vereinfachung der Tarife und Bemessungsgrundlagen.

4. Abschaffung von Mindeststeuern und Vereinfachung von Gebühren

Besonders problematisch sind derzeit Elemente im Steuersystem, die vollkommen losgelöst von ökonomischen Grundlagen wirksam sind. Dabei handelt es sich insbesondere um Steuern und Abgaben, die eine fixe Höhe oder bestimmte Mindestbeträge aufweisen.

Prominentestes Beispiel dafür ist die Körperschaftsteuer, der die Gewinne von Kapitalgesellschaften (Aktiengesellschaften, Gesellschaften mit beschränkter Haftung) unterliegen. Hier existiert eine Mindestkörperschaftsteuer, die in jedem Fall bezahlt werden muss.

Besonders junge Unternehmen leiden aber unter hohen Fixkosten, hohem Investitionsaufwand und vorerst unterdurchschnittlichen Einnahmen, die erst langsam ansteigen. Die Mindestkörperschaftsteuer stellt ein Problem für solche Unternehmen dar, da diese auch im Falle geringer Gewinne oder gar bei Anfangsverlusten Steuer zahlen müssen. Die Mindeststeuer ist zwar nicht „verloren" und kann wie eine Vorauszahlung in Gewinnjahre „mitgenommen" und mit folgenden Körperschaftsteuerverbindlichkeiten gegen gerechnet werden, bewirkt also nur eine zeitliche Umverteilung der Steuerbelastung. Trotzdem verringert sie kurzfristig die Liquidität von Unternehmen, ohne in Summe die Steuereinnahmen des Staates nachhaltig zu erhöhen (da es ja nur zu einer zeitlichen Umverteilung kommt!). So bleibt lediglich der unerwünschte Effekt der Liquiditätsverknappung für Unternehmen. Eine Abschaffung der Mindestkörperschaftsteuer wäre eine sinnvolle wirtschaftspolitische Maßnahme zur Förderung der Unternehmertätigkeit, die dabei sogar fast budgetneutral durchgeführt werden könnte.

Bei den Gebühren bewirkt die Abrechnung oft unnötige Transaktionskosten. So müssen von einem Unternehmen regelmäßig

Gebühren für die wiederkehrenden Eintragungen im Firmenbuch (Bilanzoffenlegung, etc.) bezahlt werden. Eine Verrechnung aller Gebühren über die Steuerveranlagung scheint ohne größeren Aufwand technisch realisierbar.

Vision 2050:

- Keine Mindeststeuern (Abschaffung der Mindestkörperschaftsteuer)
- Vereinfachung der Gebühren

5. Das Sozialversicherungssystem als wichtiger Spezialfall

Das Sozialversicherungssystem wird vielfach nicht zum Steuersystem im engeren Sinn gezählt, da – so die Hauptargumentation – hier eine Versicherungskomponente im Vordergrund steht. Dies ist insofern für Österreich nicht korrekt, als auch das Sozialversicherungssystem den Charakter eines Umverteilungssystems aufweist (sowohl in zeitlicher als auch personeller Hinsicht). Überdies werden Fehlbeträge aus der Sozialversicherung aus dem Bundesbudget abgedeckt und werden somit in den allgemeinen Haushalt des öffentlichen Sektors eingebunden.

Die wesentlichste Innovation für ein leistungsfähiges und zukunftsträchtiges Steuer- und Abgabensystem wäre zweifellos eine weit reichende Umgestaltung und konzeptionelle Trennung der Aufgaben des Steuersystems im engeren Sinn und des Sozialversicherungssystems auf der anderen Seite.

Das Sozialversicherungssystem umfasst die Komponenten:

- Pensionsversicherung
- Krankenversicherung
- Unfallversicherung
- Arbeitslosenversicherung

Es geht dabei im Prinzip darum, dass durch Zwangsbeiträge eine möglichst breite Risikogemeinschaft entsteht, die aus den Einzahlungen in den „Sozialversicherungstopf" die entstehenden „Schadensfälle" kompensiert. Dabei ist anzumerken, dass ein staatlicher

Eingriff im Sinne einer Pflichtversicherung (denkbar wäre aber auch eine Versicherungspflicht – das deutsche Beispiel hat allerdings auch Schwächen dieser Alternative aufgezeigt) konzeptionell erforderlich ist, da sonst Personen mit hohem Risiko am privaten Versicherungsmarkt keine Versicherung erhalten könnten.

Die Beiträge einer Versicherung richten sich in der Privatwirtschaft nach dem Risiko des Versicherten. Dieses System ist insofern effizient, als der Versicherte Unsicherheit in Sicherheit transformiert bekommt und dieser zusätzliche Nutzen für den Versicherten sogar noch Potenzial für Gewinne des Versicherers über die Abdeckung der Schadenssummen hinaus birgt.

Unglücklicherweise wird das staatliche Sozialversicherungssystem durch Umverteilungselemente unnötig verkompliziert und überaus intransparent. Da ohnehin eine Umverteilung auf der persönlichen Ebene im Rahmen der Einkommens- und Lohnsteuer existiert und diese Umverteilung spezifischer und treffsicherer ist, besteht überhaupt kein Bedarf, dies auch (und teilweise kontraproduktiv weil von der Verteilungswirkung dem progressiven Steuersystem entgegengesetzt) im Sozialversicherungssystem zu tun. Es ist beispielsweise unbestritten, dass das Sozialversicherungssystem über weite Bereiche eine regressive Umverteilungswirkung auslöst und dabei mittlere Einkommen in besonderem Ausmaß belastet.

Würden die Sozialversicherungsbeiträge an das Risiko der Versicherten angepasst werden, käme es hingegen zweifellos zu sozial unerwünschten Verteilungseffekten, da in unserer Gesellschaft ein gewisser Konsens herrscht, dass die Belastung der einzelnen Bürger auch mit deren finanzieller Leistungsfähigkeit zusammenhängen sollte. Eine entsprechende Umverteilung könnte und müsste dann jedoch im Rahmen der (in diesem Fall am besten flächendeckenden) Veranlagung aller natürlichen Personen für Steuerzwecke erzielt werden. Der Vorteil wäre die erhöhte Transparenz der Umverteilung, die dann rationaler diskutiert werden könnte – keinesfalls bedeuten diese Vorschläge, dass eine Veränderung der faktischen Umverteilung stattfinden muss, da das derzeitige System auch mit dem hier skizzierten „Trennsystem“ nachgespielt werden könnte.

Ein derartiges System würde sich in den einzelnen Sozialversicherungsbereichen etwa wie folgt darstellen:

Die *Pensionsversicherung* ist eine reine Altersvorsorge, die Beiträge ergeben am Ende des Beitragszeitraumes (Pensionsantritt) einen Kapitalwert, der als lebenslange Pension an den Bürger ausgezahlt wird. Obwohl für die tatsächliche Finanzierung ein Umlageverfahren angewendet wird, werden die Ansprüche auf Basis eines Kapitalwertverfahrens (allerdings ohne oder mit nur beschränkter Kapitaldeckung) durchgeführt. Damit wären alle politischen Probleme wie Abschläge bei vorzeitigem Pensionsantritt, Durchrechnungszeitraum, parallele Existenz unterschiedlicher Pensionsversicherungssysteme, Anspruch erst ab einer bestimmten Anzahl von Beitragsjahren etc. auf einen Schlag gelöst. Der Bürger könnte sich (im Rahmen vom Staat aus wohlfahrtökonomischen Gründen vorgegebener Grenzen) z. B. aussuchen, wann genau er in Pension geht. Die Höhe seiner Pension hängt dann ausschließlich von seinen Einzahlungen ab und wird mittels versicherungsmathematischer Verfahren berechnet. Reicht eine Pension nicht aus, um das (dann sorgfältig zu definierende) Existenzminimum zu sichern, greifen ab einem bestimmten Alter staatliche Transfers ein, um den Lebensstandard der Pensionisten zu sichern. Eventuell könnten darüber hinaus innovative Elemente eingebracht werden, z. B. die Aufsummierung der Pensionsbeiträge und jeweils Anrechung zur Hälfte auf die beiden Partner während einer Lebensgemeinschaft (möglicherweise freiwillig) oder Ehe (möglicherweise verpflichtend). Über diesen Weg könnte versucht werden, die Probleme im Bereich von Hinterbliebenenpensionen zu lösen.

Die *Arbeitslosenversicherung* könnte im Wesentlichen systematisch unverändert bleiben, die Beiträge müssten jedoch an das Risiko der Versicherten angepasst werden. Regelungsbedarf besteht hier vor allem für Selbstständige und neue Selbstständige.

Während für die Pensionsversicherung und die Arbeitslosenversicherung eine enge Koppelung der Beiträge an das Einkommen konzeptionell sinnvoll ist, müsste diese Anbindung für die *Krankenversicherung* im Sinne der so genannten „Risikoadäquanz“ sehr kritisch überdacht werden. Hingegen ist eine Vereinheitlichung von Beiträgen und Leistungen für alle Versicherten dringend notwendig, da die Existenz unterschiedlicher Standards gesellschaftspolitisch nur schwer argumentierbar ist.

Die *Unfallversicherung* könnte auch im Wesentlichen beibehalten werden (mit fixen Beiträgen wie bei den Selbständigen) – eine sanfte Differenzierung der Beiträge je nach beruflichem Risiko wäre eventuell denkbar. Lediglich im Bereich der Mehrfachversicherung ist nicht einzusehen, warum ein Versicherter für verschiedene Tätigkeiten derzeit jeweils den Beitrag mehrfach entrichten muss.

Der Gedanke der Vereinheitlichung muss an dieser Stelle noch einmal unterstrichen werden: Transparent wäre ein System, bei dem das gesamte Einkommen aus allen beruflichen Tätigkeiten denselben Beitragssätzen (gestaffelt natürlich nach dem jeweiligen Risiko) unterliegt und auch die Arbeitgeber gleiche Beiträge für die verschiedenen Gruppen von Versicherten leisten müssen.

Nur auf diese Weise können unerwünschte und intransparente Verteilungseffekte sowie Verzerrungen der gesamtwirtschaftlichen Allokation (Ressourcenverwendung im Produktionsprozess) vermieden werden. Eine Anpassung im Bereich der Arbeitgeberbeiträge sollte jedoch jedenfalls der Prämisse unterliegen, tendenziell eine Senkung der im internationalen Vergleich hohen Lohnnebenkosten (auch unter dem Gesichtspunkt der EU-Osterweiterung) herbeizuführen.

Vereinheitlichung würde auch bedeuten, dass die Geringfügigkeitsgrenzen so weit nach unten angepasst werden, dass keine willkürlichen „Stufen" in der Besteuerung und der Belastung mit Sozialabgaben entstehen, je nachdem, in welcher arbeitsrechtlichen Konstellation eine Person beruflich tätig ist.

Vision 2050:

- Grundlegende Umgestaltung des Sozialversicherungssystems auf Basis des Versicherungsprinzips. Umverteilungselemente werden abgeschafft.

- Vereinheitlichung aller Sozialversicherungssysteme und Beschäftigungsgruppen (Vereinfachung für Unternehmen, keine willkürliche Differenzierung zwischen den Versicherten)
- Pensionsversicherung: die Leistung bestimmt sich nur aus den eingezahlten Beiträgen, ab einem bestimmten Alter oder einer bestimmten Versicherungsdauer werden bei niedrigen Pensionen aber Zuschüsse der öffentlichen Hand (Transfers) wirksam, um die die nötige Umverteilung herbeizuführen. Vorteil: keine Diskussionen mehr über Mindestbeitragszeiträume, Abschläge, Frühpension, Durchrechnung etc. Während einer Ehe oder Lebenspartnerschaft werden die Beitragszahlungen zusammengerechnet und je zur Hälfte den beiden Partnern zugerechnet.

6. Konsistenz des Steuersystems

Insgesamt ist das Steuer-, Abgaben- und Transfersystem in Österreich in den letzten Jahrzehnten organisch gewachsen, wobei vorwiegend Anpassungen und Ergänzungen, kaum jedoch fundamentale Systemänderungen aus einem Guss durchgeführt wurden. Daher ist die Verteilungswirkung einzelner Systemelemente und des Steuersystems in seiner Gesamtheit kaum noch durchschaubar und die Effizienz des Systems jedenfalls verbesserungsfähig. Das Grundproblem besteht darin, dass auch „Reformen“ des Steuersystems große neue Strukturen schaffen, sondern meist nur marginale Modifikationen der bestehenden Regelwerke darstellen.

Von größter Bedeutung ist daher eine weit reichende Vereinfachung des Steuersystems, die auch die bestehenden Inkonsistenzen behebt. Insbesondere im Bereich atypischer Dienstverhältnisse ist die Klassifikation der Vertragsverhältnisse und damit der Steuer- und Abgabenpflicht nicht immer einheitlich und konsistent. Der oben genannte Vorschlag, primär nur an einem Punkt im Kreislauf Steuer abzuschöpfen, ist auch unter diesem Aspekt von großer Relevanz.

Vision 2050:

- Redesign des gesamten Steuer- und Abgabensystems (inkl. Sozialversicherung) innerhalb einiger Jahre, anstelle wiederholter kleiner Teilreformen. Danach keine Veränderungen des Systems über einen längeren Zeitraum.

Zusammenfassung:

Ein leistungsfähiges, leistungsorientiertes und modernes Steuer- und Abgabensystem ist eine Voraussetzung für einen funktionsfähigen Staatshaushalt und die nachhaltige Sicherung des Wirtschaftsstandortes Österreich.

Der Staatshaushalt konnte nach einem drastischen Anstieg der Staatsverschuldung seit den siebziger Jahren des vorigen Jahrhunderts erst Ende der neunziger Jahre stabilisiert werden. Die anhaltende Konjunkturschwäche in Europa hat dazu beigetragen, dass sich nun wieder ein steigender Druck in Richtung Neuverschuldung bemerkbar macht.

Obwohl eine erfolgreiche Budgetkonsolidierung keinesfalls einnahmenseitig bei den Steuern ansetzen sollte, bietet die erste Dekade des 21. Jahrhunderts naturgemäß die Möglichkeit, langfristige Visionen zum Steuersystem unter der Nebenbedingung eines ausgeglichenen Staatshaushaltes zu entwickeln. Dabei ist davon auszugehen, dass die Ausgaben in den nächsten Jahren signifikant gekürzt werden müssen, während das Steuer- und Abgabensystem ebenfalls ein rückläufiges Volumen aufweisen wird, allerdings in geringerem Ausmaß als die Ausgaben.

Von größter Bedeutung für eine zukunftsweisende Neugestaltung des Steuersystems wäre eine grundlegende Reform, bei der insbesondere die Umverteilungsfunktion des Steuersystems von der Versicherungsfunktion des Sozialversicherungssystems entkoppelt wird. Verzerrende Elemente des Steuersystems, wie z. B. die Mindestkörperschaftsteuer, sollten so bald wie möglich eliminiert werden.

Eine Vereinfachung und Vereinheitlichung der Systeme würde neben der möglichen Ersparnis im Verwaltungsbereich auch mehr Transparenz in Bezug auf die Effekte der Umverteilungsmechanismen bringen.

Eine grundlegende Reform würde konsistente und langfristig funktionsfähige Rahmenbedingungen schaffen, mit denen stabile Erwartungen der privaten Wirtschaftssubjekte für die Zukunft und somit ein gedeihliches Konsum- und Investitionsklima gefördert werden könnten. Dabei würden auch Doppelgleisigkeiten im System reduziert werden, bei denen dieselben Zahlungsströme mehrfach der Besteuerung unterzogen werden. Der Schwerpunkt könnte dabei auf der Einkommensteuer bzw. Lohnsteuer liegen. Das System müsste dann auch insgesamt eine höhere Flexibilität als das heutige aufweisen, z. B. durch automatische Anpassung der Progressionsstufen an die Veränderungen des allgemeinen Preisniveaus.

Das Steuer- und Abgabensystem der Zukunft ist ein transparentes Regelwerk, das auch die politische Diskussion vereinfacht anstatt die Verteilungswirkungen einzelner Maßnahmen wie bisher im Dunkeln zu lassen. In diesem Sinn sollte es neben der effizienten und gerechten Mittelaufbringung für den öffentlichen Sektor sowie die Umverteilung den sachlichen Diskurs auf politischer Ebene unterstützen und weiterbringen.

Die Zukunft der Sicherheit – der europäische Sicherheitsverbund

Veit V. Dengler

Seit Mai 1945 war Österreich in keine kriegerische Auseinandersetzung verwickelt. Seit dem Abschluss des Staatsvertrages und der darauf folgenden Verabschiedung des Neutralitäts-Gesetzes im Oktober 1955 ist Österreich neutral. Im Rahmen einiger UNO-Missionen war Österreich seit 1960 an meist friedenserhaltenden Aufgaben beteiligt, bei denen insgesamt mehr als 40.000 Bundesheer-Angehörige zum Einsatz kamen, und die sehr wenige Opfer erforderten.

Damit leben wir in der längsten durchgehend friedlichen Periode in der modernen Geschichte unseres Landes. Seit nunmehr 60 Jahren sind wir nicht angegriffen worden, waren wir an keinem Krieg beteiligt und konnten wir es uns leisten, einen historisch durchwegs niedrigen Betrag für unsere Verteidigung auszugeben. An wesentlichen Konflikten, von der Invasion Ungarns durch die Rote Armee bis zum zweiten Krieg im Irak, war unser Land nicht beteiligt. Gleichzeitig ist der Wohlstand um ein vielfaches gestiegen. Kurz, wir erleben das, was anderswo mit „peace and prosperity" beworben wird. Bis auf relativ kleine und lokal begrenzte Konflikte gilt dies jedoch für ganz Europa, Nord- und Südamerika, weite Teile Asiens und einen Teil Afrikas. Wird dies in den nächsten Jahrzehnten auch so sein? Statistisch gesehen sind so lange Perioden des Friedens ungewöhnlich. Österreich war in den letzten zwei Jahrhunderten an mehreren großen Kriegen beteiligt: den Napoleonischen bis 1815, dem sardinischen Krieg und dem Aufstand in Ungarn 1848/49, gegen Frankreich und Sardinien 1859, gegen Preußen, den Norddeutschen Bund und Italien 1866, gegen die Alliierten von 1914 bis 1918 sowie von 1939 bis 1945. Die Friedenszeiten dazwischen dauerten im Schnitt 23 Jahre.

Was unterscheidet die letzten sechs Jahrzehnte von den Perioden davor? Als kleines Land im Herzen eines Kontinents hat Österreich keine aggressive Außenpolitik betrieben. Haben wir in einem geopolitischen Umfeld gelebt, das durch geringe Aggressivität und mangelnde Bedrohungen geprägt war? Die Antwort ist klarerweise nein. Von der Sowjetunion bis zu Milosevic gab es aggressive Rüstungspolitik und Kriege in unserer näheren Nachbarschaft, 1956 und 1991 sogar direkt an unseren Grenzen. Terror-Anschläge gab es in Österreich immer wieder, zum Beispiel die Anschläge gegen das OPEC-Ministertreffen 1975 sowie gegen den Flughafen Wien im Dezember 1985.

Österreichs Sicherheitspolitik war historisch, was die Ökonomen als „free-riding" oder Trittbrettfahren bezeichnen. Der militärische Schirm der NATO, des westlichen Verteidigungsbündnisses, schirmte auch Österreich gegen mögliche Aggressionen durch den Warschauer Pakt ab. Unsere aktive Neutralitätspolitik mag zwar am Rande Nutzen gestiftet haben, wir konnten sie uns jedoch nur „leisten", da andere die Verteidigung unserer vitalen Interessen übernahmen. Dies kommt uns noch heute zugute. Laut der aktuellen Österreichischen Sicherheitsdoktrin ist das militärische Restrisiko eines zwischenstaatlichen Krieges *„infolge der von der NATO ausgehenden Abhaltewirkung zur Zeit als gering zu beurteilen"*. Angesichts traditioneller Bedrohungen wie der Sowjetunion oder des Terrorismus eines Abu Nidals war dieses „free-riding" möglich, solange es andere gab, die bereit waren, unsere vitalen Interessen zu schützen. Die neuen Bedrohungsszenarien des 21. Jahrhunderts werden dies nicht erlauben. Die räumliche Entfernung zu Konfliktherden gewährleistet heute keinen ausreichenden Schutz.

Eine neue Sicherheitspolitik für unser Land muss daher auf neuen Prinzipien basieren. Nachfolgend werden sechs Thesen zur Sicherheitspolitik skizziert, auf denen eine Vision 2050 zur Sicherheitspolitik aufbauen muss:

1. Österreich hat eine Reihe von vitalen Interessen, die zu schützen sind; sie sind mit denen Europas identisch.
2. Das „klassische" Bedrohungspotenzial wird tendenziell weiter sinken.
3. Im Gegenzug wird das alternative, asymmetrische Bedrohungspotenzial zunehmen. Einzelne „Unternehmer der Gewalt" werden in der Lage sein, Tausende und eventuell Millionen Opfer zu verursachen, z. B. durch biologischen oder nuklearen Terror.

4. Die alternativen Bedrohungen müssen auch durch Prävention, nicht nur durch Abschreckung und Reaktion bekämpft werden.
5. Die Organisation von Sicherheit in westlichen Ländern muss in der Folge prozessorientiert umgestaltet werden.
6. Sicherheit kann nur eine Aufgabe der Europäischen Union sein; die Gefahren sind zu breit, und die Aufgaben zu groß, als dass einzelne Staaten sinnvoll eigenständige Politik betreiben könnten.

1. Österreichs vitale Interessen

Laut der 2001 verabschiedeten Sicherheitsdoktrin stellen *„die vitalen Sicherheitsinteressen Österreichs und die gemeinsam mit der EU verfolgten Sicherheitsinteressen [...] die Grundlage der Sicherheitspolitik"* dar. Diese Interessen werden in der Sicherheitsdoktrin nicht weiter beschrieben. Auch die 2003 verabschiedete europäische Sicherheitsdoktrin geht auf die vitalen Interessen nicht im Detail ein.

Sicherheitspolitik kann jedoch nur auf einer klaren Definition der vitalen Interessen aufbauen. Eine mögliche Definition lautet, dass vitale Interessen solche sind, die das Überleben und das fundamentale Funktionieren unserer Gesellschaft ermöglichen.

Vitale Interessen	Abgeleitete Ziele
A. Schutz der Bevölkerung und Integrität des Territoriums	Erkennung von Bedrohungen und Verteidigung gegen Angriffe jeglicher Art (traditionell oder terroristisch, konventionell oder mit Massenvernichtungsmitteln)
B. Wirtschaftliches Überleben und Entwicklung	Erkennung von Sicherheits-Bedrohungen und Sicherung des Funktionierens der Wirtschaft, des Verkehrs etc.; Verbreitung von Stabilität und Regelwerken zur Sicherung des freien Rohstoff- und Warenflusses
C. Soziale, politische und ökologische Sicherheit	Verbreitung von Stabilität und Regelwerken, z. B. zur Bekämpfung des organisierten Verbrechens, zur Bekämpfung von Umweltschäden nach Maßgabe ihrer Nachhaltigkeit (auch zur Vermeidung von künftigen Kriegsgründen, z. B. für Zugang zur Wasserversorgung) und Bewältigung von Massen-Fluchtbewegungen
D. Schutz des internationalen Friedens, der Sicherheit und von universellen Rechten	Verbreitung von Stabilität und Regelwerken zur Schaffung und Durchsetzung von Völkerrecht; Schutz von universellen Rechten, einschließlich humanitärer Hilfe, Friedenserhaltung, Friedenssicherung und Befriedung von Konfliktherden

Diese vitalen Interessen sind für die gesamte Europäische Union im Wesentlichen mit denen Österreichs identisch. Verschiedene Länder mögen zusätzliche Interessen haben, die sich aus deren spezifischen Situationen ergeben (z. B. das Vereinigte Königreich mit Bezug auf den Commonwealth), aber die Unterscheidung zwischen vitalen und anderen Interessen ist bedeutend: Welche Interessen sind wichtig genug, um wesentliche Ressourcen zu investieren? Welche sind wichtig genug, um die Entsendung von Truppen und eventuell einen Krieg zu rechtfertigen? Diese Liste kann nur eine sehr kurze sein, und sollte sich, so unsere Vision in Richtung 2050, von jenen anderer Länder unserer Union nicht unterscheiden.

Als Faktum ist festzuhalten: Vitale Interessen können nicht abgetauscht werden. Eine Sicherheitspolitik der Abschottung, die der Sicherheit der Bevölkerung dient aber gleichzeitig eine drastische Reduktion des Warenaustausches bedeuten würde (z. B. durch massive Beschränkung der Container-Schifffahrt und des Luftfrachtverkehrs zum Schutz gegen Anschläge mit Massenvernichtungswaffen), wäre demnach nicht akzeptabel. Die Qualität von Sicherheitspolitik und ihrer Implementierung lässt sich an der Sicherung aller vitalen Interessen messen.

Verschiedene Bedrohungen betreffen die vitalen Interessen nicht gleich stark. Die Begründung liegt beispielsweise in Einflussfaktoren wie geographischer Distanz oder potenzieller Auswirkungen. Die konkrete Reaktion auf die Bedrohung von vitalen Interessen muss im Einzelfall geprüft werden. Es besteht jedoch die Gefahr, dass die Durchsetzung vitaler Interessen als Vorwand für Großmachtpolitik benutzt wird. Manche Kommentatoren betrachten den Schutz von internationalem Frieden, Sicherheit und universellen Rechten durch die EU als Allüren einer sich mausernden Großmacht.

Dieser Einwand ist nicht ganz unberechtigt, verwechselt jedoch vitale Interessen als Ziel und die Mittel ihrer Verfolgung. Vitale Interessen sind die Grundlage unserer Gesellschaft. Ihre Gefährdung bedroht das Leben, wie wir es kennen, egal ob ein nuklearer Terrorangriff auf eine europäische Stadt erfolgt, oder ob ein Staat eine Minderheit mit industriellen Mitteln vernichtet. Die Art, wie vitale Interessen verteidigt werden, ist unterschiedlich. Das Völkerrecht und politisches Handeln durch internationale Institutionen sind der Grundanker eines friedlichen Zusammenlebens auf dieser

Welt. Sie sollten immer den Rahmen für die Verfolgung der eigenen Interessen bilden. Darüber hinaus gibt es Bedarf, für Ausnahmefälle vorzusorgen. Gewaltanwendung, auch zur Durchsetzung der wichtigsten Interessen, kann nur die *ultima ratio* sein, wenn andere Methoden gescheitert sind.

In multilateralen Organisationen von der UNO bis zur OSZE ist der Schutz der gemeinsamen Werte menschlicher Sicherheit verankert (siehe Tab. S.187, Punkt D). Den Entscheidungen dieser Organisationen müssen wir uns selbst unterordnen. Der Schutz kann aber nicht nur – wie seinerzeit im Völkerbund der 30er und 40er Jahre des 20. Jahrhunderts – in Resolutionen verlautbart werden, nach deren Verabschiedung sich Diplomaten erschöpft zurücklehnen, sondern muss sich auch in der Fähigkeit manifestieren, bedrängten Ländern, Volksgruppen oder Minderheiten mit allen angebrachten Mitteln zur Hilfe zu kommen – wenn es sein muss, auch mit militärischen.

2. Sinkendes klassisches Bedrohungspotenzial

Während des Kalten Krieges, vor allem Anfang der 60er Jahre und nochmals Anfang der 80er Jahre, war die Welt knapp am Rande eines atomaren Konflikts zwischen der damaligen Sowjetunion und den USA. Mehrere hundert Millionen Menschen wären ums Leben gekommen, und die Erde befände sich in einem nuklearen Winter. Mit dem Ende des Kalten Krieges ist ein geplanter nuklearer Angriff eines Landes auf ein anderes sehr viel weniger wahrscheinlich geworden. Einige potenzielle nukleare Konfliktherde existieren jedoch weiterhin (Indien, Pakistan; Israel und seine Nachbarn; die koreanische Halbinsel). Die Gefahr einer zufälligen oder unautorisierten Zündung von nuklearen Sprengsätzen ist nach wie vor akut, vor allem in Russland (und auch in den USA). Beide Länder haben nach wie vor tausende Atomsprengköpfe auf *hair-trigger alert*, können also binnen weniger Minuten nach Auslösung eines Alarms abgefeuert werden. Dies erzwingt eine Entscheidung zum Start von Raketen binnen kürzester Zeit und nimmt Entscheidungsträgern die Möglichkeit, Information zu verifizieren, Gefahren abzuschätzen und einen katastrophalen Fehler zu vermeiden. Die Sicherheit der Welt könnte also beispielsweise an der Zuverlässigkeit von Russlands Frühwarnsystemen und *command and control*-Systemen hängen, ein absurder Zustand, den Europa gemeinsam mit den USA dringend beseitigen muss.

Einige Trends lassen längerfristig auf die Reduktion von klassischen Bedrohungsszenarien hoffen.

Demokratisierung und Steigerung des Wohlstandes:

In der internationalen Politikwissenschaft besagt die These des „demokratischen Friedens", dass Demokratien so gut wie nie Kriege gegeneinander führen, da die Konfliktlösungsmechanismen im Umgang von Demokratien untereinander den Weg zur Gewalt geradezu ausschließen. Außerdem erleben Demokratien weniger kollektive Gewalt im eigenen Land, und weniger Demozide, d. h. massenhafte Ermordung von wehrlosen Menschen in staatlicher Verantwortung.

In 353 Kriegen zwischen 1816 und 1991[1], wurden 198 zwischen Nicht-Demokratien ausgetragen, 155 zwischen Demokratien und Nicht-Demokratien aber kein einziger zwischen Demokratien.[2]

Eine populäre ähnliche These ist, dass Länder, in denen es McDonald's Restaurants gibt, gegeneinander keine Kriege führen. Mit Ausnahme des Kosovo-Konfliktes, wo die NATO Serbien in einer monatelangen Kampagne bombardiert hat, um die Unterdrückung und Vertreibung der Kosovo-Albaner zu stoppen, hält diese McDonald's These auch.

Diese Ansätze geben Anlass zum Optimismus. Während im Jahr 1950 31 % der Länder weltweit als Demokratien zählten, waren es im Jahr 2000 58 %. In Europa steigt diese Zahl (mit Ausnahmen wie Belarus) gegen 100 %.

---

1 Definiert als Militäraktionen bei denen mehr als 1000 Menschen im Zuge von militärischen Auseinandersetzungen ums Leben kamen.

2 In der Literatur werden Demokratien typischerweise als Länder mit folgenden Eigenschaften definiert: regelmäßige Wahlen für die wichtigsten Ämter im Staat; politische Parteien, die miteinander im Wettbewerb stehen; allgemeines, gleiches, freies und geheimes Wahlrecht; und einklagbare Menschen- und Bürgerrechte. Für Demokratien im 19. Jahrhundert ist die Definition loser gefasst, und umfasst üblicherweise regelmäßige Wahlen, in denen Machthaber ausgetauscht werden, sowie gleiche Rechte ohne Rücksicht auf sozialen Rang oder Status.

Die Alterung der Weltbevölkerung

Die Alterung ist ein globales Problem, das allerdings eine sicherheitspolitische Dividende bringt. Die Veränderung der Bevölkerungs-Struktur ist weltweit signifikant:

- Japans Bevölkerungszahl wird zwischen 2005 und 2055 um ein Drittel sinken – eine ähnliche drastische Reduktion wie Europa im 14. Jahrhundert aufgrund der Pest.
- In Russland, lebten 1991 noch 149 Millionen Menschen; in den folgenden Jahren kamen noch einige Millionen Immigranten aus anderen ehemals sowjetischen Republiken dazu. Laut Schätzungen der russischen Regierung und des Brookings Institute wird das Land 2050 aber nur noch ca. 70-120 Millionen Einwohner haben.
- Dieser Trend ist stabil und gilt für alle Kontinente, auch für Entwicklungsländer. Die globale Bevölkerungswachstumsrate ist seit Ende der 60er Jahre um 40 % gefallen. Um 2045 wird die globale Geburtenrate unter 2,1 sinken, die Weltbevölkerung in der Folge um ca. 2070 einen Höhepunkt erreichen (bei 9 Milliarden Menschen) und dann sinken. Dadurch wird sich die globale Bevölkerungsstruktur wie im Westen ändern. In Algerien wird das Median-Alter von heute 21,7 auf 40 Jahre im Jahr 2050 steigen. Ähnliches gilt für den Iran. Mexiko altert fünfmal so schnell wie die USA, sodass 2050 das Median-Alter in Mexiko 42 Jahre, in den USA nur 40 Jahre betragen wird.
- Die derzeitige Position der USA als einzige verbliebene Supermacht wird in einigen Jahrzehnten kaum noch haltbar sein. Laut des internationalen Währungsfonds (IMF) beträgt der Unterschied zwischen der zukünftig erwarteten Steuereinnahmen der USA und den zukünftig gesetzlich versprochenen Ausgaben ca. 500 % des Bruttonationalproduktes. Bei der Wahl zwischen „Kanonen und Butter“ werden auch die USA ihre Rüstungsausgaben stark begrenzen. China wird ebenso nicht in der Lage sein, in die Fußstapfen der USA zu treten, da es ähnlich wie Japan mit den Folgen eines schnellen Alterns der Bevölkerung zu kämpfen haben wird.

Ein weltweiter Umstieg in gesellschaftliche Strukturen, in denen mindestens die Hälfte der Bevölkerung über 40 Jahre alt sein wird, wird komplex und schwierig sein. Konflikte wie Verteilungs- und Machtinteressen zwischen Generationen und Regionen werden immer wieder akut werden, egal ob es der Zugang zu fossiler Energie, zu Wasser oder in Zukunft vielleicht zu Technologie und Medizin sein mag. Insgesamt ist jedoch zu erwarten, dass alternde Gesellschaften weniger aggressiv geneigt sein werden als heutige Gesellschaften.

Der traditionelle Ausgangpunkt von Sicherheitsdoktrinen, auch in Österreich, ist die Abwehr konventioneller militärischer Bedrohungen. Dieses Bedrohungspotenzial ist in Europa relativ klein, und wird wie dargelegt weltweit über einen langen Zeitraum tendenziell abnehmen. Militärischen Planern in Europa und den USA ist klar, dass die Bedrohungen, gegen die uns unsere existierenden Sicherheitsapparate am besten schützen, gleichzeitig die unwahrscheinlichsten Bedrohungen sind.

3. Steigendes alternatives Bedrohungspotenzial

Die neue europäische Sicherheitsdoktrin identifiziert fünf Hauptbedrohungen: internationaler Terrorismus, Verbreitung von Massenvernichtungswaffen, regionale Konflikte, das Scheitern von Staaten und organisierte Kriminalität. Nützlicher ist eine Kategorisierung, wenn sie Aussagen über die Eintrittswahrscheinlichkeit und die Verletzlichkeit unserer vitalen Interessen impliziert. Wir unterscheiden daher indirekte, disruptive und katastrophale Bedrohungen.

Indirekte Bedrohungen

Es besteht die Möglichkeit, dass unsere vitalen Interessen durch regionale Aufstände, Terror-Angriffe oder Bürgerkriege in Drittländern bedroht werden. Diese Ereignisse können zwar die Schädigung der vitalen Interessen von Europa oder den USA zum Ziel haben, erreichen dies jedoch indirekt, z. B. durch den Sturz einer Regierung oder die Abkoppelung der Entwicklung eines Landes vom Westen durch Mittel wie kontinuierliche Geiselnahmen oder nachhaltige Störung des Tourismus. Diese Bedrohungen sind die wahrscheinlichsten, und in den letzten Jahren in so verschiedenen Ländern wie Kolumbien, Indonesien, Ägypten oder Saudi-Arabien akut.

Im schlimmsten Fall entsteht ein *failed state*, ein versagendes Staatswesen. Staatswesen können versagen, indem sie die elementarsten Rechte ihrer eigenen Bevölkerung oder von Bevölkerungsteilen missachten (von der Verfolgung und Aushungerung bis zum Genozid), „Unternehmer der Gewalt" beherbergen, oder indem sie schlicht implodieren und ein Gebiet der Anarchie und damit Nährboden für „Unternehmer der Gewalt" auch aus anderen Regionen bieten.

Beide Varianten – ob Regimes mit totalitärem Anspruch oder Staaten, in denen Anarchie herrscht – können eine Bedrohung unserer vitalen Interessen darstellen. Regimes mit totalitärem Anspruch gibt es nach wie vor, ob in Nordkorea oder in Myanmar. Länder wie Somalia, Haiti, Afghanistan oder Sierra Leone waren *failed states* oder sind es noch.

Die Verletzlichkeit unserer Interessen durch indirekte Bedrohungen ist niedrig bis moderat, je nach den Möglichkeiten der Aggressoren (Sind sie in der Lage, einen Genozid zu organisieren und durchzuführen?), dem Nährboden für die Angreifer im eigenen Land (Kann ein Umsturz und die Einsetzung einer radikal antiwestlichen Regierung gelingen?) und der Einflussmöglichkeiten auf unsere vitalen Interessen (Kann das Land Rohstoffe vorenthalten oder gibt es Experten, die z. B. ballistische Raketentechnologie beherrschen?).

Disruptive Bedrohungen

Unsere vitalen Interessen können durch einen wissenschaftlichen Durchbruch bedroht werden, falls ein Land oder eine Organisation neue Fähigkeiten beispielsweise im Bereich der Bio-Technologie (neue Kampfstoffe, Durchbrüche bei der Miniaturisierung im Molekularbereich), im Internet oder im Weltraum entwickelt. Wenn diese Fähigkeiten derart innovativ sind, besteht die Möglichkeit, dass sich das weltweite Machtgefüge sehr rasch zugunsten dieser Länder oder Gruppen ändert.

Manche dieser Szenarien mögen heute im öffentlichen Bewusstsein im James Bond-Universum angesiedelt sein.

Historisch führten solche Technologiesprünge jedoch beispielsweise zum Flotten-Wettrüsten Anfang des 20. Jahrhunderts nach dem Stapellauf der *Dreadnought* oder zum atomaren Wettrüsten nach dem Zweiten Weltkrieg nach der Entwicklung und dem erstmaligen Einsatz von Atomwaffen.

Derartige Bedrohungen sind zur Zeit wenig wahrscheinlich, der Schutz gegen sie erfordert jedoch eigene Forschung sowie gemeinschaftliche Bemühungen zur Rüstungsbegrenzung in neuen Technologiefeldern. Disruptive Bedrohungen sind planerisch am schwierigsten zu erfassen, können und dürfen jedoch, da sie sehr große Effekte haben können, nicht ignoriert werden.

Katastrophale Bedrohungen

Katastrophen bedrohen unsere vitalen Interessen direkt. Durch die historisch neuartige Asymmetrie von Bedrohung und Effekt können heute einzelne Anschläge nicht mehr wie früher Dutzende oder hunderte Menschen töten, sondern tausende und Millionen.

Die Mittel können atomar, biologisch oder chemisch sein. Die „Zustellung" dieser Mittel oder Auslöser kann durch Raketen oder umfunktionierte zivile Beförderungsmittel wie Flugzeuge, Container-Schiffe oder sogar die Post erfolgen. Angriffe können direkt oder symbolisch wirken, z. B. durch die Auslöschung einer Regierung oder der Kontaminierung weiter Gebiete und ganzer Bevölkerungen mit radioaktivem Material oder dem Pockenvirus.

In der öffentlichen Diskussion werden katastrophale Bedrohungen meist mit Terroristen in Verbindung gebracht, aber auch *vogue states,* ausserhalb der Staatengemeinschaft stehende Regimes, die „nichts mehr zu verlieren" haben oder religiös bzw. kultisch motiviert sind, können diese Mittel einsetzen. Mögliche Szenarien reichen heute von einem sich ohne Ausweg wähnenden nordkoreanischen Diktator, der Atomwaffen einsetzt bis zu „Schläfern" radikaler islamischer Terrororganisationen in Europa, die sich radioaktives Material verschaffen und dieses in einem Bevölkerungszentrum zur Explosion bringen.

Die Eintrittswahrscheinlichkeit eines solchen Ereignisses ist gegenwärtig gering. Die folgenden Trends werden diese Wahrscheinlichkeiten in den nächsten Jahrzehnten jedoch deutlich erhöhen:

- Die Anzahl der Atom-Mächte kann mittelfristig von heute 8 auf 15–20 steigen (wie z. B. der Iran)
- Die Anzahl der Länder, die biologische und chemische Massenvernichtungsmittel produzieren können, besitzen und potenziell verkaufen wird ebenfalls zunehmen.
- Der Zugang von Einzelnen („Unternehmer der Gewalt") zu Massenvernichtungsmitteln wird steigen, ob durch verbreitertes Know-how im Internet, durch physischen Zugang wie in der ehemaligen Sowjetunion oder den durch Pakistan betriebenen Handel mit Nuklear-Material.

Eintretende katastrophale Bedrohungen können das grundsätzlichste vitale Interesse eines Landes, ja sogar das Leben wie wir es kennen, grundlegend verändern. Der Schutz gegen diese Bedrohungen muss der Anker jedes Sicherheitskonzeptes sein.

4. Die wachsende Rolle der Prävention

Die europäische Sicherheitsstrategie sieht ein breit angelegtes Konzept vor, das sich der globalen Bekämpfung von Bedrohungen widmet. Sie fußt auf drei Säulen – Ausdehnung des Sicherheitsgürtels um Europa, Stärkung der Weltordnung und Vorgehen gegen die genannten Bedrohungen – und zwei Schlüsselkonzepten, dem „präventiven Engagement" und dem „ wirksamen Multilateralismus".

Wirksamer Multilateralismus rückt die zentralen Grundwerte der UNO-Charta in den Mittelpunkt, deren Grundlagen die souveräne Gleichheit aller Mitglieder und die Legitimität des gemeinsamen Handelns sind. Die EU will, und muss auch weiterhin wollen, dass der UNO-Sicherheitsrat grundsätzlich das für die Legitimierung der Gewaltanwendung zuständige Forum bleibt. Die in dieser Form beschlossenen Regeln müssen auch durchgesetzt werden.

Präventives Engagement ist ein wesentlich umfassenderes Konzept als bloße militärische Prävention. Es beinhaltet eine schnelle Verlegung von Streitkräften genauso wie humanitäre Hilfe, Polizeieinsätze, die Stärkung von Rechtsstaatlichkeit und Wirtschaftshilfe. Das Konzept ist wichtig, da das Schicksal von versagenden Staaten von außen geändert werden kann. Die Verbreitung der Grundsätze einer verantwortungsvollen Staatsführung ist zeitlich einer militärischen Prävention vorgelagert, die nur ein letztes Mittel sein soll, wenn andere Wege, Bedrohungen zu reduzieren, gescheitert sind. Zusätzlich sollte das Konzept des präventiven Engagements auch um die Dimension der „kulturellen Prävention" erweitert werden, also eine Interaktion mit der eigenen und mit anderen Kulturen, die die Möglichkeiten der Aggressionskonzentration reduziert (z. B. wenn in Gesellschaften das Lesen und Vorlesen nicht mehr das Privileg weniger Menschen wäre).

Der Schwachpunkt der europäischen Sicherheitsdoktrin ist aber, dass die Union eine Präventivschlag-Strategie kategorisch ablehnt (obwohl die Anwendung von militärischer Gewalt nicht ausgeschlossen wird). Diese strategische Verhaltensweise ist wahrscheinlich nicht durchzuhalten. Bereits heute gibt es Terrororganisationen, die bereit wären, Massenvernichtungsmittel einzusetzen, wenn sie sie hätten und zu einem geplanten Tatort transportieren könnten. Der Willen, Massenvernichtungswaffen zu besitzen und auch einzusetzen, ist in diesen Fällen nicht von konkreten politischen Handlungen oder Unterlassungen der USA oder Europas abhängig.

Ein Charakteristikum dieses oft auch Hyperterrorismus genannten Phänomens ist die Bereitschaft, grenzenlose Gewalt anzuwenden. Eine möglichst große Anzahl an Opfern ist nicht das Mittel, sondern das Ziel dieses Hyperterrorismus, eventuell verbunden mit dem eigenen Märtyrertod. Ausgangspunkt ist die Überzeugung, dass der Kampf etwas Absolutes ist, zumal er oft im Namen einer göttlichen Autorität oder als Folge einer historischen Entwicklung geführt wird.

Diese Bedrohung muss nicht immer nichtstaatlichen Charakter haben. Es ist durchaus denkbar, dass sie von theokratischen und totalitären Staaten ausgehen kann. Gegenüber solchem Extremismus ist das Konzept der Abschreckung im Grunde wirkungslos geworden. Hier muss Sicherheitspolitik eine Komponente haben, die ein präventives Tätigwerden erlaubt.

Eine neue EU-Sicherheitsdoktrin muss daher die Prävention als einen wesentlichen Bestandteil ansehen – und zwar auf mehreren Ebenen.

Ursachenprävention
Diese Kategorie schließt einen großen Teil des Konzepts des „präventiven Engagements" ein. Zusätzlich muss die Staatengemeinschaft eine stärkere Betonung auf diplomatische Mittel, Abrüstungsmaßnahmen, multilaterale Exportkontrollen und Unterstützung bei Risiko-Reduktionsmaßnahmen legen, um versagende Staaten und Terrororganisationen daran zu hindern, Massenvernichtungswaffen oder die Mittel dafür zu erwerben. Programme wie Nunn-Lugar in den USA, die die Sicherung von Nuklearbrennstoffen in der ehemaligen Sowjetunion sicherstellen, sind zu beschleunigen und stärker zu finanzieren.

Im Extremfall kann dies auch bedeuten, durch Sanktionen, Boykotte oder mit Gewalt Staaten daran zu hindern, Massenvernichtungsmittel zu erwerben oder zu lagern. Dies schließt auch die Ausschaltung von Individuen *in flagrante delicto* mit ein.

Anwendungsprävention
Es wird Zeitpunkte geben, zu denen mit hoher Wahrscheinlichkeit davon ausgegangen werden kann, dass *rogue states* oder Terrororganisationen Massenvernichtungswaffen anwenden werden. Zu diesem Zeitpunkt – wenn Gefahr in Verzug ist – besteht die Verpflichtung, verhältnismäßige Mittel einzusetzen, um deren Anwendung zu verhindern.

Folgeprävention
Im Falle vieler der größten Bedrohungen können Maßnahmen getroffen werden, um die Folgen und Nachwirkungen für die Bevölkerung zu minimieren. Gegen biologische und chemische Kampfstoffe können Impfstoffe, Medikamente und Gegenmittel vorproduziert und gelagert werden. Zivilschutzmaßnahmen und Krisenmanagementprozesse, von detaillierten Quarantänemaßnahmen bis zur Einsatzplanung und Triage, müssen ausgearbeitet, verbreitet und geübt werden. Die Minimierung der Folgen des Einsatzes von Massenvernichtungswaffen vermindert die Motivation,

diese Waffen einzusetzen, da die von den Tätern gewünschte öffentliche Wirkung eventuell nicht oder nur sehr eingeschränkt zu erzielen ist.

Die Folgeprävention ist darüber hinaus die grundlegendste Art, wie der Staat seinem vitalsten Interesse, dem Schutz der Bürger, nachkommt.

Prävention ist ein komplexes Unterfangen, da sie per Definition vor einem Ereignis stattfinden muss, und daher schwierig zu begründen ist. Die Spannung zwischen wirksamer Prävention und wirksamem Multilateralismus zu managen wird eine der wesentlichen Herausforderungen der Staatengemeinde in den nächsten Jahrzehnten bleiben. Das Potenzial zum Missbrauch präventiver Maßnahmen ist groß. Dennoch können sich die Europäische Union und Österreich nicht von einer Genehmigung ihrer Maßnahmen durch den UNO-Sicherheitsrat abhängig machen, und militärische Prävention daher auch nicht kategorisch ausschließen. Gefahr im Verzug wird hauptsächlich mit geheimdienstlichen Mitteln festgestellt werden. Einsätze können nicht erst dann erfolgen, wenn die Information vollständig ist.

5. Prozessorientierte Organisation

Die Organisation von Sicherheit in westlichen Ländern muss wesentlich umgestaltet werden. Punktuelle ad-hoc Anpassungen der staatlichen Institutionen sind nicht ausreichend, um dem Bedrohungsbild des 21. Jahrhunderts gerecht zu werden. Der Sicherheitsapparat muss insgesamt wesentlich stärker präventiv arbeiten, daher wesentlich mehr von sich aus aktiv werden, um Gefahren zu erkennen, zu analysieren und geeignete Gegenmaßnahmen einzuleiten. Nicht nur im Krisenfall, sondern im Tagesgeschäft muss es Personen geben, die auf diverse Informationsquellen zurückgreifen können, Aufgaben an inländische oder europäische staatliche Institutionen verteilen, Fortschritte evaluieren und Probleme an die Entscheidungsebene entsprechend aufgearbeitet weiterzuleiten, damit sie gelöst werden können.

Die einschlägigen Einrichtungen und Prozesse innerhalb Österreichs wie auch innerhalb der EU sind nicht ausreichend auf die zu lösenden Aufgaben ausgerichtet. Der Fokus der EU-Sicherheitsstrategie ist sehr von den wesentlichen Ereignissen der letzten Jahre bestimmt: den friedensschaffenden und -erhaltenden Missionen am Balkan, sowie den Anschlägen vom 11. September 2001 und dem Irak-Krieg. Die Fähigkeiten, die zur Zeit im Rahmen der europäischen Sicherheits- und Verteidigungspolitik (ESVP) geschaffen werden, sind sehr extern fokussiert, also für Einsätze in Drittländern. Eine wesentliche Lektion das 11. September kann jedoch nur sein, dass die Institutionen in Europa zusammenarbeiten müssen. Die Fragen, die wir uns stellen müssen sind: Können Behörden und Einsatztruppen verschiedener Länder miteinander effektiv in einem Einsatzgebiet kooperieren? Gibt es ein Kommandosystem für Anlassfälle, wenn mehrere Behörden und Einsatztruppen aus mehreren EU-Ländern zuständig sind, um ein einheitliches Kommando bei Katastrophen-Einsätzen sicherzustellen? Können Einsatzgruppen von diversen Behörden operativ miteinander im Notfall kommunizieren (das Port Authority Police Department, das New York Police Department und das Fire Department of New York konnten es am 11. September 2001 nicht)? Auf diesem Weg ist viel trockene, detailorientierte Arbeit zu erledigen, von der Abstimmung der Ausbildung, der Kommunikation und der IT-Systeme bis zur Einrichtung gemeinsamer Behörden wie die für die Flugsicherung. Es reicht nicht, wenn staatliche Institutionen der EU, und mehr noch innerhalb Österreichs, lediglich miteinander kooperieren. Wenn Institutionen kooperieren, dann ist jede zuständig, aber nicht verantwortlich. Aufgaben müssen aufgeteilt werden und gemeinsam behandelt werden. Probleme und Handlungsoptionen werden a priori einander ergänzend definiert. Verantwortliche und Entscheidungsträger für den Fall der Fälle sind festzulegen.

Ein umfassendes Spektrum von Mitteln zur Krisenbewältigung zur Verfügung zu haben, ist von grundlegender Bedeutung. Schon zu Beginn der Planungen müssen Experten wie Juristen, Zivilverwaltung und zivile Einsatztruppen einbezogen werden. Das Konzept für gemischte Operationen, die militärische und zivile Elemente umfassen, ist noch weitgehend unvollständig.

Seit Jahrhunderten sind Polizei (zur Wahrung der inneren Sicherheit) und Militär (zur Wahrung der äusseren Sicherheit) mit jeweils zugeordneten Geheimdiensten in fast allen westlichen Ländern streng getrennt. Diese geographische und historische Trennung passt aber nicht mehr mit der gegenwärtig notwendigen Organisation von Sicherheit zusammen. Die Prozesse zur Organisation von Sicherheit werden üblicherweise in mehrere Schritte unterteilt: Information/Aufklärung, Analyse, Einsatz, rechtliche/politische Abwicklung sowie Strafvollzug/Monitoring.

Die wesentliche Neuausrichtung von Sicherheitsinstitutionen mit den liberalen Errungenschaften im Bezug auf Menschen- und Bürgerrechte in Einklang zu bringen wird eine weitere wesentliche Herausforderung an die Politik der nächsten Jahrzehnte sein.

Auch wenn die Aufgaben im Rahmen der Organisation von Sicherheit auf viele Institutionen und nach vielen Gesichtspunkten aufgeteilt werden müssen, so ist doch danach zu trachten, zumindest die Information und die Analyse sowie das Management von Einsatzfällen möglichst zu zentralisieren. Einer der traurigsten Aspekte der Ereignisse des 11. September 2001 in den USA war, dass Beamte und Sicherheitsmannschaften gegen die Leistungsgrenzen und Bürokratismen ihrer Institutionen ankämpfen mussten und dabei wertvolle Zeit verloren.

6. Kritische Größe Europa

In den letzten Jahren, den ersten einer gemeinsamen europäischen Sicherheits- und Verteidigungspolitik, stand die Entwicklung der Institutionen, oberster Entscheidungsgremien und der Leitlinien für die europäische Verteidigung im Vordergrund. Die EU führte in den letzten Jahren erste konkrete Operationen durch: Polizeieinsätze in Mazedonien und Bosnien, ein von der NATO unterstützter Militäreinsatz in Mazedonien und eine eigenständige militärische Operation in der Demokratischen Republik Kongo. Seit kurzem hat die EU auch die Friedensoperation in Bosnien von der NATO übernommen. Bei diesen Operationen handelt es sich um Einsätze, die durch eine Koalition handlungswilliger Staaten oder unter Leitung einer der größeren Nationen der EU hätten durchgeführt werden können. Also keine großen inhaltlichen Neuerungen, sondern ein Umbruch symbolischer Art.

Die eigentliche Herausforderung, auf die sich die EU vorbereiten muss, sind Krisen bedeutenderer Dimension, die größere Einsätze mit umfassender logistischer, planerischer und nachrichtendienstlicher Unterstützung erforderlich machen.

Der wahre Wert der EU rührt nicht daher, dass Aktionen gemeinsam gesetzt werden, sondern dass gemeinsame Systeme und Kapazitäten zur Anwendung kommen. Die Arbeitsteilung und die Skalenerträge werden es der EU ermöglichen, mehr Wert pro Euro Aufwand zu lukrieren. Bestimmte Kapazitäten werden überhaupt erst durch gemeinsame Entwicklung, Anschaffung und Betrieb möglich.

Im militärischen Bereich ist dies am offensichtlichsten. Auch ohne die politisch schwierige Erhöhung der Verteidigungsausgaben könnten große Fortschritte erzielt werden. Im Jahr 2003 beliefen sich die Summe der Verteidigungsbudgets der EU Mitgliedsstaaten auf zirka die Hälfte des US-Verteidigungshaushalts, immer noch ein sehr hoher Betrag angesichts der wesentlich niedrigeren Verteidigungsverpflichtungen im Vergleich zur USA (Europa hat nur zirka 60.000 Soldaten außerhalb Europas im Einsatz; allein im Irak hatten die USA Ende 2004 zirka 150.000 Soldaten stationiert). Diese Mittel sind in Europa jedoch schlecht eingesetzt. Kosten verursachen vor allem die zu großen unzeitgemäß dimensionierten und strukturierten Streitkräfte. Ohne wesentliche Erhöhung der Ausgaben könnte die EU bereits in naher Zukunft die Fähigkeit entwickeln, bis zu 200.000 Soldaten bei Bedarf ins Ausland zu verlegen, sofern die richtigen Entscheidungen in Bezug auf Beschaffung und Organisation getroffen würden.

Analoges gilt für Nachrichtendienste und deren notwendige Infrastruktur, von Satellitenaufklärung bis zu Agenten-Netzwerken, aber auch für wesentliche Einrichtungen zum Schutz der Zivilbevölkerung. Europa braucht das Äquivalent der amerikanischen *Centers for Disease Control and Prevention* (CDC), eine Agentur mit unionsweiten Niederlassen, die sich der Prävention und Kontrolle von Erkrankungen widmet, unter anderem auch durch die Entwicklung von detaillierter Information und Gegenmaßnahmen für katastrophale Notfälle.

Vision 2050 – ein solidarisches Sicherheitssystem

Das intellektuelle Fundament der österreichischen Neutralitätspolitik am Beginn des 21. Jahrhunderts stellt die Annahme dar, dass die Welt sich auf eine Ordnung zu bewegt, die durch Gesetze, Verträge und transnationale Kooperation und Verhandlungen bestimmt wird. Österreich könne durch eine aktive Friedenspolitik, die durch Vermittlung zwischen Konfliktparteien, aktive Friedenserziehung und ähnliche Maßnahmen geprägt sei, seinen Beitrag dazu leisten. Auf Basis dieser Position ist die solidarische Beteiligung an Selbstverteidigungsanstrengungen der EU oder ein entsprechendes Engagement bei Bemühungen um Friedenserhaltung nötig. Dazu sei die österreichische Neutralität nicht Bedingung, jedoch nützlich, weil sie ein klares Signal der Nichtparteilichkeit im Konflikt sendet.

Diese Interpretation der Rolle Österreichs ist geprägt durch drei Fehlschlüsse in den Annahmen.

- Auch ein kleines Land wie Österreich hat vitale Interessen, die über die der territorialen Integrität hinausgehen. Der Schutz der Bevölkerung vor externen Angriffen und das wirtschaftliche Überleben erfordern unter Umständen Aktivitäten, die weit über die „Verteidigung der Grenzen“ hinausgehen. Weiters können vitale Interessen auch „Werte-Interessen“ sein. Beispielsweise sei es nicht zulässig, dass eine Minderheit vertrieben oder getötet wird. Letztlich dienen diese „Werte-Interessen“ aber der Stabilität einer friedlichen Weltordnung insgesamt und bestärken die grundlegenden Normen von Menschlichkeit und Freiheit.
- Der zweite Fehlschluss ist die Annahme, dass es immer Konfliktparteien gibt, zwischen denen zu vermitteln richtig ist, wofür man neutral sein muss. In Situationen, in denen eine Seite militärisch überlegen ist, und bereit, diese Überlegenheit auch auszuspielen, oder in der militärische Aggression ein fait accompli hergestellt hat – ob 1939 Deutschland in Polen oder 1990 der Irak

in Kuwait – kann (und soll vielleicht auch) nicht mehr vermittelt werden. Insgesamt ist natürlich der Beitrag von vermittelnden Missionen zur Reduktion geopolitischer Spannungen nicht zu unterschätzen. Ohne die Infrastruktur und die vertrauensbildenden Maßnahmen der norwegischen Regierung wären die Osloer Abkommen zwischen Israel und Palästina vielleicht nicht in dieser Form abgeschlossen worden. Aber Norwegen ist gleichzeitig Teil der NATO.

- Schließlich liegt der österreichischen Neutralitätspolitik die Annahme zugrunde, dass, wenn einzelne Nationen rational agieren, die Gruppe ebenfalls rational handeln wird. Dies kann die einzige Rechtfertigung für Neutralität sein, wenn ein größerer Staatenverbund wie die EU von außen bedroht wird. Es gilt jedoch als nachgewiesen, dass selbst wenn der aggregierte Nutzen von kollektivem Handeln (z. B. die Beseitigung der Bedrohung) die Kosten des Handelns bei weitem überwiegt, es keineswegs klar ist, dass kollektives Handeln (z. B. gemeinsame Verteidigung) tatsächlich stattfindet. Die Gefahr für einen Sicherheits-free rider wie Österreich besteht demnach darin, dass sich in einer wirklichen Krise kein free ride ergibt, da der kollektive Wille fehlt. Je größer die Gemeinschaft, und je mehr free rider, desto größer ist diese Gefahr. Demnach besteht die Möglichkeit, dass vitale Interessen gegen Bedrohungen nur teilweise oder gar nicht geschützt werden können.

Neutralität, ein Geschöpf einer bestimmten weltpolitischen Konstellation nach dem Zweiten Weltkrieg, charakterisiert einen bestimmten Augenblick in der Geschichte. Sie ist kein Patentrezept für die Zukunft. Gegenwärtig neutrale und nicht-paktgebundene Länder können und müssen diesen Status ändern, wenn die Teilnahme an einem Sicherheitsbündnis die bessere Lösung zur Absicherung der eigenen Sicherheitsbedürfnisse, und die der Region, bedeutet.

Bereits heute hat Österreich durch seine vorbehaltlose Mitwirkung an der Gemeinsamen Außen- und Sicherheitspolitik der EU seinen völkerrechtlichen Status der dauernden Neutralität verändert. Im internationalen Vergleich ist der völkerrechtliche Status

Österreichs nicht der eines neutralen, sondern eines allianzfreien Staates.

Blicken wir in das Jahr 2050, dann kann es aufgrund der beschriebenen Bedrohungen und der notwendigen europaweiten Strukturen keine nennenswerte „österreichische“ Sicherheitspolitik mehr geben. Die Neutralität im österreichischen Kontext wird damit keinen sinnvollen Inhalt mehr haben. Sie sollte daher auch formell zugunsten einer europäischen Solidargemeinschaft abgeschafft werden.

Sie muss ersetzt werden durch ein europäisches Sicherheitssystem, in dem Österreich seinen Beitrag leistet, und eventuell in einigen Gebieten eine Spezialistenrolle für alle übernimmt.

Zusammenfassung:
Vision 2050 –
ein solidarisches Sicherheitssystem für Europa

Folgende Schritte sind im Rahmen der Neuorganisation von Sicherheit in Europa zu setzen:

- Erarbeitung eines sicherheitspolitischen Instrumentariums, das die Erreichung von Sicherheitszielen ermöglicht
  - Gemeinsamer europäischer Geheimdienst (Information/Aufklärung)
  - Gemeinsame europäische Analyseeinheit
  - Gemeinsame europäische Einsatztruppen (Militär, Polizei und Zivilschutz)
  - Gemeinsamer europäischer Territorialschutz (Luftraumüberwachung, Küstenüberwachung etc.); dies kann weiterhin eine vorwiegend nationale Aufgabe bleiben, solange die Interoperabilität etc. sichergestellt ist
  - Gemeinsamer europäischer diplomatischer Dienst
  - Gemeinsame europäische Centers for Disease Control and Prevention
- Einrichtung eines gemeinsamen EU Sicherheitsbudgets zur Finanzierung der Kosten dieser gemeinsamen Dienste

- Abstimmung der Organisation von Sicherheit in Europa und damit der Prozesse und Systeme der wesentlichen Behörden und Institutionen für den Einsatzfall in ganz Europa

Österreich sollte aktiv in Richtung der Verwirklichung einer sicherheitspolitischen Vision für Europa arbeiten, die durch den schnellen Wandel der jetzigen Sicherheitsstrukturen in solche, die den vitalen Interessen und den Bedrohungsszenarien entsprechen geprägt ist. Dies kann u. a. inkludieren:

- Fusionierung bestehender Geheimdienst-Aktivitäten in einen einheitlichen österreichischen Geheimdienst, der wiederum unsere Beiträge zum europäischen Geheimdienst erbringt. Damit zusammenhängend, die Konzentration auf einige wenige durch unsere geographische und politische Situation wichtigen Geheimdienstaktivitäten und die Aufgabe anderer, sub-kritischer Aktivitäten. Schaffung einer autonom finanzierten und vom österreichischen Parlament kontrollierten Kontroll-Agentur für diesen Geheimdienst.
- Abschaffung des Bundesheeres und Ersatz durch eine Sicherheitsagentur zum schnellen Eingreifen in Notfällen, entlang der Achsen Ursachen-Prävention, Anwendungs-Prävention und Folge-Prävention. Der österreichische Beitrag zum Eingriff in Drittländern soll im Gegensatz zu bisher nicht im Vordergrund stehen.
- Die Übertragung des Territorialschutzes (z. B. Luftraumüberwachung) auf die Europäische Union oder eine bestimmte Gruppe von Ländern in der Union, die dafür besonderes qualifiziert ist. Im Gegenzug ein finanzieller oder eventuell materieller Beitrag Österreichs zu einem solchen Territorialschutz.
- Teilung des österreichischen diplomatischen Dienstes in einen Zweig, der im zukünftigen europäischen diplomatischen Dienst aufgehen wird, und einen Zweig, der die wirtschaftlichen, kulturellen und anderen Interessen Österreichs verfolgen wird und mit den Außenhandelsstellen der WKO und den verbleibenden Teilen von international ausgerichteten staatlichen Medienaktivitäten (z. B. Radio Austria International) fusioniert werden kann.

Bibliographie

Veit V. Dengler (*1968 in Graz) ist Manager, zuletzt als Vice President für Marketing-Strategie und Planung bei T-Mobile International mit Sitz in London. Er war Schumpeter-Stipendiat und Kennedy Fellow an der John F. Kennedy School of Government der Harvard University, wo er sich in dem Bereich Internationale Sicherheitspolitik spezialisierte.

Felix Dibelka (*1975 in Linz) ist nach mehreren Jahren in der Strategie- und Performanceberatung heute selbständig tätig. Projekte im Ausland sowie die Arbeit im Europäischen Parlament (Büro einer Delegationsleiterin) runden sein internationales Profil ab. Er promovierte an der WU-Wien, studierte u. a. an der London School of Economics und der New York University und ist heute Vortragender am MBA-Zentrum Krems sowie an der Universität Graz.

Thomas Goiser (*1976 in St. Pölten) studierte MultiMediaArt an der FH Salzburg, PR an der BAW in München sowie Rechtswissenschaften in Salzburg und Wien. Ab 1998 Abteilung für Corporate Communications der FH Salzburg, 2001-2003 Lektor an der FH Salzburg, 2002-2005 Medien- und Projektkommunikation für die Industriellenvereinigung, zuletzt Leitung des Lobbyingprojekts „Deregulierungsoffensive". Seit April 2005 ist er für die PR- und Lobbyingagentur Pleon Publico tätig.

Gottfried Haber (*1972 in Wien) ist Universitätsassistent an der Abteilung für Volkswirtschaftstheorie und -politik an der Universität Klagenfurt. Studium der Volkswirtschaft und der Betriebswirtschaft, Promotion an der WU Wien. Zahlreiche internationale Fachpublikationen und Vorträge. Tätigkeiten und Projekte für internationale Institutionen, u. a. Europäische Kommission, UNIDO, Weltbank, div. öffentliche Institutionen. Aufnahme u. a. in die "2000 Outstanding Scholars of the 21st Century".

Anja Hasenlechner (*1972 in Wien) studierte Kunstgeschichte an der Universität Wien mit Studienaufenthalten an den Universitäten Berkeley und Harvard. 1996 Mitarbeit bei 303 Gallery in New York, 1997–2000 Assistentin von Peter Noever im MAK Wien, seit 2001 geschäftsführende Gesellschafterin von hasenlechner baur artconsult. Sie ist darüber hinaus stellvertretende Leiterin der creativ wirtschaft austria, ORF Publikumsrätin und Obfrau des Forum Mozartplatz - Raum für Wirtschaft und Kultur.

Paul Hysek (*1975 in Linz) studierte Handelswissenschaften an der Wirtschaftsuniversität Wien, wo er sich in der Hochschülerschaft erstmals politisch engagierte. Nach seinem Studienabschluss wechselte er in die Industriellenvereinigung und arbeitete anschließend als Büroleiter des Generalsekretärs des Österreichischen Wirtschaftsbundes. Seit 2003 ist er Geschäftsführer des Management Club.

Matthias Koch (*1966 in Brüssel) ist in Zürich aufgewachsen und in Wien Rechtswissenschaften studierte. 1996 Eintritt in die WKÖ (Finanzpolitische Abteilung), 1997-2002 verantwortlich als Euro-Beauftragter der Wirtschaftskammern für die Vorbereitung der österreichischen Wirtschaft auf den Euro, 2002–2003 Leiter der Repräsentanz der Deutschen Telekom für Österreich, seit 2004 im Wirtschaftsförderungsinstitut (Unternehmerservice), Sprecher im Team Europe Netzwerk.

Harald Mahrer (*1973 in Wien) studierte Betriebswirtschaft und promovierte an der Wirtschaftsuniversität Wien. Politisches Engagement seit der Studienzeit. Internationale Lehr-, Forschungs- und Publikationstätigkeit in den Bereichen Neue Medien, Verwaltungsreform und Demokratieentwicklung. Seit 2000 Geschäftsführer der Agentur legend, seit 2004 Leiter des METIS Zentrums für politische Studien. Gründer der Initiative demokratie.morgen.

Theresa Philippi (*1969 in Wien) ist studierte Juristin mit postgradualen Ausbildungen in Europarecht (College of Europe, Brügge) und Informationsrecht (Universität Wien) arbeitete zunächst zwei Jahre in der EU-Abteilung des Umweltministeriums und danach sechs Jahre im Telekom Austria Konzern. Frauenpolitisch ist sie seit Jahren im Club alpha – Frauen für die Zukunft engagiert und baute dort die Töchtergeneration „alpha giovane“ mit auf. Derzeit arbeitet sie als Referentin für Frauenpolitik im Kabinett von Bundesministerin Rauch-Kallat.

Patrick Voller (*1973 in Jos, Nigeria) ist in Oberösterreich aufgewachsen und studierte Rechtswissenschaften in Wien und Belgien. Er forschte und lehrte als Universitätsassistent für Völkerrecht und Internationale Beziehungen an der Universität Linz. An der Johns Hopkins University in Bologna erlangte Voller später das Postgraduate Diplom in International Relations. Nach Tätigkeiten bei der Europäischen Zentralbank in Frankfurt und der Wirtschaftskammer Österreich, u. a. als persönlicher Assistent des Generalsekretärs, arbeitet er derzeit als Generalsekretär des Europäischen Wirtschaftsbunds in Brüssel.